《鳥　譜》
滿文圖說校注
第五冊

莊吉發　校注

滿　語　叢　刊
文史哲出版社印行

國家圖書館出版品預行編目資料

《鳥譜》滿文圖說校注 / 莊吉發校注. -- 初版 -- 臺北市：文史哲, 民 106.09
頁；　公分（滿語叢刊；29）
ISBN 978-986-314-383-3（平裝）第一冊
ISBN 978-986-314-384-0（平裝）第二冊
ISBN 978-986-314-385-7（平裝）第三冊
ISBN 978-986-314-386-4（平裝）第四冊
ISBN 978-986-314-387-1（平裝）第五冊
ISBN 978-986-314-388-8（平裝）第六冊
1. 滿語 2. 中國畫 3. 鳥類 4. 畫冊

802.91　　106016328

滿語叢刊 29

《鳥譜》滿文圖說校注 第五冊

校注者：莊吉發
出版者：文史哲出版社
http:// www.lapen.com.tw
e-mail:lapen@ms74.hinet.net
登記證字號：行政院新聞局版臺業字五三三七號
發行人：彭正雄
發行所：文史哲出版社
印刷者：文史哲出版社
臺北市羅斯福路一段七十二巷四號
郵政劃撥帳號：一六一八〇一七五
電話886-2-23511028・傳真886-2-23965656

實價新臺幣四〇〇元

二〇一七（民106）十二月初版

ISBN 978-986-314-387-1　　65129

《鳥譜》滿文圖說校注（五）

——以《錫漢會話》爲中心

目 次

《鳥譜》第九冊畫冊

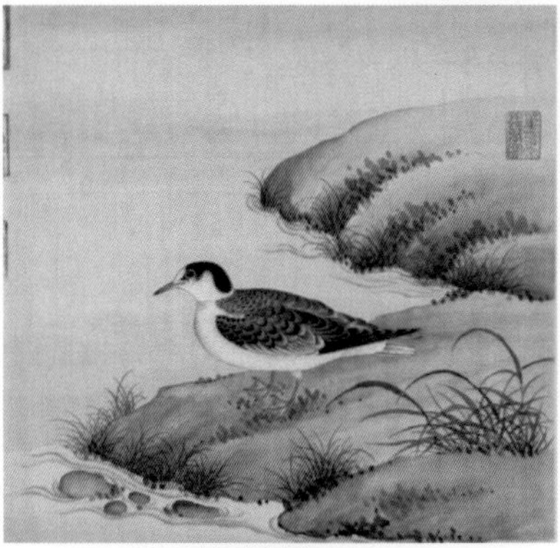

建華鴨

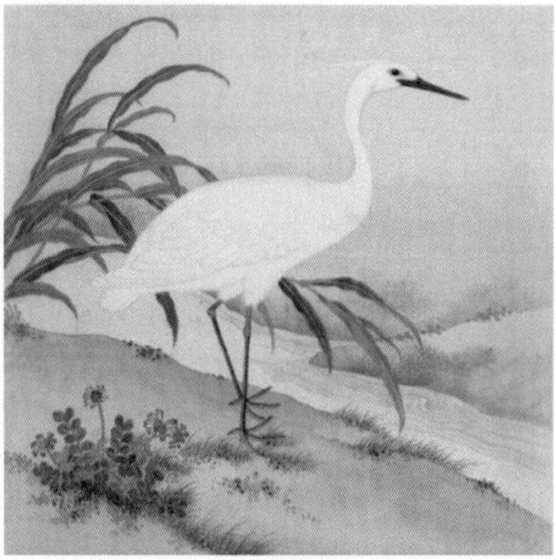

白鷺

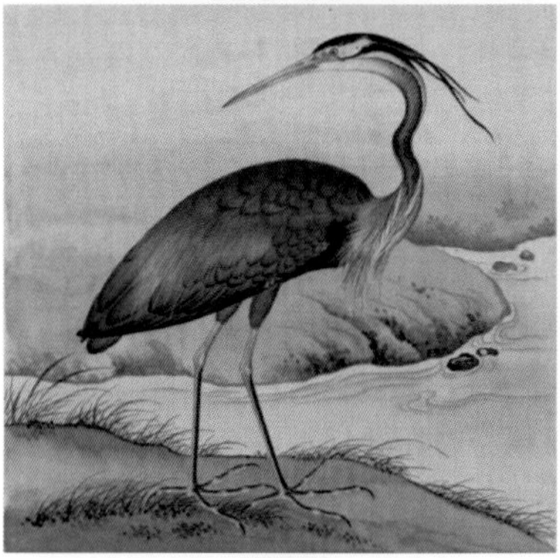

青鷺

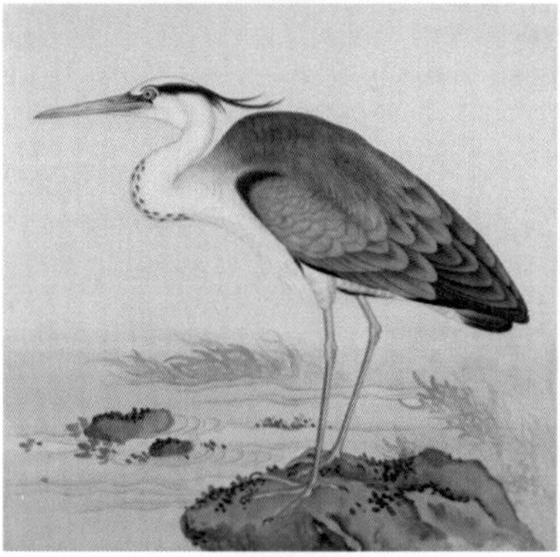

青莊

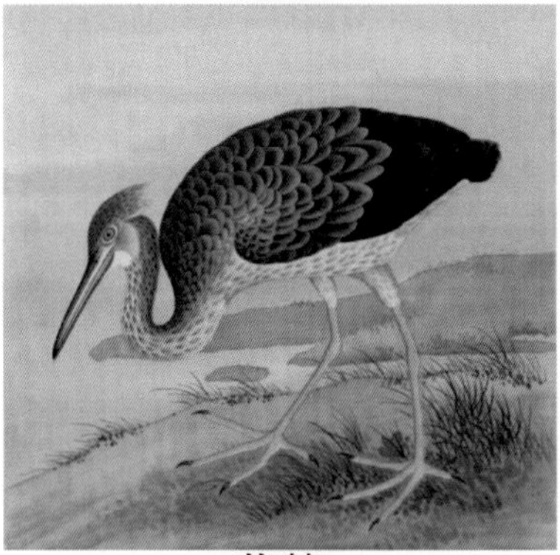

黃莊

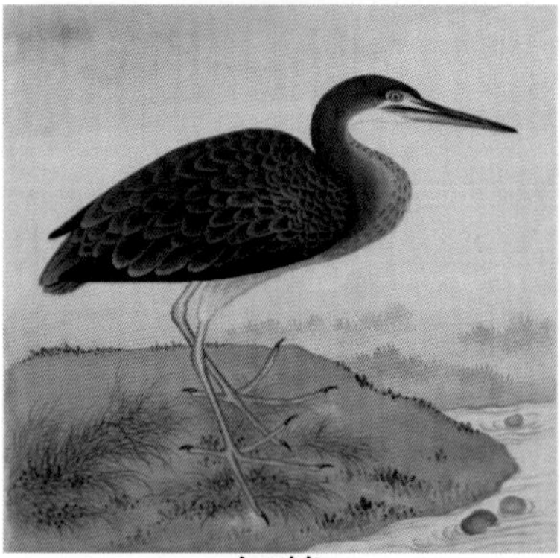

紅莊

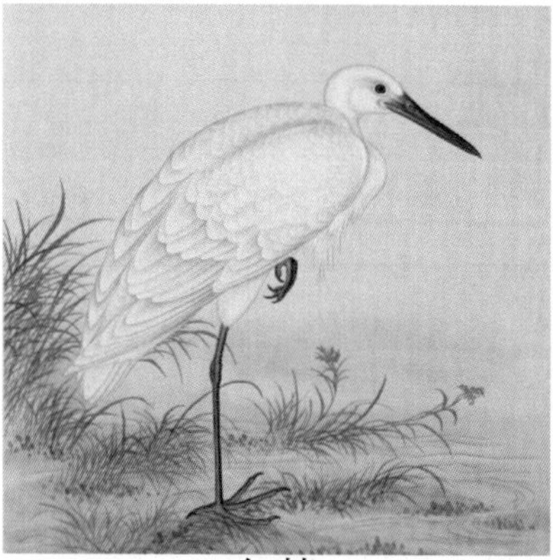

白莊

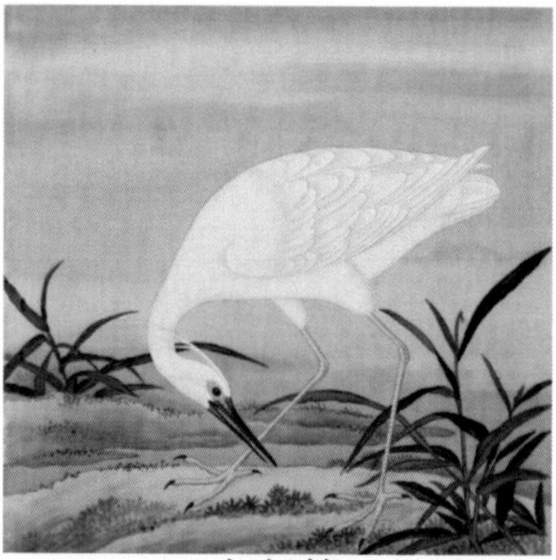

小白莊

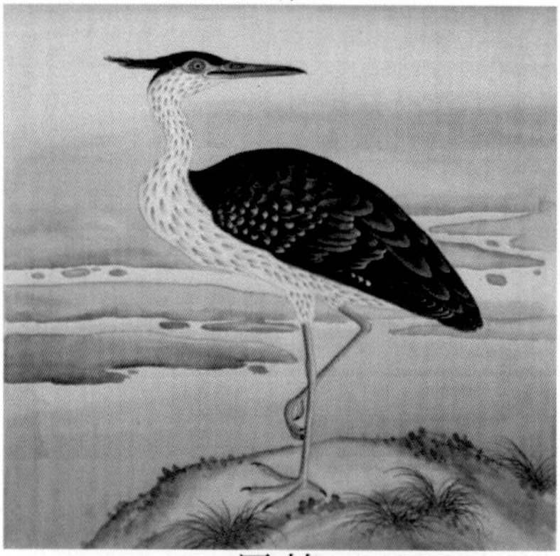

黑莊

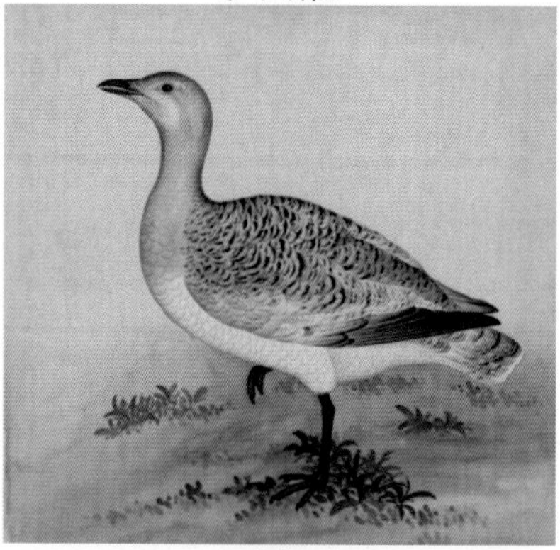

鴇

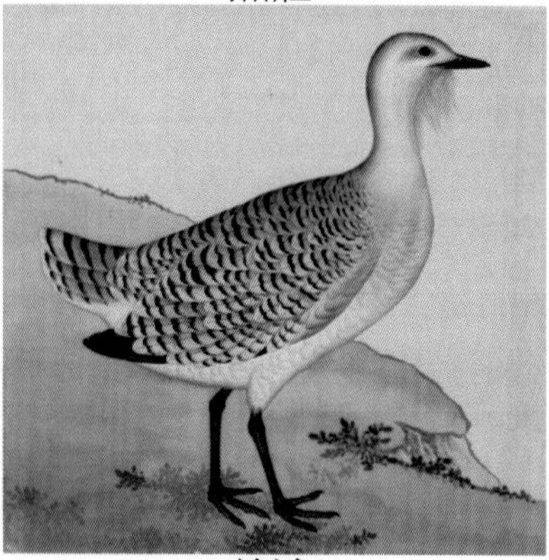

羊鴇

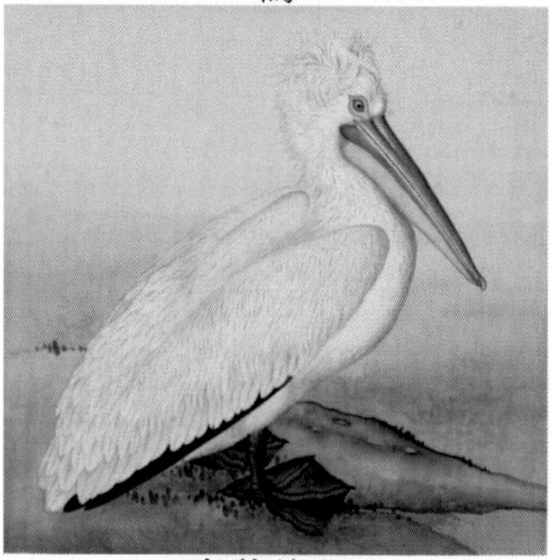

青鵚淘河

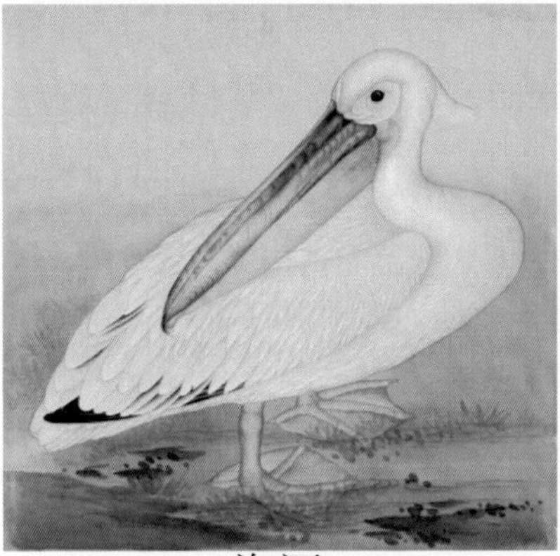

淘河

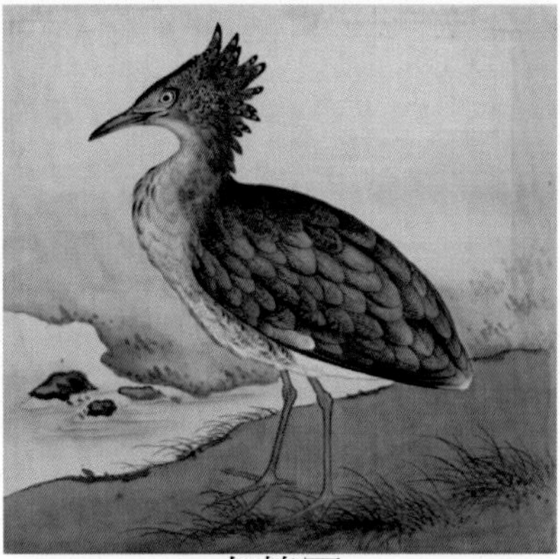

水花冠

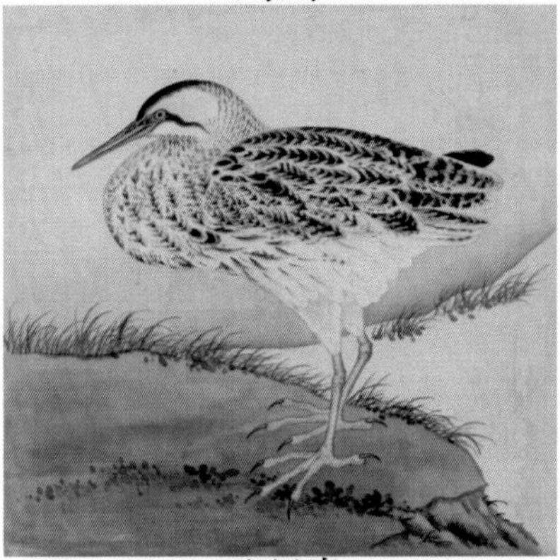

五斑蟲

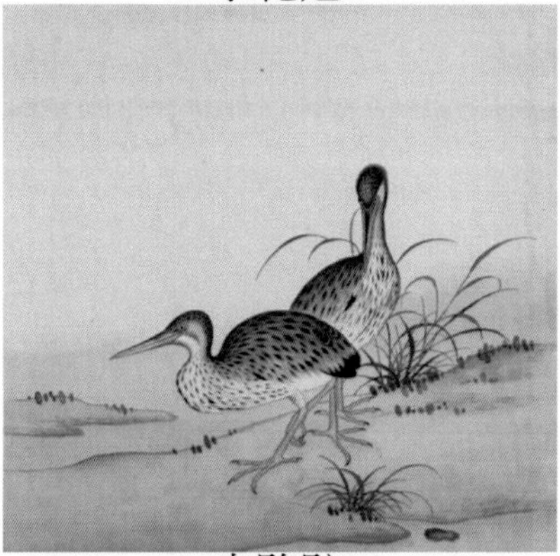

水駱駝

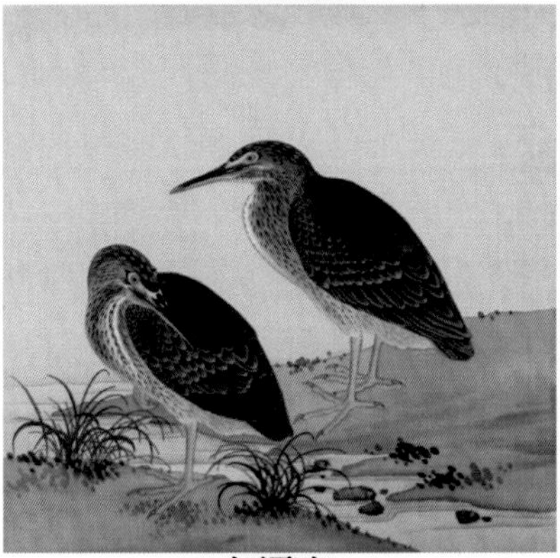

水鵁鳥

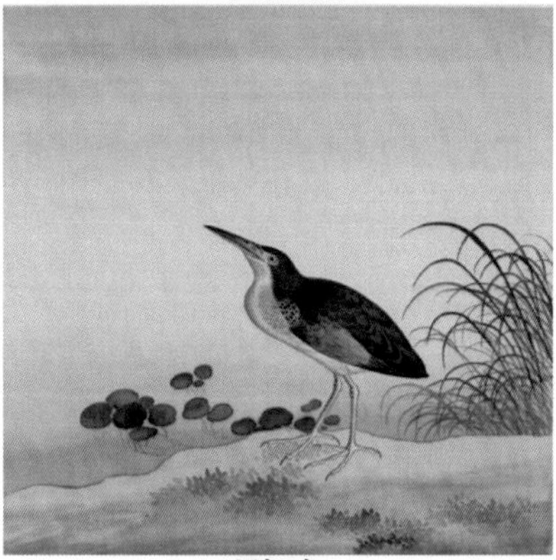

鸐鳿

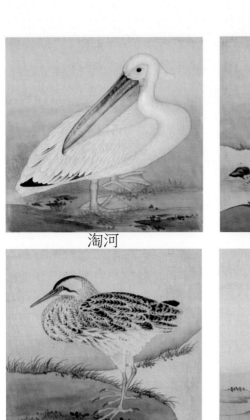

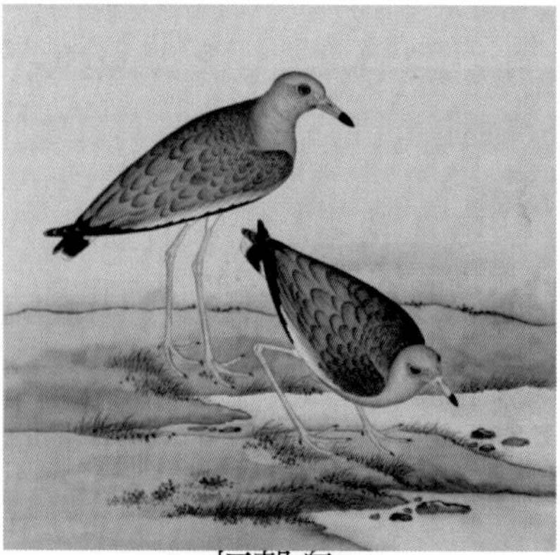

打穀鳥

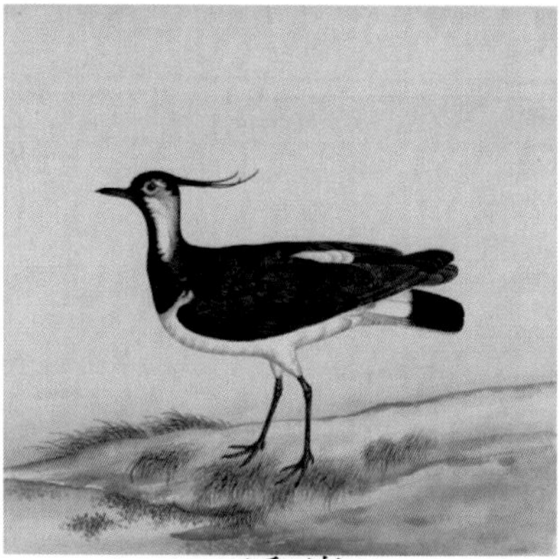

三和尚

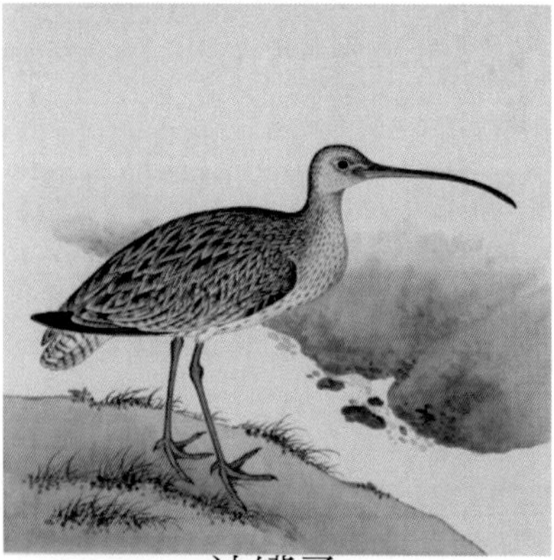

油罐子

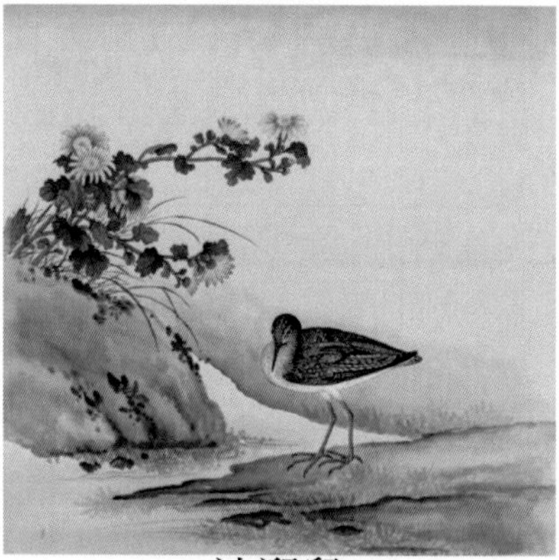

沙溜兒

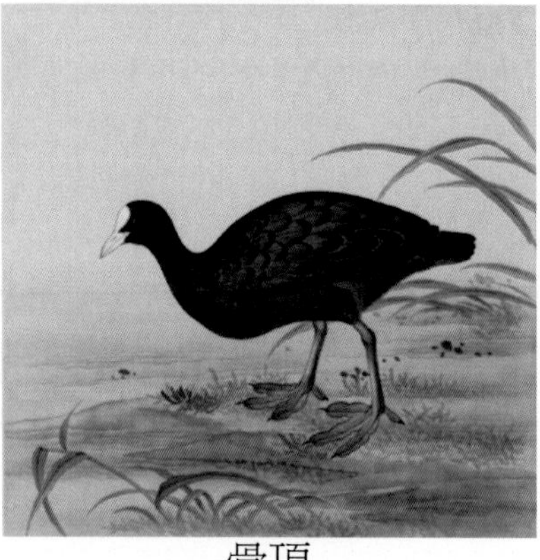

骨頂

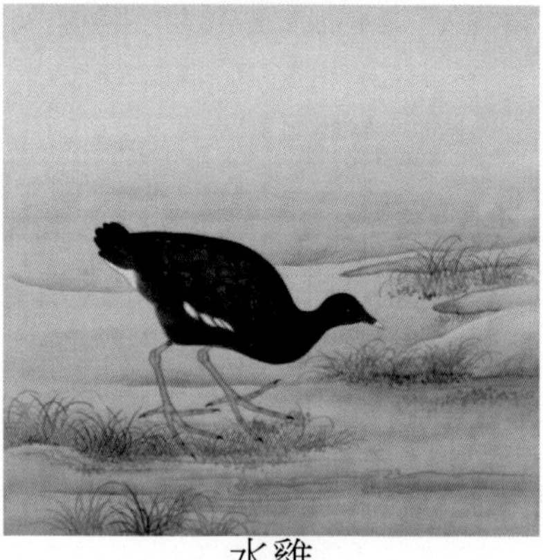

水雞

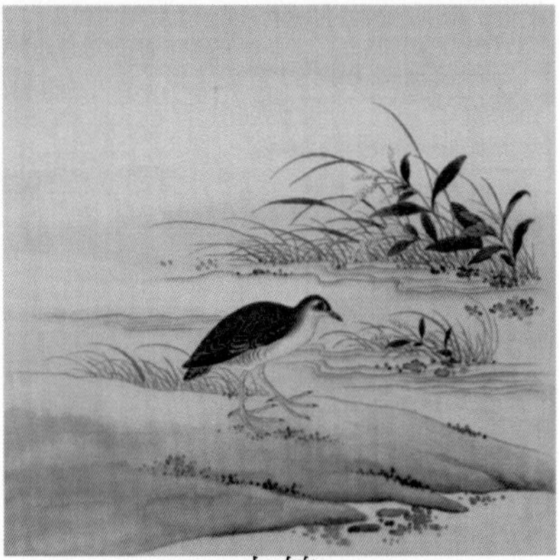

水鶴

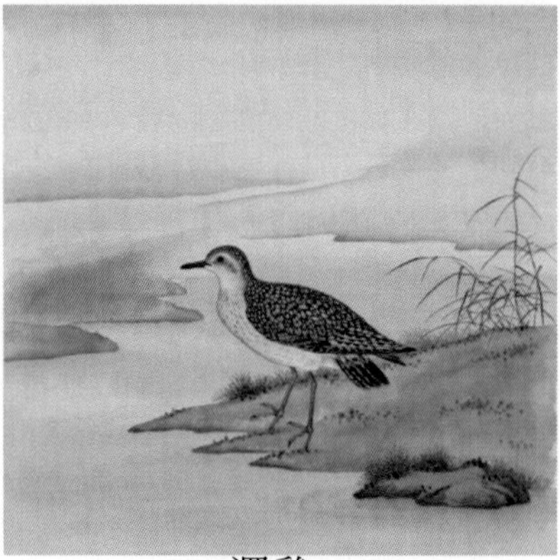

澤雞

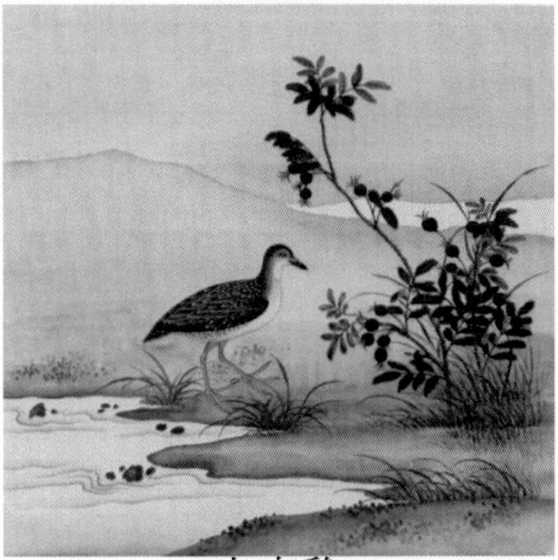

小水雞

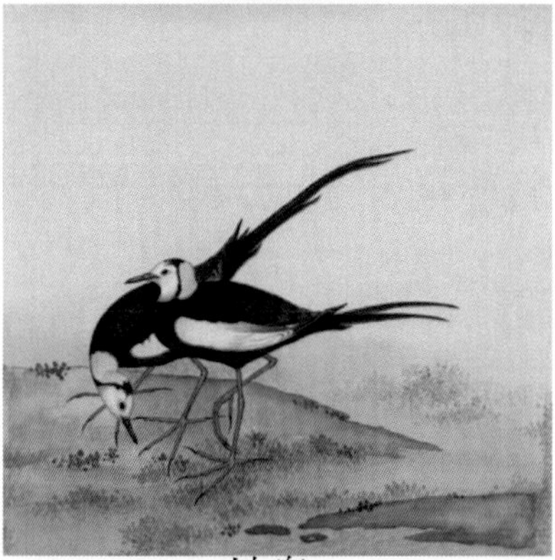

地烏

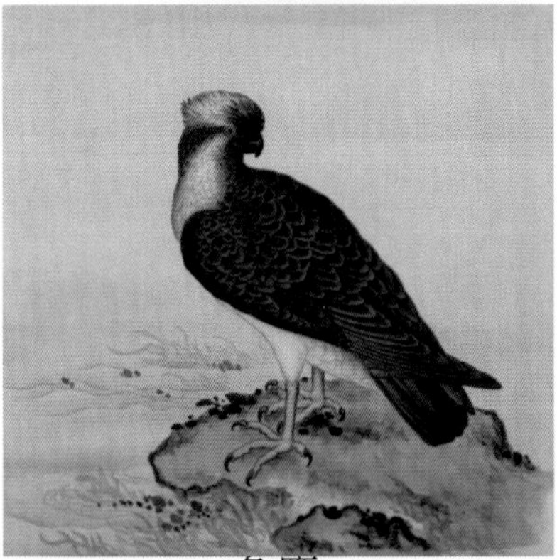

魚鷹

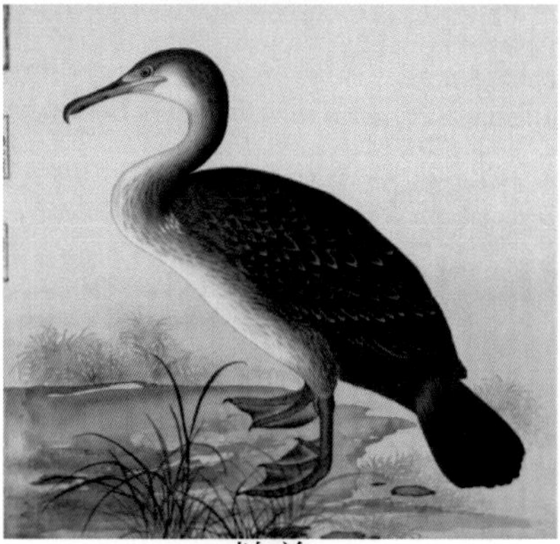

鸕鶿

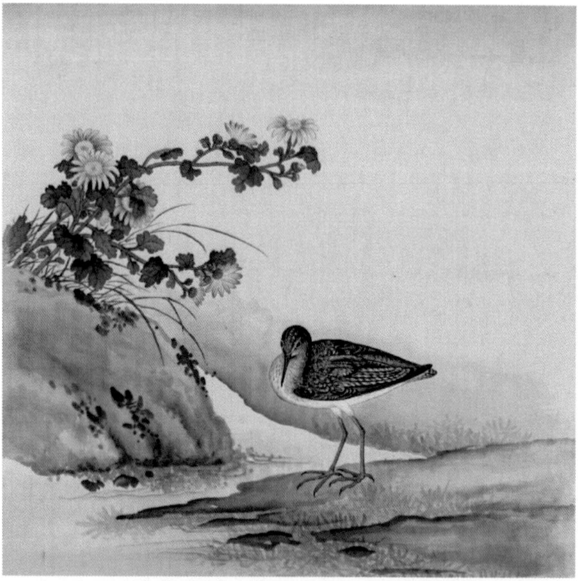

《鳥譜》第九冊　沙溜兒

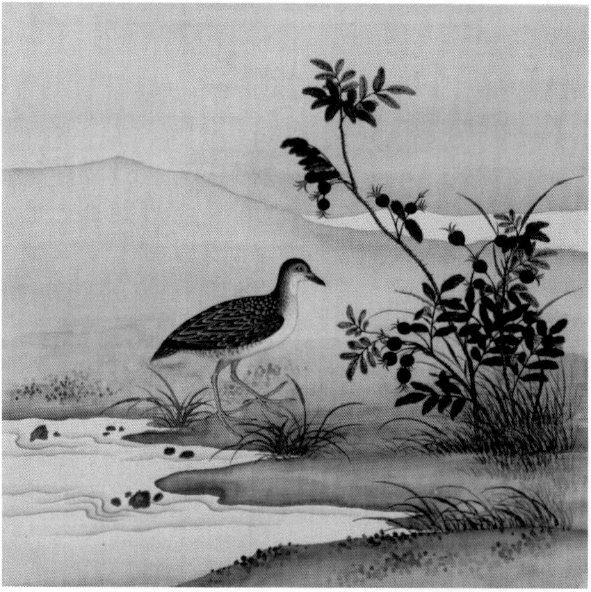

《鳥譜》第九冊　小水雞

鳥類漢滿名稱對照表（九）

順次	漢文	滿文	羅馬字轉寫	備註
1	建華鴨	ᠠᠯᡥᠠᡵᡳ ᠨᡳᠶᡝᡥᡝ	alhari niyehe	
2	沙鷗	ᠶᠣᠩᡤᠠᠵᡳ ᠨᡳᠶᡝᡥᡝ	yonggaji niyehe	
3	芙蓉鷗	ᡶᡠᠰᡠᡵᡳ ᠨᡳᠶᡝᡥᡝ	fusuri niyehe	
4	白鷺	ᡧᠠᠨᠶᠠᠨ ᡤᡡᠸᠠᠰᡳᡥᡳᠶᠠ	šanyan gūwasihiya	
5	鷺鷥	ᠰᡠᡳᡥᡝᡨᡠ ᡤᡡᠸᠠᠰᡳᡥᡳᠶᠠ	suihetu gūwasihiya	
6	舂鉏	ᡥᠣᠮᡳᡨᡠ ᡤᡡᠸᠠᠰᡳᡥᡳᠶᠠ	homitu gūwasihiya	

順次	漢文	滿文	羅馬字轉寫	備註
7	獨春	ᠴᠣᠩᡴᡳᡵᡳ ᡤᡡᠸᠠᠰᡳᡥᡳᠶᠠ	congkiri gūwasihiya	
8	白鳥	ᡧᠠᡥᡡᠨ ᡤᡡᠸᠠᠰᡳᡥᡳᠶᠠ	šahūn gūwasihiya	
9	帶絲禽	ᠰᡳᡵᡤᡝᡨᡠ ᡤᠠᠰᡥᠠ	sirgetu gasha	
10	雪客	ᠨᡳᠮᠠᡵᡳ ᡤᡡᠸᠠᠰᡳᡥᡳᠶᠠ	nimari gūwasihiya	
11	白鵝	ᡧᠠᠨᠶᠠᠨ ᡴᡡᡨᠠᠨ	šanyan kūtan	
12	截雨	ᠸᠠᠰᡳᡥᡳᠶᠠ ᡤᠠᠰᡥᠠ	wasihiya gasha	
13	青鷺	ᠯᠠᠮᡠᠨ ᡤᡡᠸᠠᠰᡳᡥᡳᠶᠠ	lamun gūwasihiya	
14	青莊	ᠯᠠᠮᡠᠨ ᡥᠣᠣᡥᠠᠨ	lamun hoohan	

順次	漢文	滿文	羅馬字轉寫	備註
15	青翰	ᠯᠠᠮᡠᡵᡥᠠᠨ	lamurhan	
16	信天緣	ᠰᠠᠯᡤᠠᡨᡠ ᡥᠣᠣᡥᠠᠨ	salgatu hoohan	
17	黄莊	ᠰᡠᠸᠠᠶᠠᠨ ᡥᠣᠣᡥᠠᠨ	suwayan hoohan	
18	黄翰	ᠰᠣᡥᠣᠨ ᡥᠣᠣᡥᠠᠨ	sohon hoohan	
19	紅莊	ᡶᡠᠯᡤᡳᠶᠠᠨ ᡥᠣᠣᡥᠠᠨ	fulgiyan hoohan	
20	虎斑蟲	ᡴᡠᡵᡳᠩᡤᡝ ᡥᠣᠣᡥᠠᠨ	kuringge hoohan	

順次	漢文	滿文	羅馬字轉寫	備註
21	白莊	ᡧᠠᠨᠶᠠᠨ ᡥᠣᠣᡥᠠᠨ	šanyan hoohan	
22	白翰	ᡧᠠᡥᡡᠨ ᡥᠣᠣᡥᠠᠨ	šahūn hoohan	
23	白鶴子	ᡧᡝᠶᡝᠯᡥᡝᠨ	šeyelhen	
24	小白莊	ᠠᠵᡳᡤᡝ ᡧᠠᠨᠶᠠᠨ ᡥᠣᠣᡥᠠᠨ	ajige šanyan hoohan	
25	黑莊	ᠶᠠᠴᡳᠨ ᡥᠣᠣᡥᠠᠨ	yacin hoohan	
26	水鷹	ᠨᡳᠶᠣ ᡳ ᡥᠣᠣᡥᠠᠨ	niyo i hoohan	

順次	漢文	滿文	羅馬字轉寫	備註
27	鴇	ᡥᡠᠮᡠᡩᡠ	humudu	
28	獨豹	ᠶᠠᡵᡩᡠ	yardu	
29	鴻豹	ᡴᠠᠨᠵᡳᡩᡠ	kanjidu	
30	羊鴇	ᡨᠣᡩᠣ	todo	
31	青觜淘河	ᠶᠠᠴᡳᠨ ᡝᠩᡤᡝ ᡴᡡᡨᠠᠨ	yacin engge kūtan	
32	鵜鶘	ᡨᡳᠯᡥᡡᡨᠠᠨ	tilhūtan	
33	洿澤	ᡶᡠᡵᡳᡨᠠᠨ	furitan	
34	淘河	ᡴᡡᡨᠠᠨ	kūtan	
35	淘鵝	ᡨᠣᡨᠠᠨ	totan	

順次	漢文	滿文	羅馬字轉寫	備註
36	逃河	ᡠᡴᠠᡨᠠᠨ	ukatan	
37	水花冠	ᠴᡠᠩᡤᠠᡳ	cunggai	
38	紫蒿鳥	ᡧᡠᠮᡤᡳᠶᠠ ᡤᠠᠰᡥᠠ	šumgiya gasha	
39	水冠鳥	ᠮᡠᠴᡠᠩᡤᠠᡳ ᡤᠠᠰᡥᠠ	mucunggai gasha	
40	五斑蟲	ᡴᡠᡵᡳᠩᡤᡝ ᠴᡝᠴᡳᡴᡝ	kuringge cecike	
41	地奔牛	ᡥᡡᠩᠰᡳᡨᡠ ᡤᠠᠰᡥᠠ	hūngsitu gasha	

順次	漢文	滿文	羅馬字轉寫	備註
42	水駱駝	ᡨᡝᠮᡝᠨ ᠴᡝᠴᡳᡴᡝ	temen cecike	
43	水鵒鳥	ᠴᡠᡳᠰᠠ	cuisa	
44	鸀鳿	ᠴᠣᠣᡥᠠᠨ	coohan	
45	打穀鳥	ᠯᠠᡳᡨᠣᡴᡡ	laitokū	
46	三和尚	ᠰᠣᠨᠴᠣᡥᠣ ᠴᡝᠴᡳᡴᡝ	soncoho cecike	
47	油罐子	ᡴᠣᡴᠣᠯᡳ	kokoli	
48	沙溜兒	ᠴᠣᠣᠴᡳᠶᠠᠯᠠᡳ	coociyalai	

順次	漢文	滿文	羅馬字轉寫	備註
49	骨頂	ᡴᠠᡵᠠᠨ ᡴᠠᠯᠵᠠ	karan kalja	
50	黑鷺	ᠰᠠᡥᠠᠯᠵᠠ	sahalja	
51	鷗	ᡴᡳᠯᠠᡥᡡᠨ	kilahūn	
52	澤虞	ᠰᡳᠮᡝᠯᠵᡝ	simelje	
53	鷺	ᡤᡡᠸᠠᠰᡳᡥᡳᠶᠠ	gūwasihiya	
54	烏雞	ᡴᠠᡵᠠᠯᠵᠠ	karalja	
55	水雞	ᠨᡳᠶᠣ ᠴᠣᡴᠣ	niyo coko	
56	章渠	ᠵᠠᠩᡴᡳᡵᡳ ᠴᠣᡴᠣ	jangkiri coko	

順次	漢文	滿文	羅馬字轉寫	備註
57	鶾雞	ᠵᠠᡵᡴᡳᠨ ᠴᠣᡴᠣ	jarkin coko	
58	庸渠	ᠶᠣᠩᡴᡳᡵᡳ ᠴᠣᡴᠣ	yongkiri coko	
59	水鳥	ᠨᡳᠶᠣ ᡤᠠᠰᡥᠠ	niyo gasha	
60	鳧	ᠪᡳᡤᠠᡨᡠ ᠨᡳᠶᡝᡥᡝ	bigatu niyehe	
61	水鶴	ᠨᡳᠶᠣ ᠮᡠᡧᡠ	niyo mušu	
62	鸂雞	ᡴᡝᠮᡧᡠ	kemšu	
63	澤雞	ᠰᡳᠮᡝᠯᡝᠨ ᠴᠣᡴᠣ	simelen coko	

順次	漢文	滿文	羅馬字轉寫	備註
64	小水雞	ᠠᠵᡳᡤᡝ ᠨᡳᠶᠣ ᠴᠣᡴᠣ	ajige niyo coko	
65	地烏	ᡩᠠᡵᡥᡡᠸᠠ ᠴᡝᠴᡳᡴᡝ	darhūwa cecike	
66	鶺鴒	ᡳᠩᡤᠠᠯᡳ	inggali	
67	魚鷹	ᠰᡠᡴᠰᡠᡥᡠ	suksuhu	
68	水鶚	ᠮᡠᡴᡝᡳ ᠰᡳᠰᡠᡥᡠ	mukei sisuhu	
69	雕雞	ᡩᠠᠰᡠᡥᡠ	dasuhu	
70	白鷺	ᡧᠠᠨᠶᠠᠨ ᠰᡠᡴᠰᡠᡥᡠ	šanyan suksuhu	
71	鷙	ᡩᠠᠰᡳᡥᡳᡥᡠ	dasihihu	

順次	漢文	滿文	羅馬字轉寫	備註
72	翠碧	ᠴᡠᡵᠪᡳ ᡤᠠᠰᡥᠠ	curbi gasha	
73	魚狗	ᠪᡠᡥᡝᡵᡝ	buhere	
74	魚虎	ᠨᡳᠮᠠᡵᡤᠠᠨ	nimargan	
75	翠奴	ᠴᡠᠨᠣ ᡤᠠᠰᡥᠠ	cuno gasha	
76	海鶻	ᠮᡠᡨᡠᠯᡥᡝᠨ	mutulhen	
77	海鷂	ᠮᡠᠯᠮᡝᠨ	mulmen	
78	鸕鷀	ᠰᡠᠸᠠᠨ	suwan	
79	水烏	ᠮᡠᡴᡝ ᡤᠠᡥᠠ	muke gaha	
80	鷧	ᡤᠠᡵᡳᠴᡳ	garici	

順次	漢文	滿文	羅馬字轉寫	備註
81	水老鴉	ᠮᡠᡴᡝ ᡤᠠᡥᠠᠴᡳᠨ	muke gahacin	
82	烏鬼	ᠶᠠᠴᡳᠰᡠ	yacisu	

資料來源：《清宮鳥譜》，北京，故宮出版社，2014 年 10 月，第九冊。

《鳥譜》第九冊，共計三十幅，所標鳥類名稱，包括：建華鴨（alhari niyehe）、白鷺（šanyan gūwasihiya）、青鷺（lamun gūwasihiya）、青莊（lamun hoohan）、黃莊（suwayan hoohan）、紅莊（fulgiyan hoohan）、白莊（šanyan hoohan）、小白莊（ajige šanyan hoohan）、黑莊（yacin hoohan）、鴇（humudu）、羊鴇（todo）、青觜淘河（yacin engge kūtan）、淘河（kūtan）、水花冠（cunggai）、五斑蟲（kuringge cecike）、水駱駝（temen cecike）、水[illegible]鳥（cuisa）、鸂瑪（coohan）、打穀鳥（laitokū）、三和尚（soncoho cecike）、油罐子（kokoli）、沙溜兒（coociyalai）、骨頂（karan kalja）、水雞（niyo coko）、水鶴（niyo mušu）、澤雞（simelen coko）、小水雞（ajige niyo coko）、地烏（darhūwa cecike）、魚鷹（suksuhu）、鸕鷀（suwan）等三十種鳥類名稱，此外還有各種別名，表九所列鳥名稱，多達八十二種。

建華鴨（alhari niyehe），屬於鷗類，形如鴿而小，通身俱紅灰黃白色，秀淨可愛，又名芙蓉鷗（fusuri niyehe）。白鷺（šanyan gūwasihiya），因頂有白毛縷縷垂出如絲，故有鷺鷥（suihetu gūwasihiya）之稱，又名帶絲禽（sirgetu gasha）。白鷺因其通身潔白如雪，故又稱白鳥（šahūn gūwasihiya），亦名雪客（nimari gūwasihiya）。白鷺高足善翹，步於淺水，好自低昂，如舂如鉏，故稱舂鉏（homitu gūwasihiya）。白鷺站立時，足常跂，有振而獨舂之貌，故又稱為獨舂（congkiri gūwasihiya）。民間相傳夏秋間雨陣將至，忽有白鷺飛過，雨每不至，故白鷺又稱為截雨（wasihiya gasha）。白鷺本有雌雄，民間却相信烏鵲（gaha saksaha）傳枝而孕，白鵁（šanyan kūtan）相視而化，白鷺則以目盼而受胎，但以氣感，不以形接。

鷺鷥白者居多，間有青色者，青鷺，滿文讀作“lamun gūwasihiya”，意即「藍鷺」，青出於藍。青鷺比白鷺略大。青莊，滿文譯作“lamun hoohan”，意即「藍莊」，青白翅，俟鷺而大，身毛作青灰色，是一種水鳥，終日凝立，不易其處，俟魚過取食，其性廉而形端，故稱青莊。因其有花紋，故亦名青翰（lamurhan），別名信天緣（salgatu hoohan）。黃莊（suwayan hoohan），黃眶，咽下至腹土黃色，俗名黃翰（sohon hoohan）。紅莊（fulgiyan hoohan），其頭、項、胸、臆俱蒼赤色，俗名虎斑蟲（kuringge hoohan）。白莊（šanyan hoohan），通身白色，一名白翰（šahūn hoohan），亦稱白鶴子（šeyelhen）。小白莊（ajige šanyan hoohan），通身潔白如雪。黑莊，滿文譯作“yacin hoohan”，意即「青莊」，其背、膊、翅皆青蒼色，勾如鷹，俗名水鷹（niyo i hooha）。

鴇（humudu），是一種水鳥，其性群居如雁，毛有豹紋，一名獨豹（yardu），又名鴻豹（kanjidu）。羊鴇（todo），以其頷下垂毛如羊髯，故稱羊鴇。淘河（kūtan），又作淘鵝（totan），就是鵜鶘（tilhūtan），又作鴮鸅（kūtan）。鵜鶘好群飛，沉水食魚，故名洿澤（furitan），俗呼淘河，其淡青觜者，稱為青觜淘河（yacin engge kūtan）。淘河又作逃河（ukatan），身似水沫。相傳鵜鶘從前為人竊肉，入河化為鳥，故稱逃河。其實，淘河是一種水鳥，頷下嗉囊較大，若小澤中有魚，便群相掬水滿其嗉，令水竭盡，魚在陸地，然後共食之，故名淘河。

陝西、河南等地有紫蒿鳥（šumgiya gasha），大若野雞（ulhūma），頭有冠，當地人稱為水冠鳥（mucunggai gasha）。五斑蟲（kuringge cecike）是因毛色深淺，斑紋大小而得名，其頂毛作細波紋，背、膊作三歧紋，翅如潑墨痕，臆前縠紋，腹下斑色稀淺，故得五斑之名，五斑蟲就是一種水鳥，其習性常以觜入地中大呼如牛鳴，俗稱地奔牛（hūngsitu gasha）。水駱駝（temen cecike），頸長能伸縮，昂首時胸有垂胡，有似駱駝，鶿此得名。水鶿鳥（cuisa），「鶿」字又作「鳷」，是一種水鳥，每當天陰時啼鳴，聲音沃沃，故名水鶿鳥。

鸛鴟，黃睛，黃眶，尖喙青黃色，青黃足，滿文辭書讀作“coogan”，《易卦》「師」，滿文辭書讀作“coohan”。鸛鴟，《鳥譜》滿文讀作“coohan”，異。打穀鳥（laitokū），是一種水鳥，紅睛，高黃足。三和尚（soncoho cecike），黑觜，足股紅色，黑頂，項有黑毛數根，勁而不垂。油罐子（kokoli），黑睛，白眶，黑觜細長，鉤喙；「油」，形容肥，因觜細而極長，如罐杓之柄，故俗稱油罐子。沙溜兒（coociyalai），身如鶉而大，也是一種水鳥。骨頂（karan kalja），形狀如雞，頂有白肉如冠，一名黑鷺（sahalja），漁人呼為烏雞（karalja）。水雞（niyo coko），別名章渠（jangkiri coko）。浙江吳人稱水雞為鷬雞（jarkin coko），是一種水鳥。水鵪（niyo mušu），身似鵪鶉而瘦，方言「鵪」音如「墾」，故水鵪亦名墾雞（kemšu）。小水雞（ajige niyo coko），栖止水草漸洳之處，與墾雞同類。澤雞（simelen coko），黑睛，黑觜，黑足，背、膊、翅俱有黃斑點，大小相雜。地烏（darhūwa cecike），身大於鸜鴿（inggali），因其鳴聲而得名。

魚鷹（suksuhu），其大小形狀如鷹，常在水邊食魚，江南人呼為食魚鷹，一名水鶚（mukei sisuhu）。因頭有白毛，尾末亦白，故又名白鷹（šanyan suksuhu），又作白鷢。《鳥譜》指出，魚鷹種類甚多，其中小者有翠碧（curbi gasha）、魚狗（buhere）、魚虎（nimargan）、翠奴（cuno gasha）。其中大者有海鶻（mutulhen）、海鷂（mulmen）、鸕鷀（suwan），其色有青、翠、白、斑。雕雞，是魚鷹的別名，滿文辭書讀作"dasukū"，《鳥譜》讀作"dasuhu"，異。鸕鷀色黑如鴉，善沒水取魚，其嗉甚大，可藏小魚。其別名頗多，包括：水烏（muke gaha）、鷧（garici）、水老鴉（muke gahacin）、烏鬼（yacisu）等。鸕又作盧，鷀又作茲，皆黑色，故名鸕鷀。

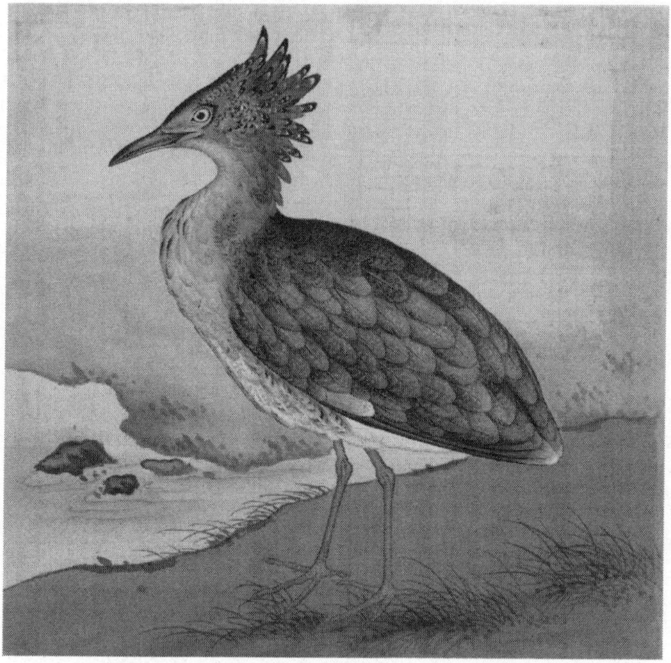

《鳥譜》第九冊　水花冠

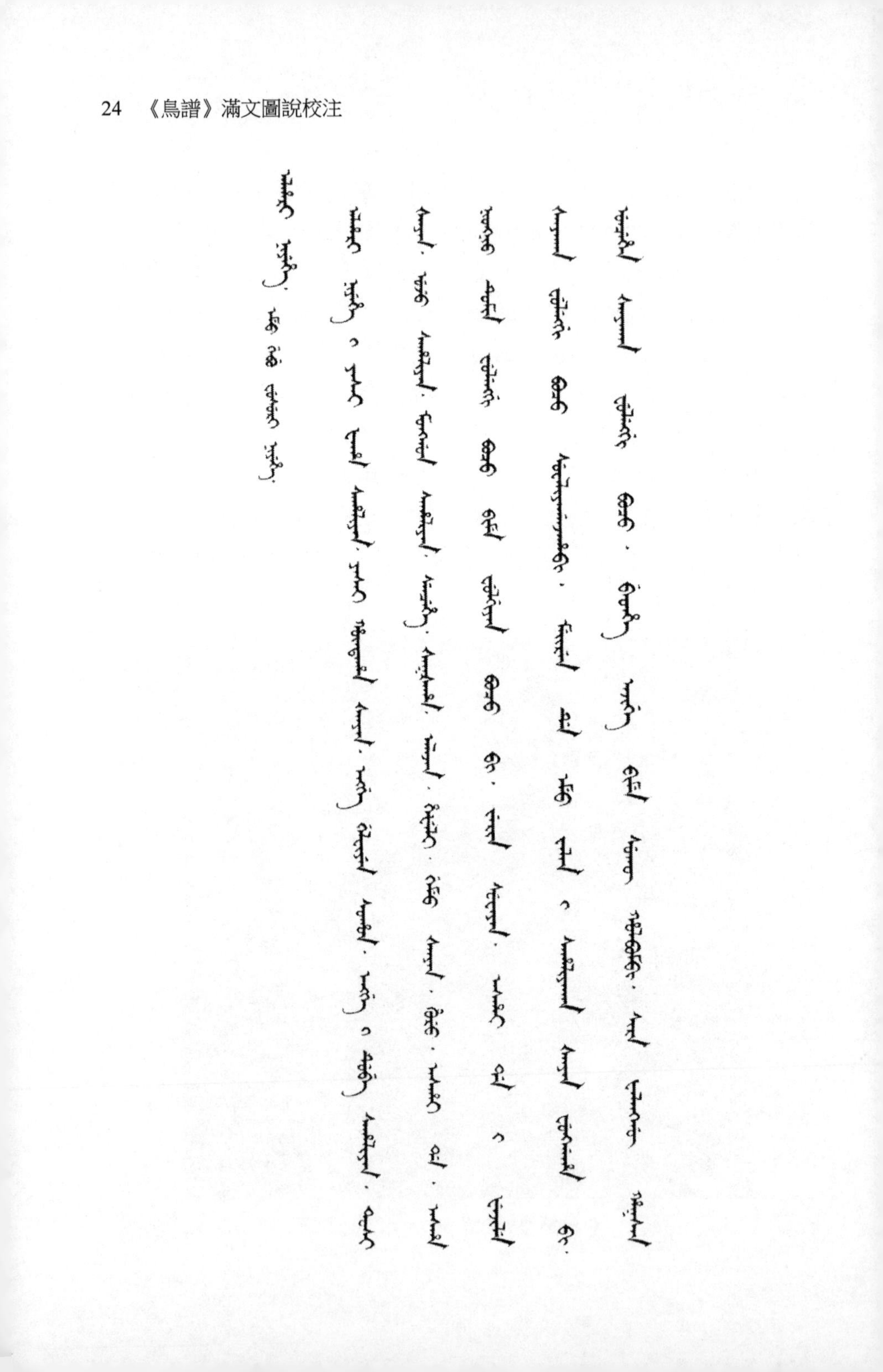

alhari niyehe, emu gebu fusuri niyehe.

alhari niyehe i yasai faha sahaliyan, yasai hūntahan šanyan, engge gelfiyen sohon, engge i dube sahaliyan, tosi šanyan, uju sahaliyan, monggon sahaliyan, sencehe, šakšaha, alajan, hefeli gemu šanyan, huru, ashai da, asha, niongnio tumin fulenggi boco bime fulgiyan boco bi, jerin suwayan, ashai da i fejile šanyakan fulenggi boco suwaliyaganjahabi, meiren de emu jalan i sahaliyakan šanyan funggaha bi, uncehen šanyakan fulenggi boco, bethe ajige bime sukū holbombi, sira, falanggū haksan

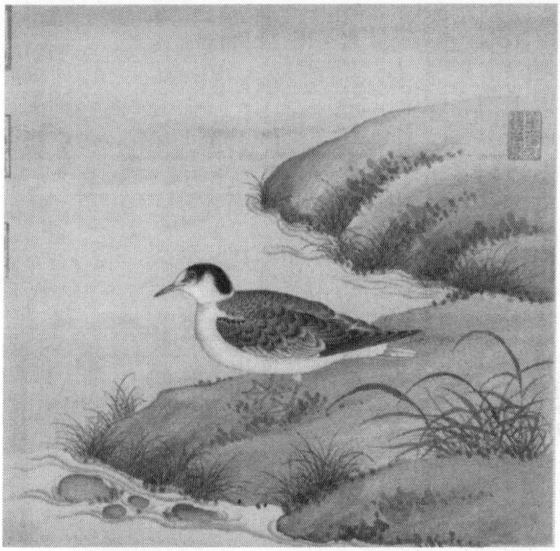

建華鴨，一名芙蓉鷗

建華鴨，黑睛，白眶，薑黃觜，黑尖喙，白頂，黑頭，黑項，頷、頰、臆、腹皆白，背、膊、翅、翮瓦灰色帶赤黃邊[1]，膊下間以灰白，肩上有黑白毛一節，灰白尾，足小而蹼，金黃脛、掌，

1 瓦灰色帶赤黃邊，滿文讀作"tumin fulenggi boco bime fulgiyan boco bi, jerin suwayan"，意即「深灰色帶赤色，黃邊」。

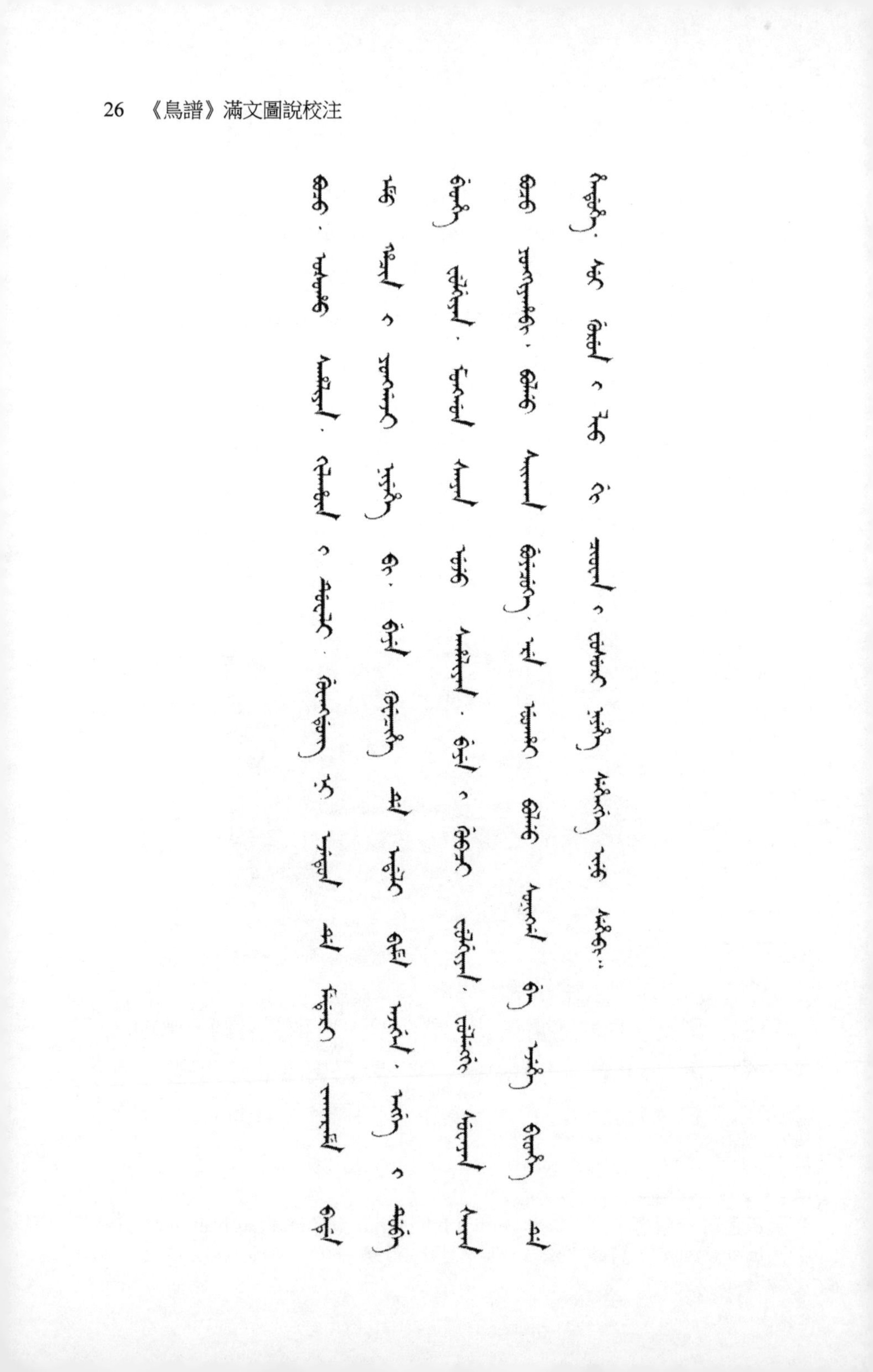

[illegible]

[illegible]

[illegible]

[illegible]

boco, ošoho sahaliyan, kilahūn i duwali. guwangdung ni ejetun de, mederi jakarame bade emu hacin i yonggaji niyehe bi, beye kuwecihe de adali bime ajigen, engge i dube, bethe fulgiyan, monggon šanyan uju sahaliyan, beye i gubci fulgiyan, fulenggi suwayan šanyan boco yongkiyahabi, bolgo saikan buyecuke, ere uthai bolgo soningga be ejehe bithe de henduhe, sui gurun i lio gi ciowan i fusuri niyehe sehengge inu sehebi.

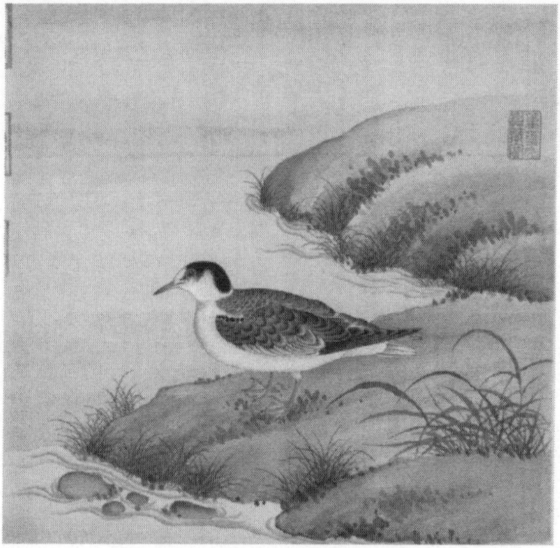

黑爪，鷗類也。《粵志》：潮海之鄉[2]，有一種沙鷗，形如鴿而小，紅喙、足，白頂[3]，黑頭，體具紅灰黃白色[4]，秀淨可玩[5]，即《清異錄》所云隋劉繼詮之芙蓉鷗也。

---

2 潮海之鄉，滿文讀作“mederi jakarame bade”，意即「海濱地方」。
3 白頂，滿文讀作“monggon šanyan”，意即「白頸」，滿漢文義不合。
4 體具紅灰黃白色，句中「體」，滿文讀作“beye i gubci”，意即「通身」。
5 秀淨可玩，滿文讀作“bolgo saikan buyecuke”，意即「秀淨可愛」。

[illegible]

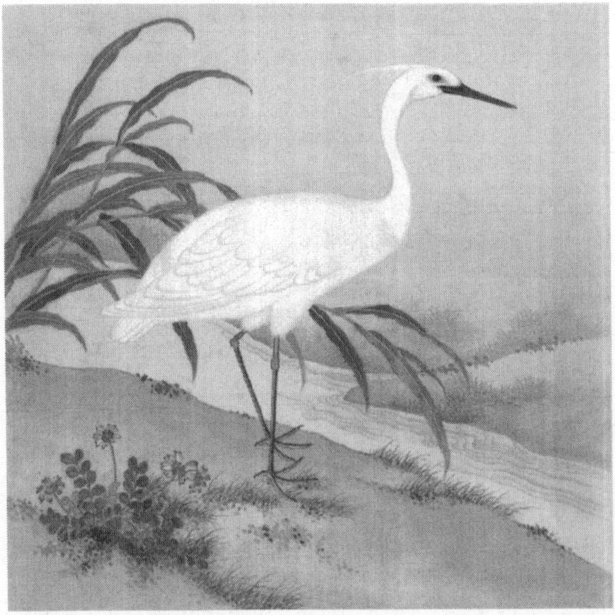

šanyan gūwasihiya, emu gebu suihetu gūwasihiya, emu gebu homitu gūwasihiya, emu gebu congkiri gūwasihiya, emu gebu šahūn gūwasihiya, emu gebu sirgetu gasha, emu gebu nimari gūwasihiya.

šanyan gūwasihiya i yasai faha sahaliyan, šurdeme fulgiyan boco kūwarahabi, šakšaha niowanggiyan, engge yacikan sahaliyan, uju de banjiha šanyan funggaha jilgin jilgin i sirge i gese labdarame ofi, tuttu suihetu gūwasihiya seme gebulehebi, beye gubci der seme šeyen nimanggi de adali, asha dethe golmin, uncehen foholon, sira, bethe yacin, ošoho sahaliyan, sira bethe suwayan boco ningge inu bi. hancingga šunggiya de, gūwasihiya serengge, homitu gūwasihiya inu sehebe suhe bade, šanyan gūwasihiya sembi sehebi. irgebun i nomun i cen gurun i tacinun de, gūwasihiya i asha debsitembi sehe suhen de, lu gi i henduhengge, gūwasihiya serengge, niyo i gasha inu, saikan bime der seme šeyen ofi, tuttu šanyan gasha

---

白鷺，一名鷺鷥，一名春鉏，一名獨舂，一名白鳥，一名帶絲禽，一名雪客

白鷺，黑睛，紅暈，綠頰，青黑觜，頂有白翰縷縷垂出如絲[6]，故有鷺鷥之稱。通身潔白如雪[7]，長翅、翮，短尾，青脛、足，黑爪，亦有黃脛、足者。《爾雅》：鷺，舂鉏。注：白鷺也。《詩•陳風》：值其鷺羽。疏：陸璣云：鷺，水鳥也，好而潔白，故謂之白鳥，

---

6 白翰，滿文讀作“šanyan funggaha”，意即「白毛」。
7 通身，滿文讀作“beye gubci”，當作“beyei gubci”，脫落“i”。

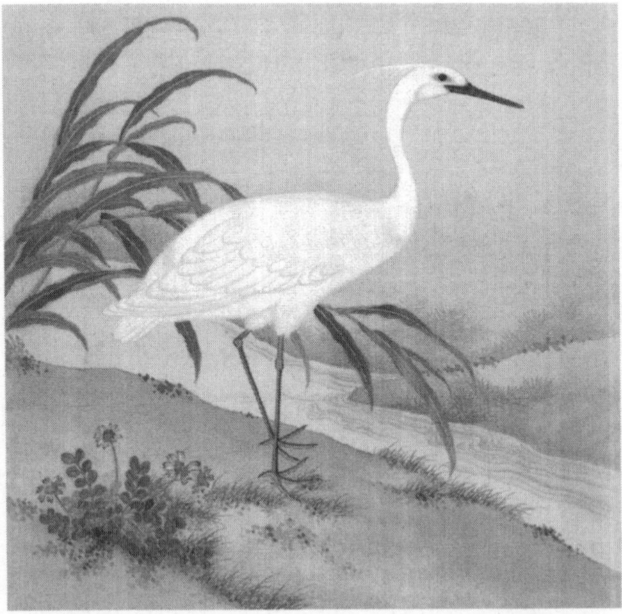

sembi, ci lu i bade, erebe homitu gūwasihiya sembi. liyoo dung, lo lang, u i ba, yang jeo i jergi ba i niyalma, gemu šanyan gūwasihiya sembi, bethe emu jušuru funcembi, terei uncehen, giyahūn i uncehen i adali, engge i dube ilan jurhun golmin, uju de ududu da golmin funggaha banjifi suksuhun i beyei funggaha ci encu hacin i saikan, nimaha be jafambihede, ere funggaha be bargiyambi, te u ba i niyalma inu ujimbi sehebi. okto sekiyen i jurgan be suhe bithede, šanyan gūwasihiya bujan de doombi, muke de jembi, feniyeleme deyere de ilhi banjiname ofi, tuttu irgebun i nomun de, deyere gūwasihiya be jafafi geren ambasa i bederere de, ilhi bisire be duibulehebi, amaga jalan de šušihi i jergi gūwasihiya i ilhi seme gisurehebi. terei beye nimanggi i adali šanyan, monggon narhūn funggaha golmin, bethe den tukiyere mangga, ošoho dendeme banjihabi, uncehen foholon, micihiyan muke de yabure de urui tukiyeme gidame congkišara adali, yangsara adali ofi, tuttu homitu

---

齊魯之間，謂之舂鉏，遼東、樂浪、吳、揚人皆謂之白鷺。腳尺餘，尾如鷹尾，喙長三寸，頭上有長毛十數枚，毿毿然與眾毛異，好欲取魚時則弭之，今吳人亦養焉。《本草解義》云：白鷺，林栖水食，群飛成序，故《詩》以振鷺之飛，喻群臣欲退之序，後世有鵷行鷺序之語。身潔如雪[8]，細頸長纓[9]，高足善翹，解指短尾，步于淺水，好自低昂，如舂如鉏，

---

8 身潔如雪，滿文讀作“terei beye nimanggi i adali šanyan”，意即「其身白如雪」。

9 細頸長纓，滿文讀作“monggon narhūn funggaha golmin”，意即「細頸長毛」。

[illegible]

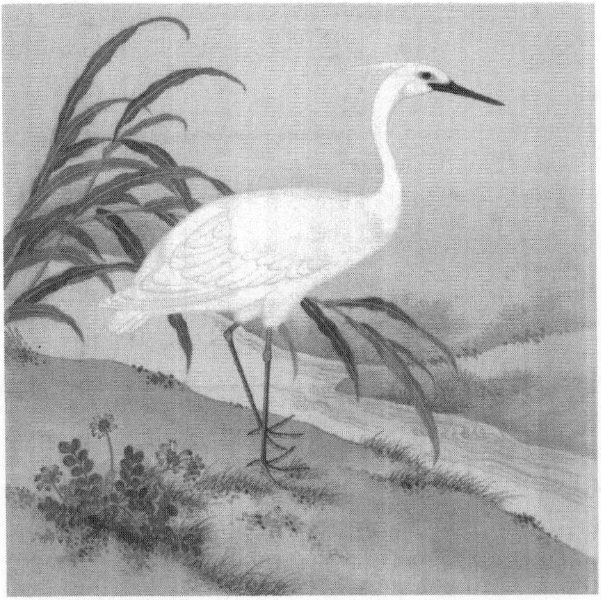

gūwasihiya sembi. gebu jakai suhen de, gūwasihiya der seme šeyen bime nantuhūn de iceburakū, an i ilire de kemuni yendere gūnin tebure, bethe urui tukiyeshūn ojorongge, ler seme emhun congkišara arbun bisire jakade, tuttu congkiri gūwasihiya sembi sehebi. nonggiha šunggiya de, gūwasihiya imiyame dooki seci muke ci juwan funceme jušuru sandalabuha, nerginde urunakū narame fuhašambi, midaljame arbušambi, deyeki sere erin ci cingkai encu, ainci gūwasihiya banitai maksireleme wasime doombi, tuttu ofi irgebun i nomun de, gūwasihiya i wasire de soktombi sehengge, terei maksire arbun be gisurehebi, gūwasihiya i deyere de soktombi sehengge, terei bederere arbun be gisurehebi sehebi. jaka hacin i acinggiyandure ejetun de, niyalma yafan omo de ujici, gūwasihiya udu boode urehe gūlibuha seme šanyan silenggi wasika amala, urui kalime generengge labdu, dekdeni gisun, gūwasihiya silenggi wasire turgunde kalirengge, terei sukdun i ishunde acinggiyarangge kai sehebi. eiten jakai kimcin de, šajingga

---

故曰舂鉏。《名物解》云：鷺，潔白而不污，立常有振舉之意，足常跂，有振而獨舂之貌，故謂之獨舂也。《埤雅》云：鷺之集，每至水面數尺則必低徊，必盤其勢，與飛之時徑起特異，蓋其天性舞而後下，故《詩》於鷺于下曰：醉言舞，鷺于飛曰醉言歸也。《物類相感志》云：人家池塘養鷺，馴若家禽，然每至白露後，輒多飛翔而去。諺云：鷺以露飛，氣相召也。《庶物考》云：

[illegible]

[illegible]

[illegible]

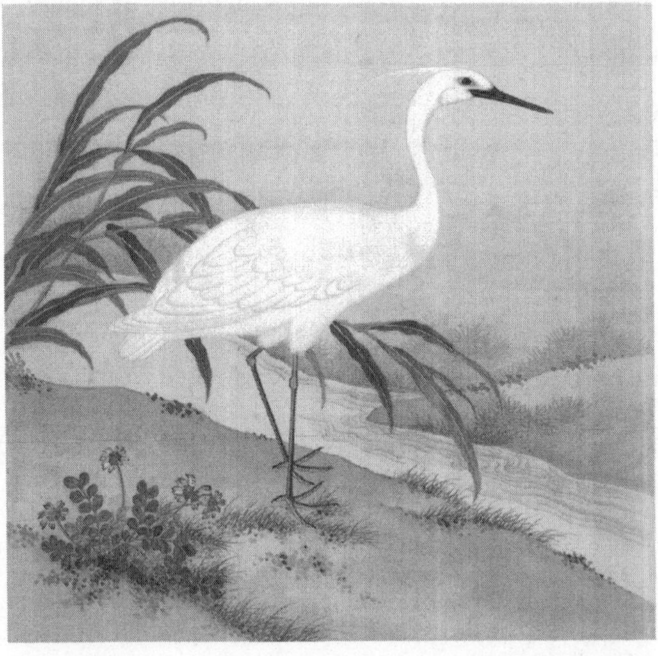

kūwaran i ferguwecuke duwalibun de, šanyan gūwasihiya gemu emile ningge amila ningge akū, niyengniyeri forgon de isinaha manggi, a i sukdun teni selgiyebufi, akjan teni akjandara de, šanyan gūwasihiya emu gūnin i akjara jilgan be donjifi, uthai umgan bilembi sembi sehebi. tuwaci, nonggiha šunggiya de, amila emile šanyan gūwasihiya ishunde dahalame yabure de umgan bilembi sembi. dekdeni gisun, suihetu gūwasihiya ishunde amcara de sucilembi sehengge inu sehebi. geli kūbulire wembure leolen de, šanyan gūwasihiya yasai šanuhai umgan bilembi sehebi, ereni tuwahade, šanyan gūwasihiya daci amila emile ningge bihe, damu sukdun i acinggiyara dabala, beyei acara ba akū, ere uthai gaha saksaha i mooi gargan de amcame fekure nerginde sucilembi, šanyan kūtan ishunde tuwahai kūbulimbi sehe de adali

---

《法苑珠林》言，白鷺悉雌無雄，到春節時陽氣始布，雷聲初發，白鷺一心聞聲，即便懷卵。按《埤雅》曰：白鷺雄雌相隨受卵，諺云：鷺鷥相逐成胎是也。又《變化論》曰：鷺以目盼而受胎。是知白鷺本有雌雄，但以氣感，不以形接[10]，正如烏鵲傳枝而孕，白鵁相視而化耳。

---

10 不以形接，滿文讀作“beyei acara ba akū”，意即「不以身接」。

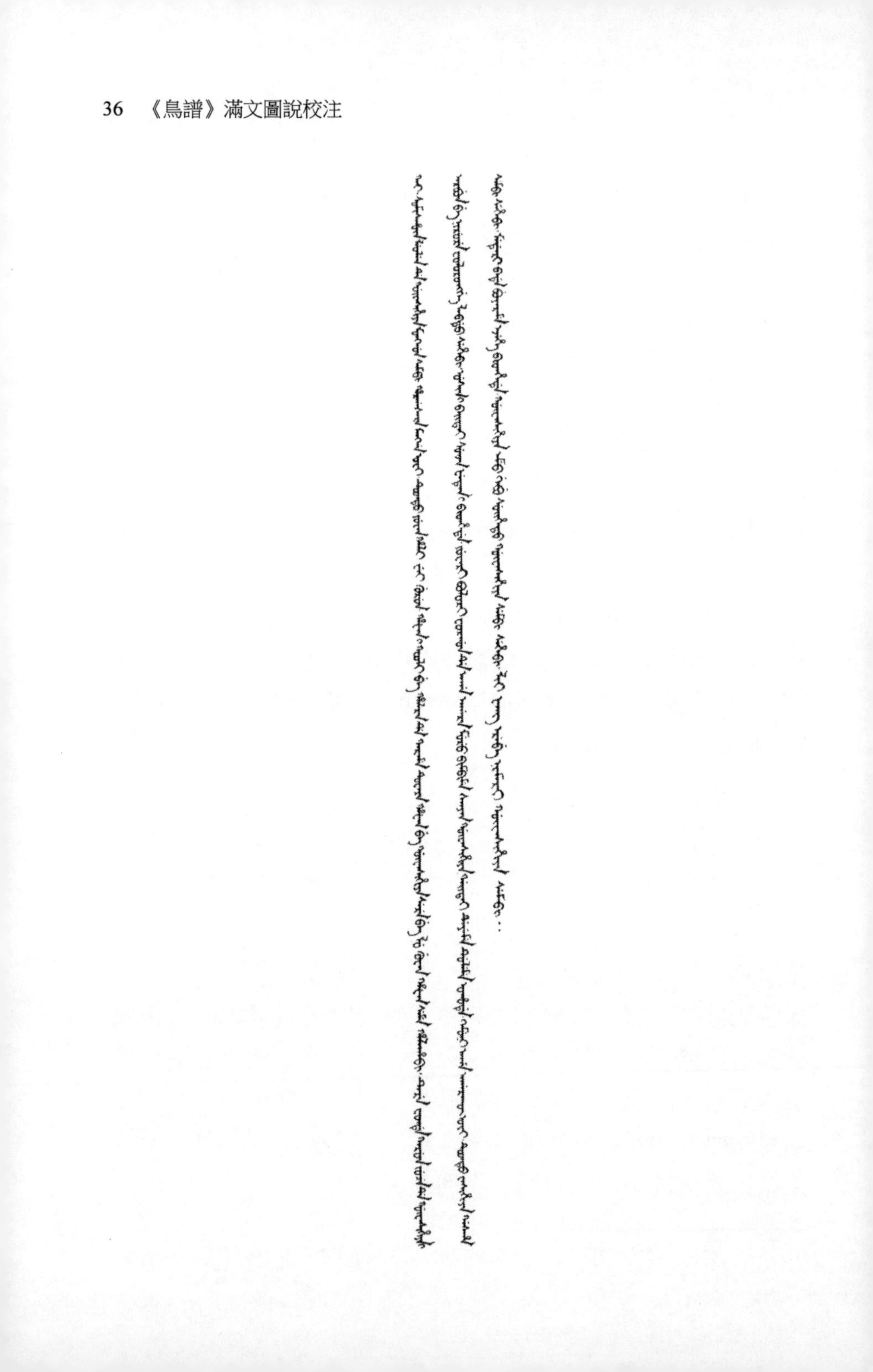

[illegible]

kai. somishūn leolen de, gūwasihiya monggon sampi hargašara mangga ofi, tuttu yuwan halai wei gurun hafan i kooli be halara de, karame tuwara hafan be gūwasihiya sere be lu guwan hafan seme halahabi, tere fonde karun juce de gūwasihiya i arbun be nirure folorongge labdu sehebi. usin i baitai sunja feten i bithede, juwari bolori forgon de aga agara muru bimbime, šanyan gūwasihiya gaitai deyeme duleme ohode, kemuni aga agarakū ofi, tuttu wasihiya gasha sembi sehebi. mederi bade buyarame ejehe bithede, gūwasihiya emu gebu suihetu gūwasihiya sembi sehebi. lii fang erebe nimari gūwasihiya sembi.

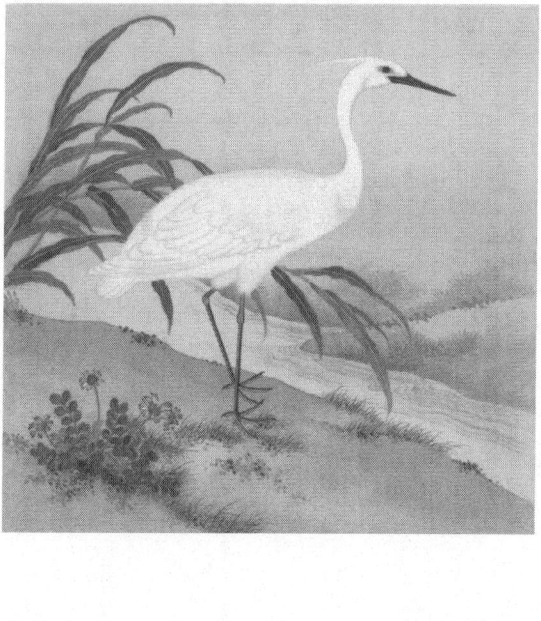

《枕譚》云：鷺善延望，故元魏改官制，以候望官為白鷺，其時亭堠多畫刻鷺像也。《田家五行》云：夏秋間雨陣將至，忽有白鷺飛過，雨每不至，名曰截雨。《海錄碎事》云：鷺，一名帶絲禽。李昉謂之雪客。

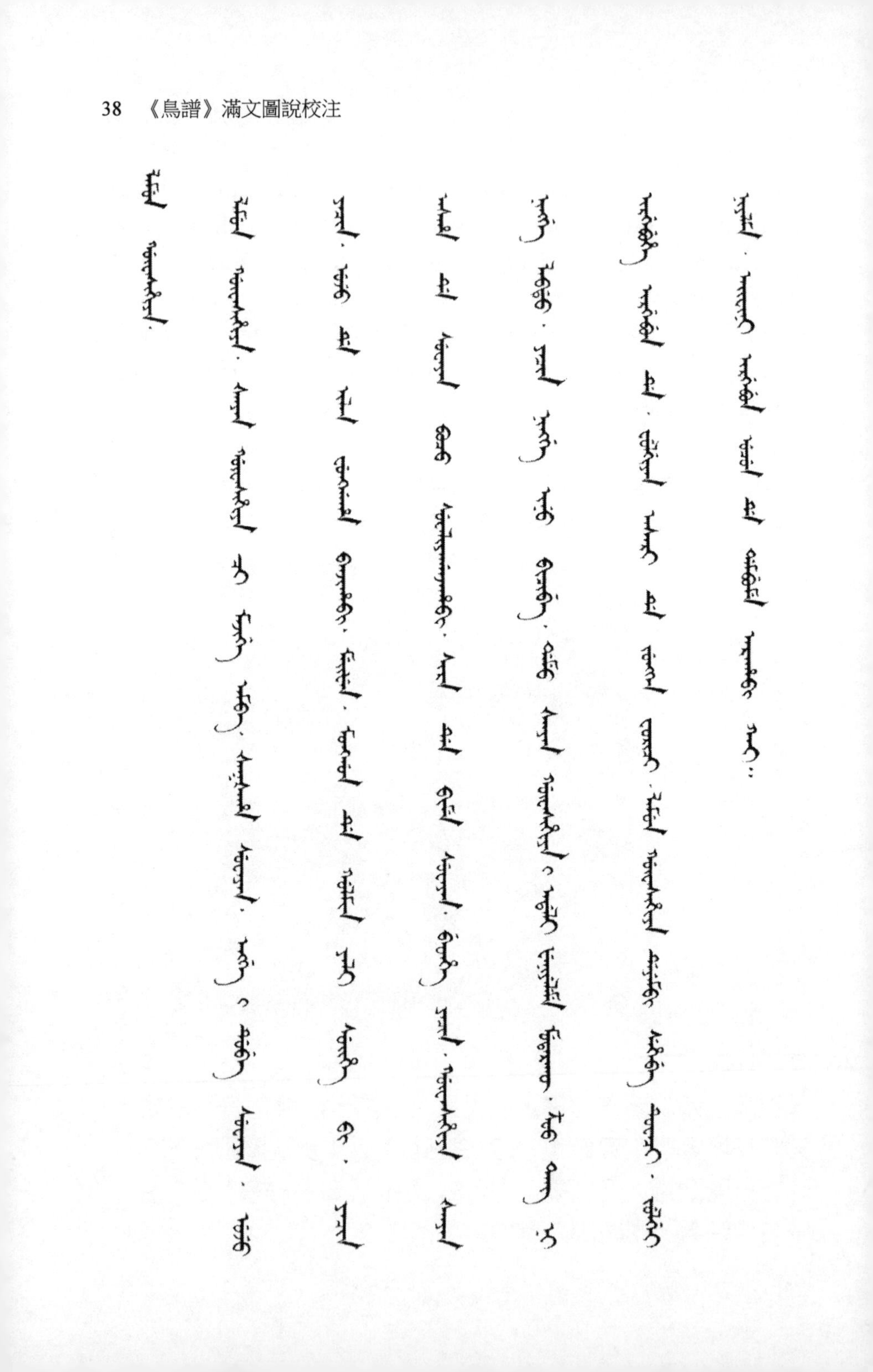

[illegible]

[illegible]

[illegible]

[illegible]

[illegible]

[illegible]

lamun gūwasihiya.

lamun gūwasihiya, šanyan gūwasihiya ci majige amba, šakšaha suwayan, engge i dube suwayan, uju yacin, uju de ilan funggaha banjihabi, meifen, monggon de golmin, yali suihe bi, yacin asha de suwayan boco suwaliyaganjahabi, sira den bime suwayan, bethe yacin, gūwasihiya šanyan ningge labdu, yacin ningge inu bicibe, damu šanyan gūwasihiya i adali feniyeleme muterakū, ts'oo tang ni irgebuhe irgebun de, fulgiyan asari de jungken forici, lamun gūwasihiya deyembi sehebe tuwaci, julgei niyalma aifini irgebun ucun de dambume arahabi kai.

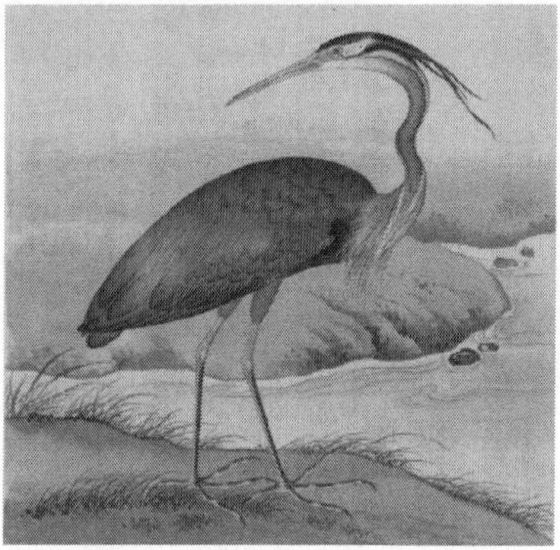

青鷺

青鷺，比白鷺略大，黃頰，黃喙，青頂，頂有三毛[11]，長頸、項，有垂胡。青翅間雜黃色，高黃脛，青足。鷺鷥白者居多，青者間有之，不能如白之成群[12]。曹唐詩曰：彤閣鐘鳴碧鷺飛。古人亦形之歌詠矣。

11 頂有三毛，滿文讀作“uju de ilan funggaha banjihabi”，意即「頭上長了三枚羽毛」。

12 不能如白之成群，句中「白」，滿文讀作“šanyan gūwasihiya”，意即「白鷺」。

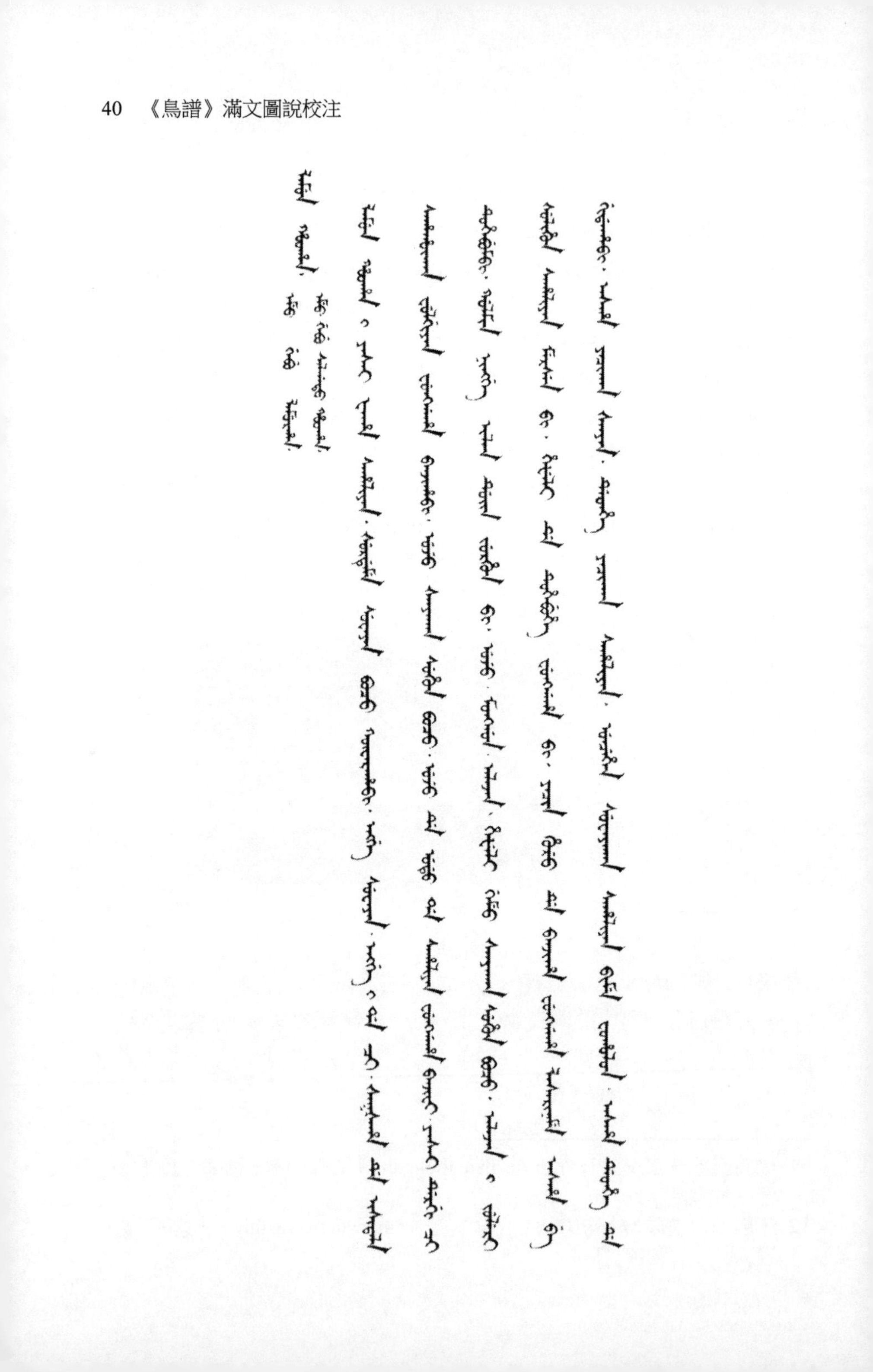

[illegible]

[illegible]

[illegible]

[illegible]

[illegible]

[illegible]

lamun hoohan, emu gebu lamurhan,
emu gebu salgatu hoohan.

lamun hoohan i yasai faha sahaliyan, šurdeme suwayan boco kūwarahabi, engge suwayan, engge i da ci šakšaha de isitala, sahahūkan fulgiyan funggaha banjihabi, uju šanyakan suhun boco, uju de udu da sahaliyan funggaha banjifi, yasai dergi ci tuhebumbi, golmin ningge ilan duin jurhun bi, uju, monggon, alajan, hefeli gemu šanyakan suhun boco, alajan i juleri šulihun sahaliyan mersen bi, hefeli de tuhebuhe funggaha bi, yacin huru de banjiha funggaha lasariname asha be gidahabi, asha yacikan šanyan, dethe yacikan sahaliyan, uncehen suwayakan sahaliyan bime foholon, asha, dethe de

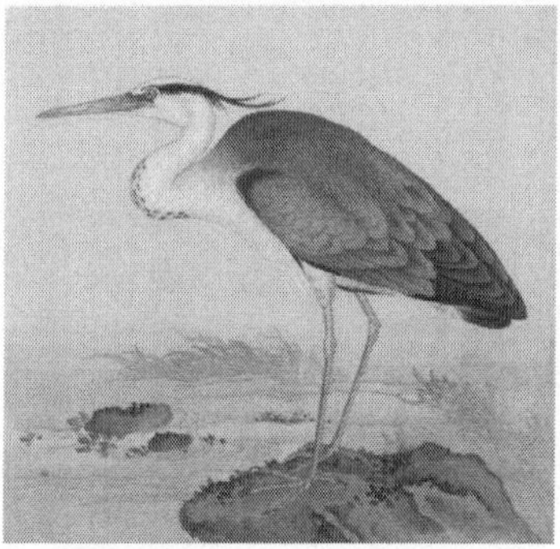

青莊[13]，一名青翰，一名信天緣

青莊，黑睛，黃暈，黃觜，觜根蒼赤毛連頰，米白頂，頂有黑纓數莖[14]，自目上出，長者三、四寸，頸、項、臆、腹俱米白色[15]，臆前有尖黑點，腹有垂毛，青背毿毿覆翅，青白翅，青黑翮，短黃黑尾，翅、翮

13 青莊，滿文讀作"lamun hoohan"，句中"lamun"，「藍的」，或作「青的」。
14 黑纓，滿文讀作"sahaliyan funggaha"，意即「黑毛」。
15 頸、項、臆、腹，句中「頸」，滿文讀作"uju"，意即「頭」，又作「頂」，滿漢文義不合。

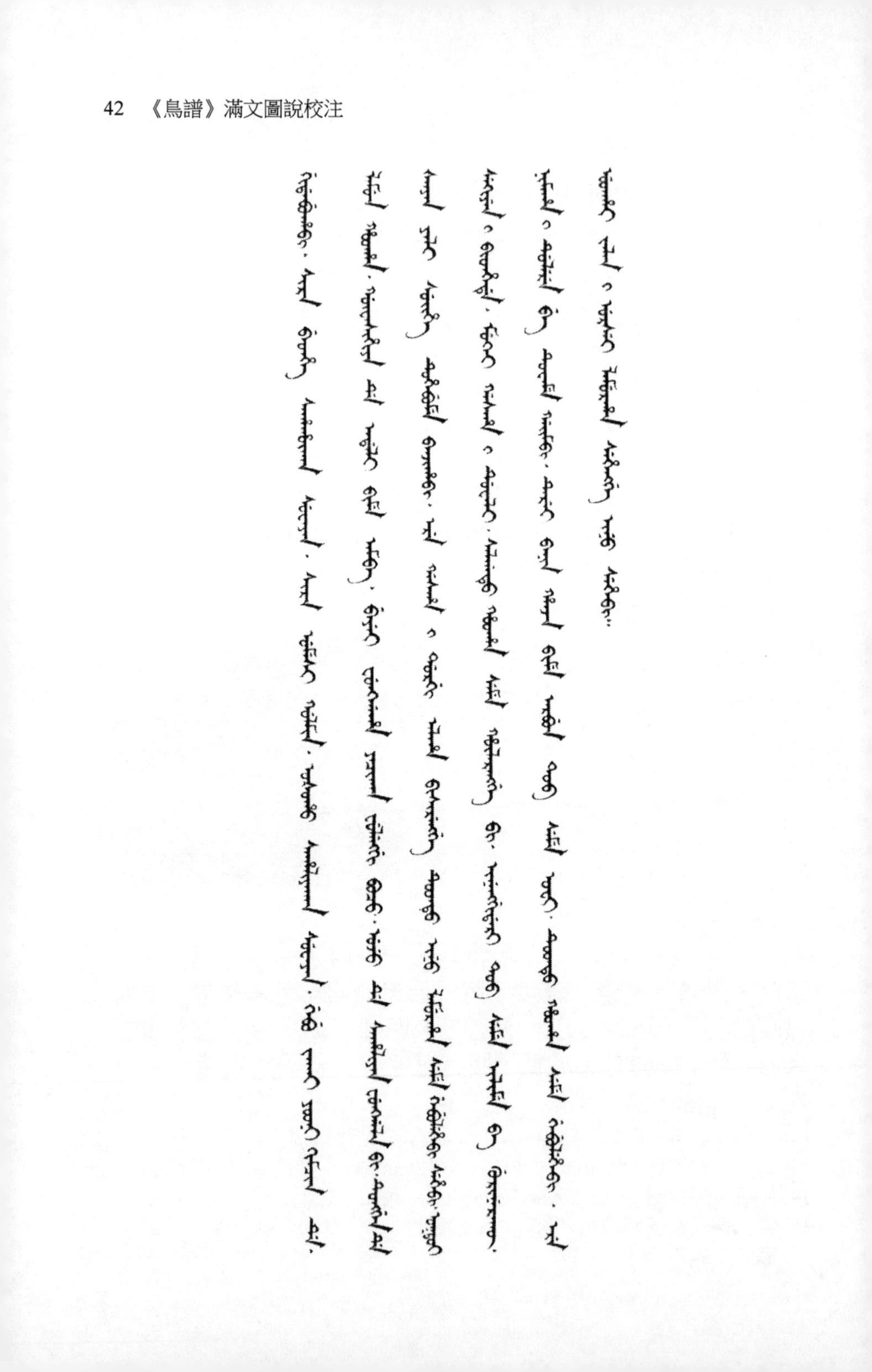

[illegible]

[illegible]

[illegible]

[illegible]

[illegible]

[illegible]

gidabuhabi, sira bethe sahahūkan suwayan, sira umesi golmin, ošoho sahaliyakan suwayan. gebu jakai yooni kimcin de, lamun hoohan, gūwasihiya de adali bime amba, beyei funggaha yacikan fulenggi boco, uju de sahaliyan funggala bi, tunggen de šanyan yali suihe tuhebume banjihabi, ere gasha i dorgi alha bisirengge tuttu inu lamurhan seme gebulehebi sehebi. oktoi sekiyen i bithede, mukei gasha i duwali, salgatu hoohan seme hūlarangge bi, inenggidari tob seme ilime ba gurinerakū, nimaha i dulere be tuwame gaimbi, terei banin hanja bime arbun tob seme ofi, tuttu hoohan seme gebulehebi, ere uthai jalan i ursei lamurhan sehengge inu sehebi.

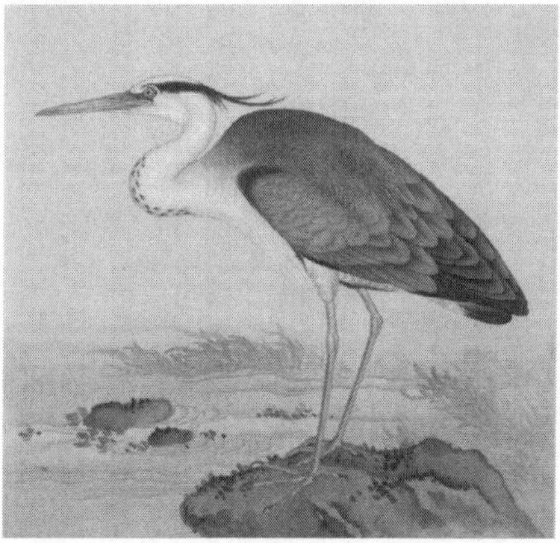

蓋之，蒼黃脛、足，脛甚長，黑黃爪。《名物備考》云：青莊似鷺而大，身作灰青色[16]，頂有黑翎，胸垂白胡，鳥之有文者，故亦名青翰。《本草綱目》云：水鳥之屬，有曰信天緣者，終日凝立，不易其處，俟魚過乃取之，其性廉而形端，故名莊，即俗所稱青翰是也。

---

16 身作灰青色，滿文讀作“beyei funggaha yacikan fulenggi boco”，意即「身毛作青灰色」。

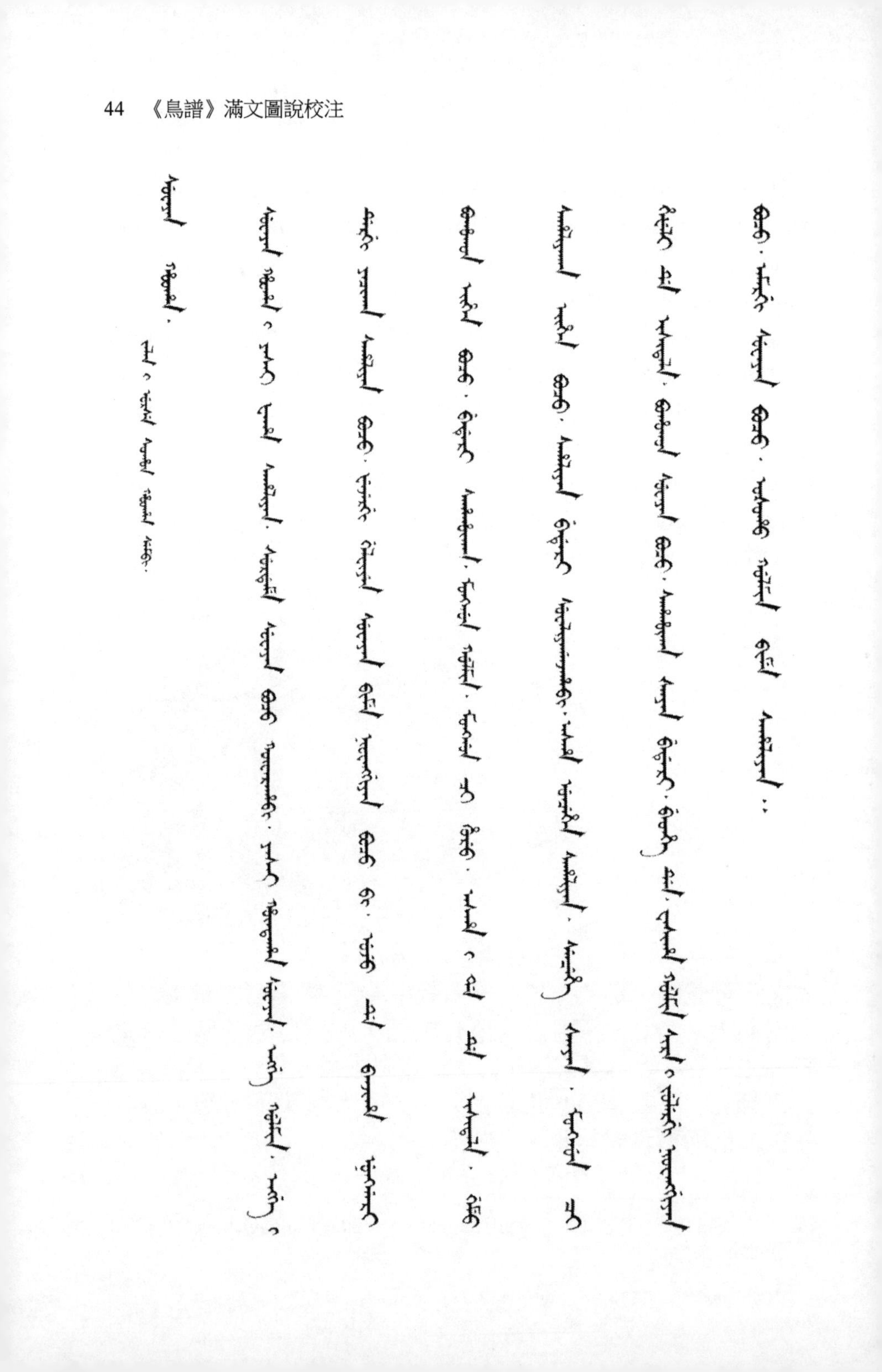

[illegible]

[illegible]

[illegible]

[illegible]

[illegible]

[illegible]

[illegible]

[illegible]

suwayan hoohan, jalan i urse sohon hoohan sembi.
suwayan hoohan i yasai faha sahaliyan, šurdeme suwayan boco kūwarahabi, yasai hūntahan suwayan, engge golmin, engge i dergi yacikan sahaliyan boco, fejergi gelfiyen suwayan bime niowanggiyan boco bi, uju de banjiha nunggari bohokon eihen boco, bederi sahahūkan, monggon golmin, monggon ci huru, asha i da de isitala, gemu sahaliyakan eihen boco, sahaliyan bederi suwaliyaganjahabi, asha, uncehen sahaliyan, sencehe šanyan, monggon ci hefeli de isitala, bohokon suwayan boco, sahahūkan šanyan bederi, bethe den, wasiha golmin, sira i julergi niowanggiyan boco, amargi suwayan boco, ošoho golmin bime sahaliyan.

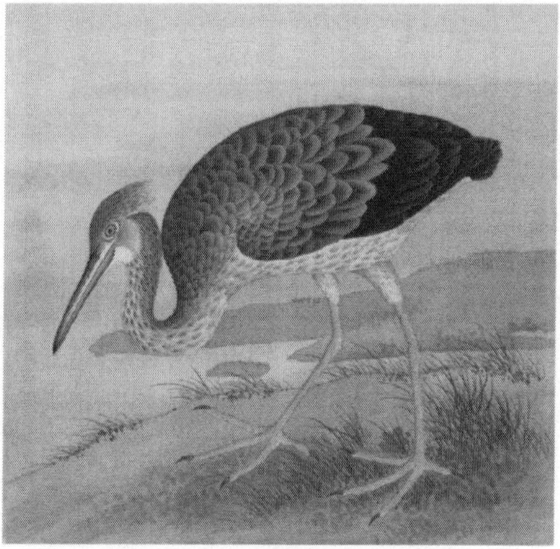

黃莊，俗名黃翰
黃莊，黑睛，黃暈，黃眶，長觜，觜面青黑色，下淡黃帶綠，頂有茸毛赭土色蒼斑，長頸，自項至背、膊俱黑赭色，間以黑斑，黑翅、黑尾，白頷，咽下至腹土黃色，蒼白斑，高足，長趾，脛面綠，後黃，長黑爪。

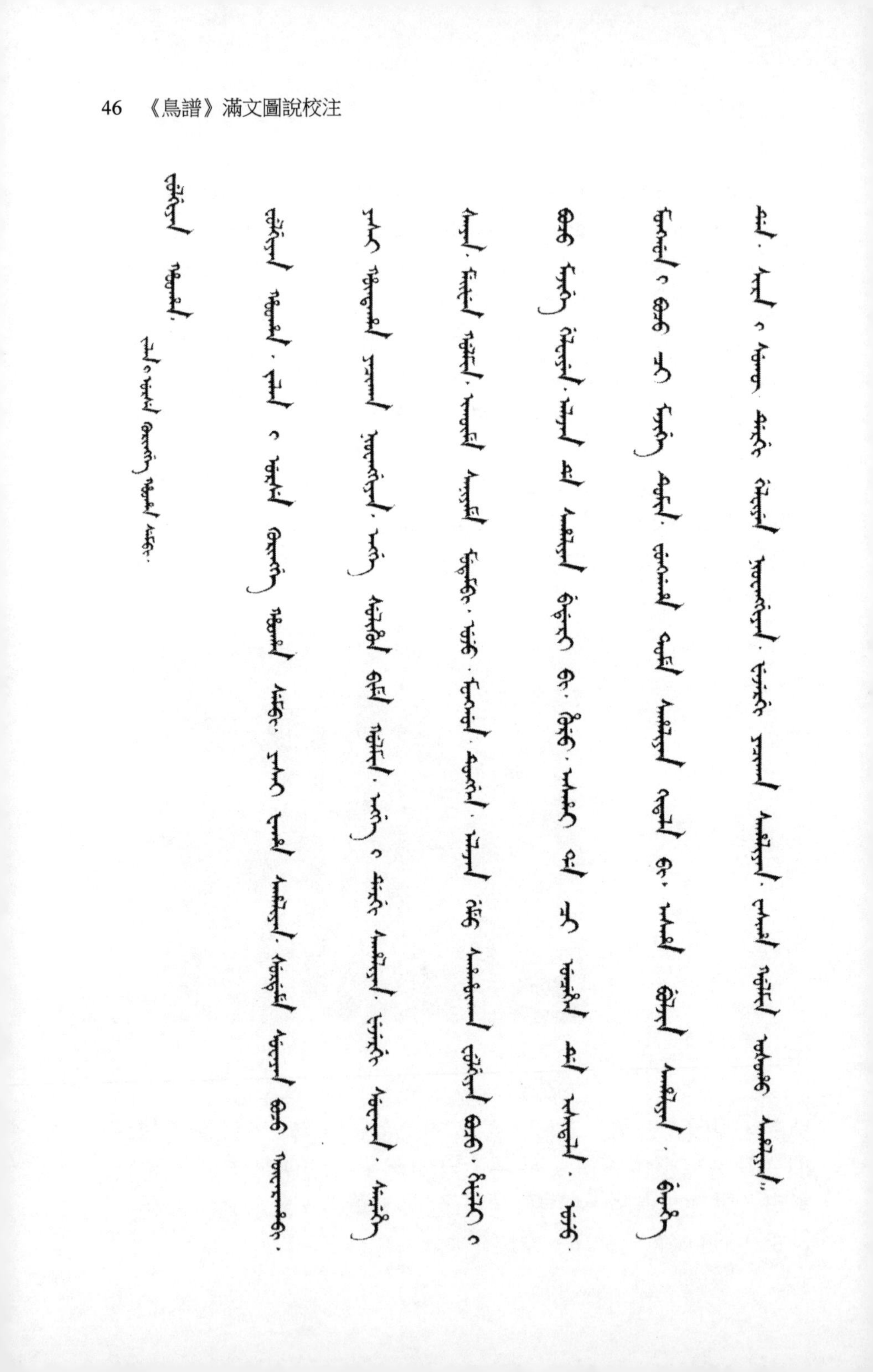

[illegible]

fulgiyan hoohan, jalan i urse kuringge hoohan sembi.

fulgiyan hoohan, jalan i urse kuringge hoohan sembi, yasai faha sahaliyan, šurdeme suwayan boco kūwarahabi, yasai hūntahan yacikan niowanggiyan, engge šulihun bime golmin, engge i dergi sahaliyan, fejergi suwayan, sencehe šanyan, meifen golmin, ikūme saniyame mutembi, uju, monggon, tunggen, alajan gemu sahahūkan fulgiyan boco, hefeli i boco majige gelfiyen, alajan de sahaliyan bederi bi, huru, ashai da ci uncehen de isitala, uju, monggon i boco ci majige tumin, funggaha tome sahaliyan kitala bi, asha buljin sahaliyan, bethe den, sira i sukū dergi gelfiyen niowanggiyan, fejergi yacikan sahaliyan, wasiha golmin, ošoho sahaliyan.

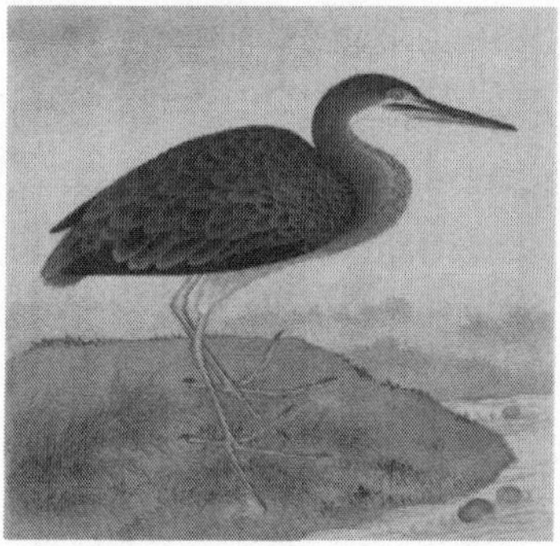

紅莊，俗名虎斑蟲

紅莊，俗名虎斑蟲，黑睛，黃暈，青綠眶，尖長觜，面黑下黃[17]，白頷，長頸能伸縮，頭、項、胸、臆俱蒼赤色，腹稍淺[18]，臆前有黑斑，背、膊及尾比頭、項色稍深，每羽有黑莖，純黑翅，高足，其脛皮上節粉綠，下節青黑，長趾、黑爪。

17 面黑下黃，滿文讀作“engge i dergi sahaliyan, fejergi suwayan”，意即「觜上面黑，下面黃」。

18 腹稍淺，滿文讀作“hefeli i boco majige gelfiyen”，意即「腹色稍淺」。

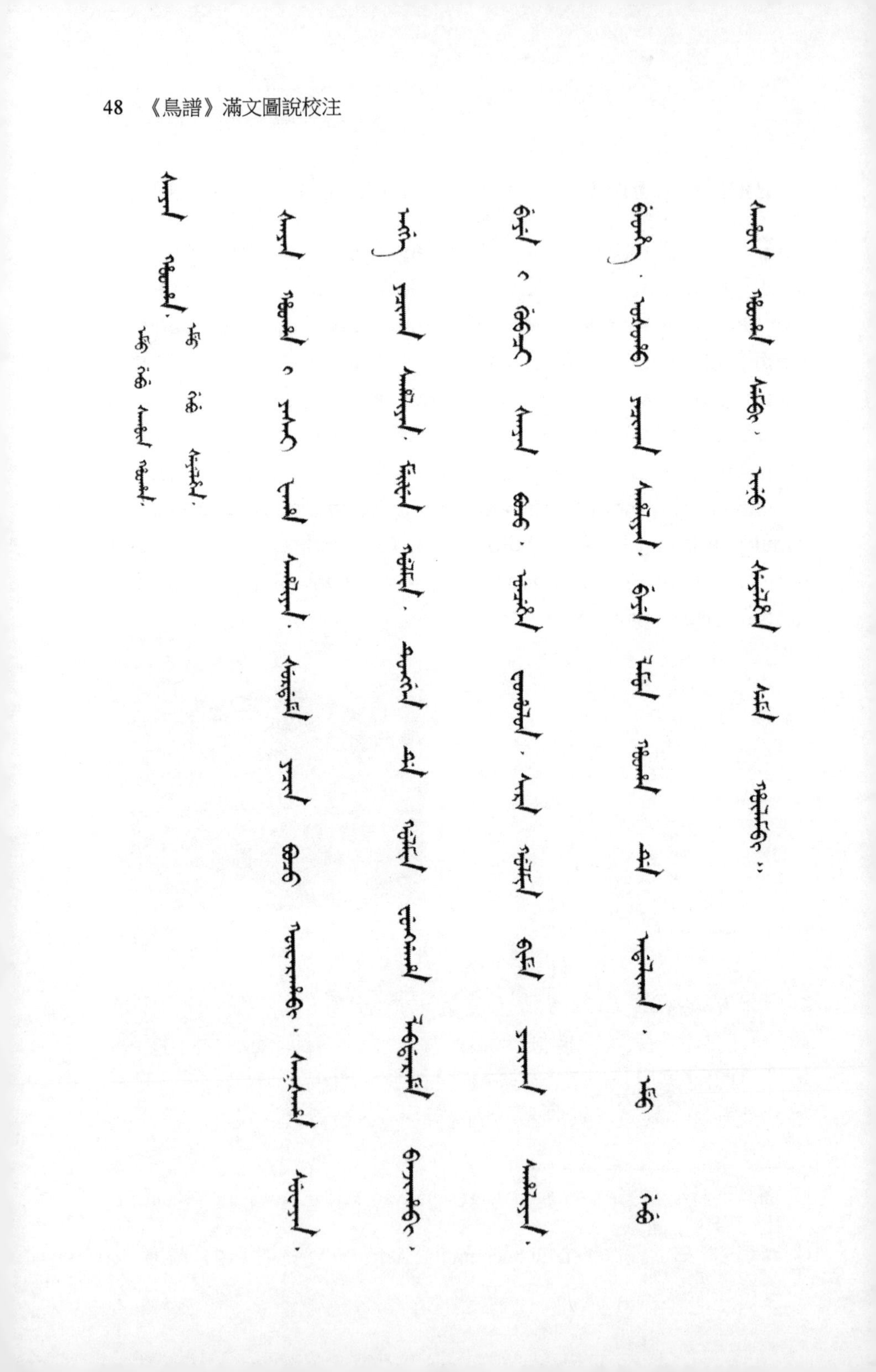

[illegible]

[illegible]

[illegible]

[illegible]

[illegible]

[illegible]

šanyan hoohan, emu gebu šahūn hoohan,
emu gebu šeyelhen.

šanyan hoohan i yasai faha sahaliyan, šurdeme yacin boco kūwarahabi, šakšaha suwayan, engge yacikan sahaliyan, meifen golmin, tunggen de golmin funggaha labdarame banjihabi, beye i gubci šanyan boco, uncehen foholon, sira golmin bime yacikan sahaliyan, bethe, ošoho yacikan sahaliyan, beye lamun hoohan de adalikan, emu gebu šahūn hoohan sembi, inu šeyelhen seme hūlambi.

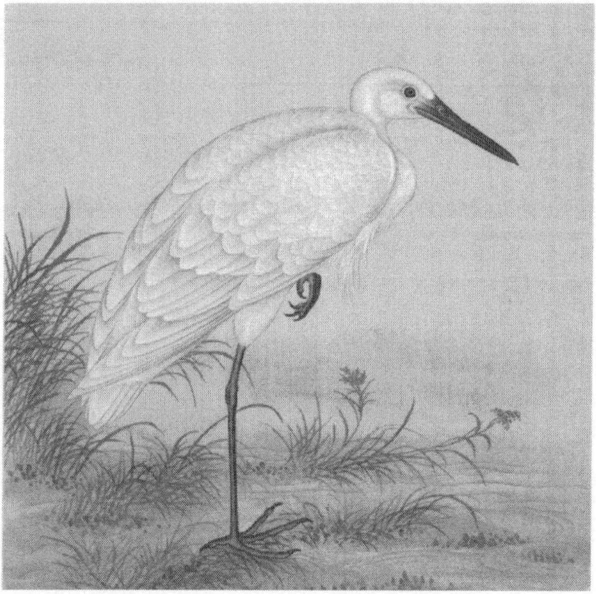

白鶾，一名白翰，一名白鶴子

白鶾，黑睛，青暈，黃頰，青黑觜，長頸，胸有長毛垂出，通身白色，短尾，青黑長脛，青黑足、爪，身與青鶾相等，一名白翰，亦呼白鶴子。

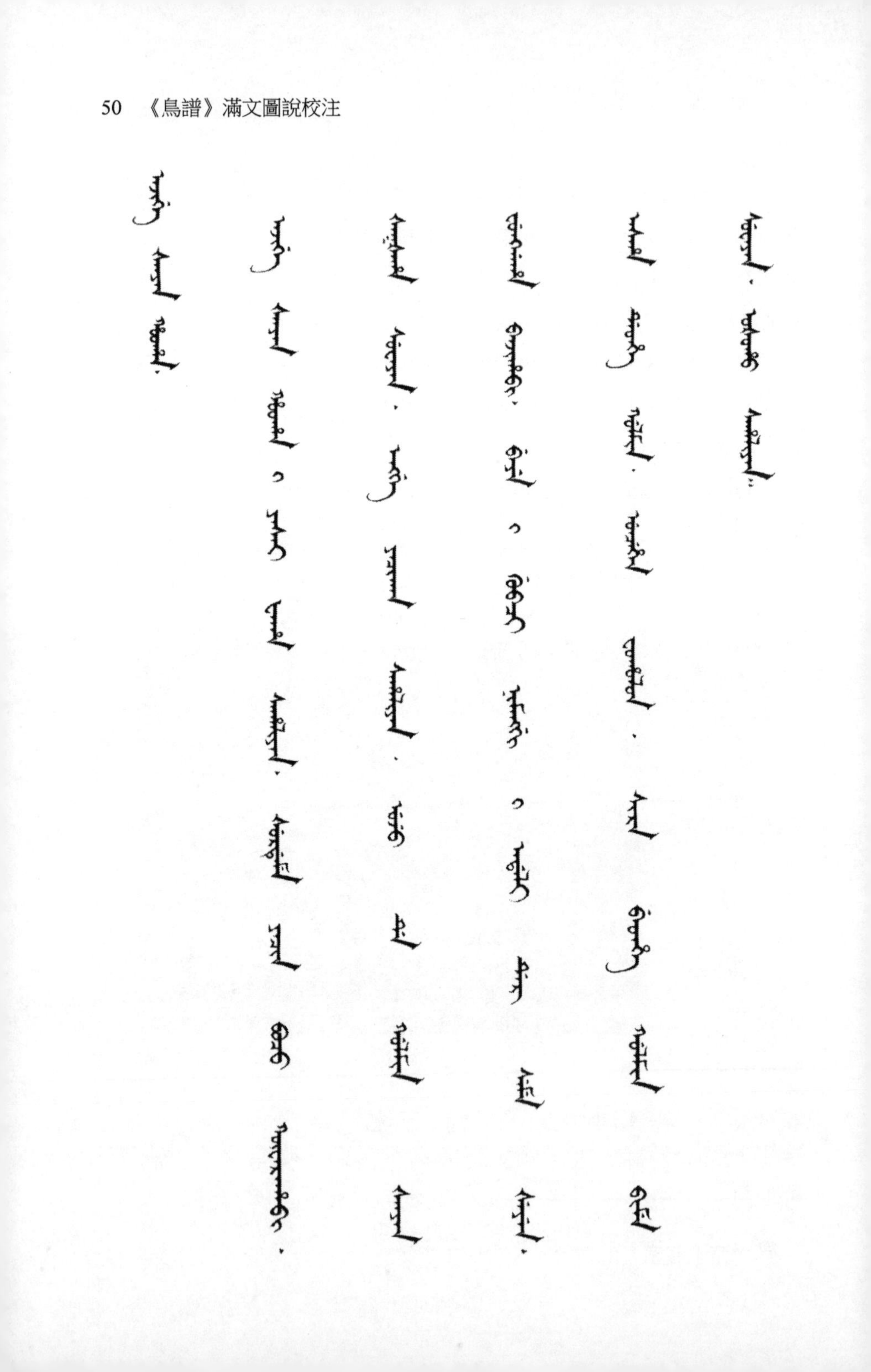

[illegible]

ajige šanyan hoohan.

ajige šanyan hoohan i yasai faha sahaliyan, šurdeme yacin boco kūwarahabi, šakšaha suwayan, engge yacikan sahaliyan, uju de golmin šanyan funggaha banjihabi, beye i gubci nimanggi i adali der seme šeyen, asha dethe golmin, uncehen foholon, sira, bethe golmin bime suwayan, ošoho sahaliyan.

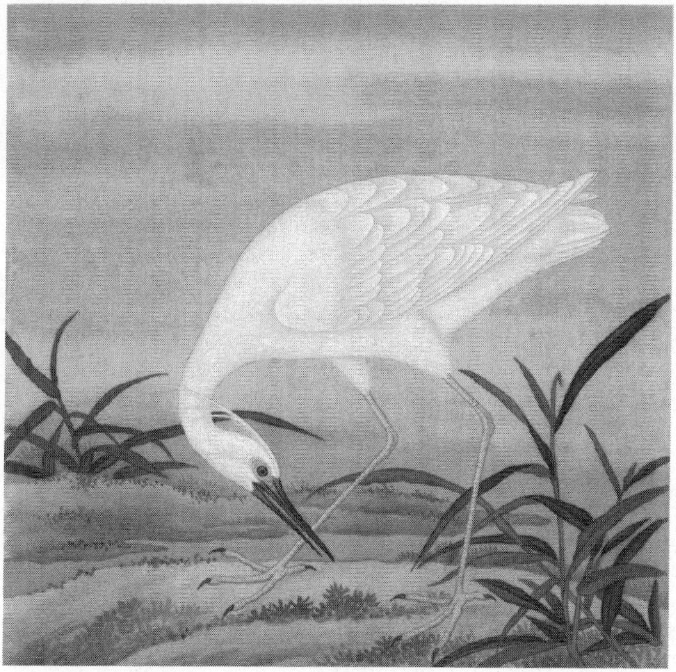

小白莊

小白莊，黑睛，青暈，黃頰，青黑觜，頂有長白翰[19]，通身潔白如雪，長翅、翮，短尾，長黃脛、足，黑爪。

19 頂有長白翰，滿文讀作“uju de golmin šanyan funggaha banjihabi”，意即「頭上長了長的白毛」。

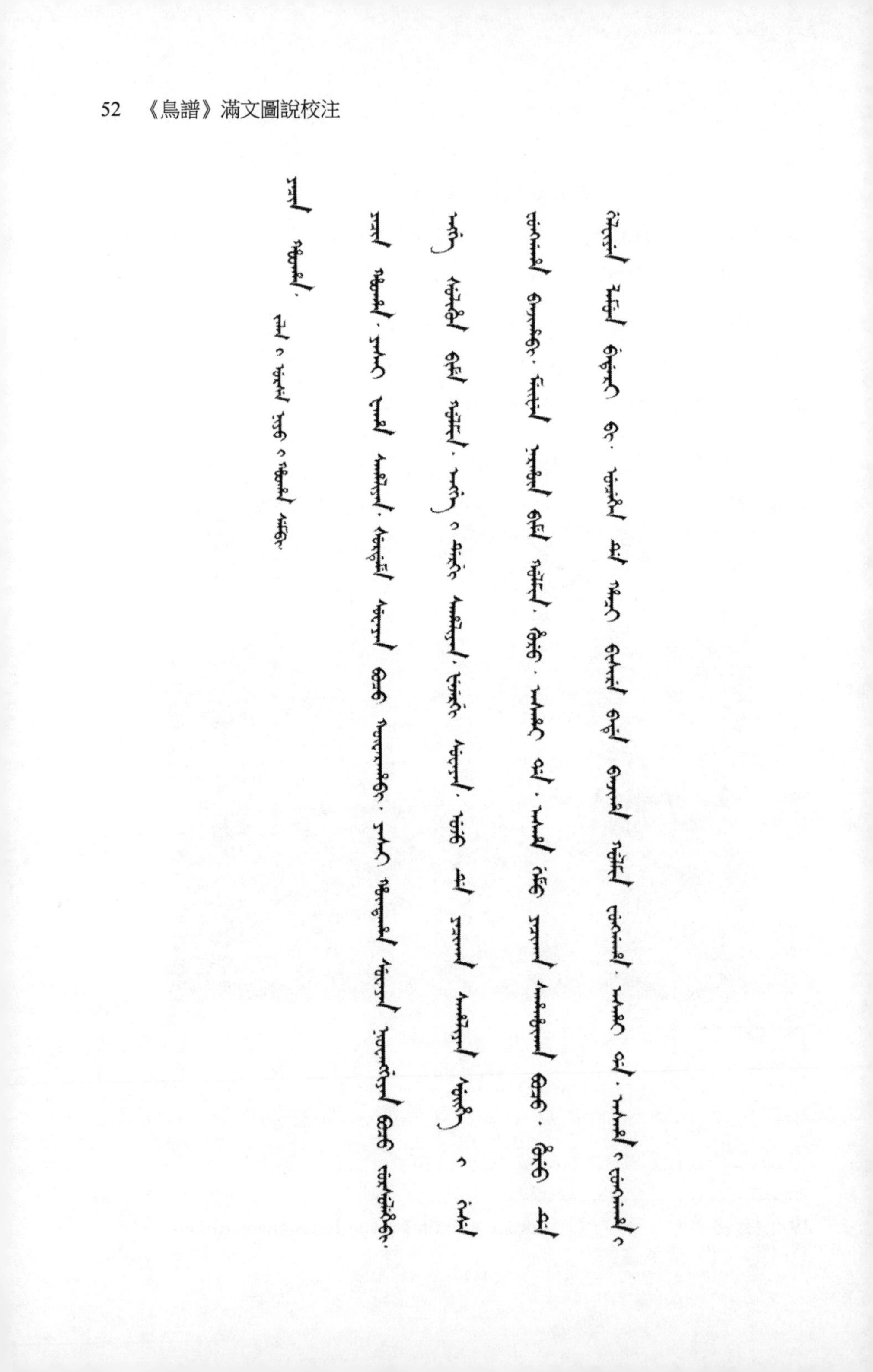

[illegible]

yacin hoohan, jalan i urse niyo i hoohan sembi.

yacin hoohan, yasai faha sahaliyan, šurdeme suwayan boco kūwarahabi, yasai hūntahan suwayan niowanggiyan boco jursulehebi, engge šulihun bime golmin, engge i dergi sahaliyan, fejergi suwayan, uju de yacikan sahaliyan suihe i gese funggaha banjihabi, meifen narhūn bime golmin, huru, ashai da, asha gemu yacikan sahahūkan boco, huru de gelfiyen lamun bederi bi, uncehen de hanci bisire bade banjiha golmin funggaha, ashai da, asha i funggaha i

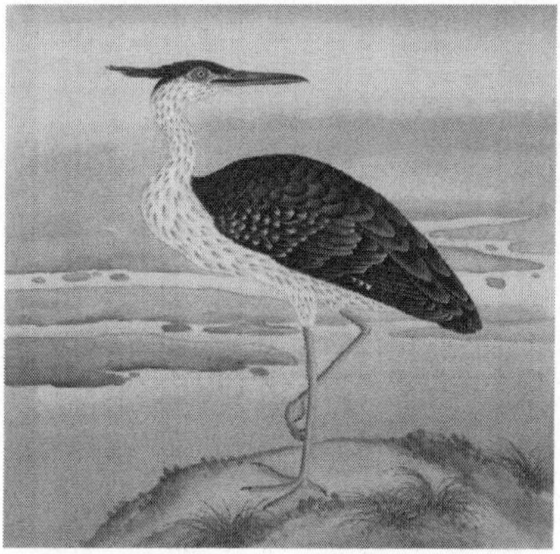

黑莊[20]，俗名水鷹

黑莊，黑睛，黃暈，黃綠重眶，尖長觜，面黑下黃[21]，頂有青黑纓毛[22]，頸細而長，背、膊、翅皆青蒼色，背上帶淺藍斑，近尾長毛及膊、翅[23]，

20 黑莊，滿文讀作"yacin hoohan"，句中"yacin"，意即「黑色」，又作「青色」。

21 面黑下黃，滿文讀作"engge i dergi sahaliyan, fejergi suwayan"，意即「觜上面黑，下面黃」。

22 頂有青黑纓毛，滿文讀作"uju de yacikan sahaliyan suihe i gese funggaha banjihabi"，意即「頭上長了青黑似纓的毛」。

23 膊、翅，滿文讀作"ashai da, asha i funggaha"，意即「膊、翅的毛」。

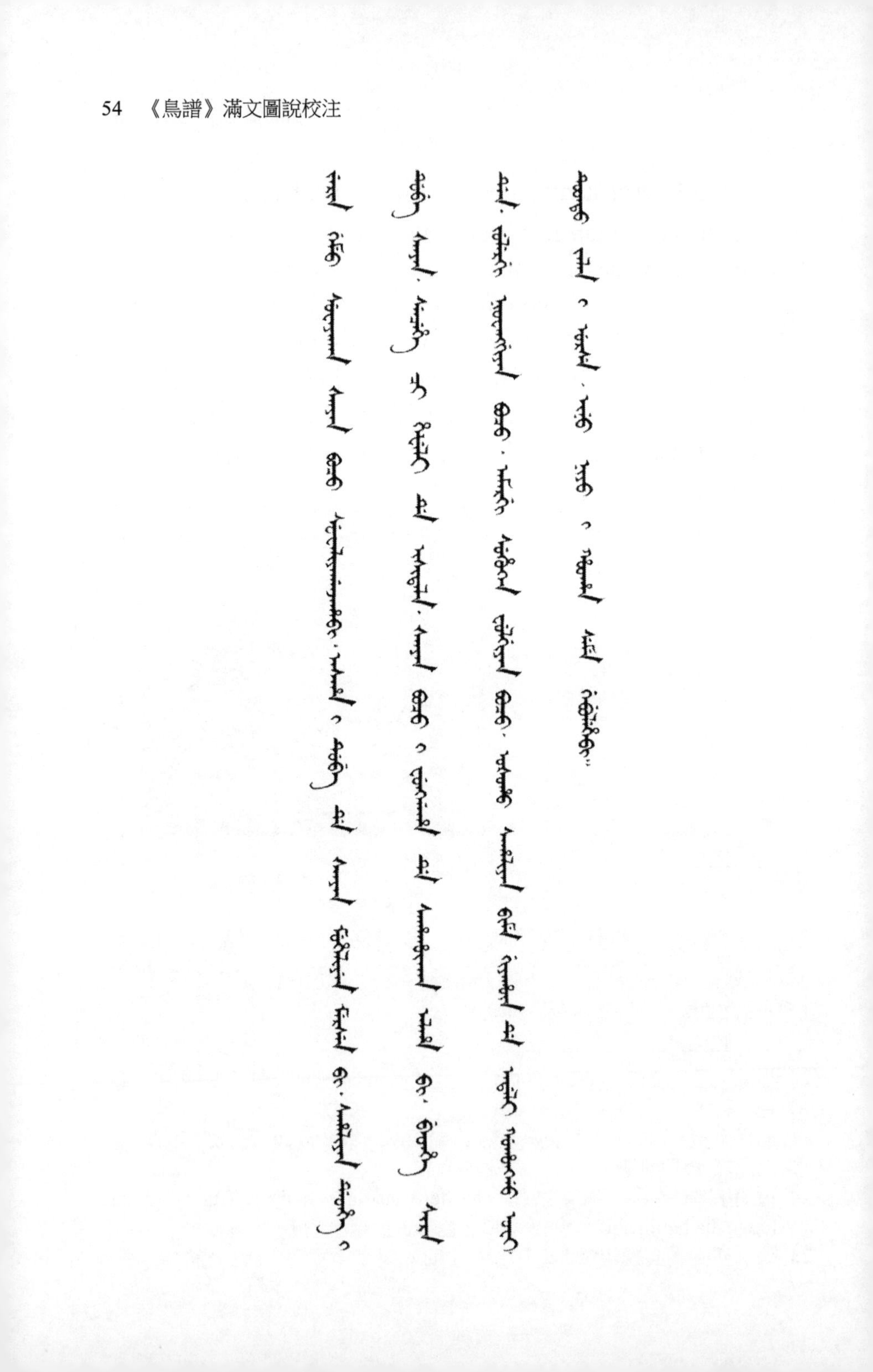

[illegible]

[illegible]

[illegible]

[illegible]

jerin gemu suwayakan šanyan boco suwaliyaganjahabi, , asha i dube de šanyan muheliyen mersen bi, sahaliyan dethe i dube šanyan, sencehe ci hefeli de isitala, šanyan boco i funggaha de sahahūkan alha bi, bethe sira den, julergi niowanggiyan boco, amargi suhuken fulgiyan boco, ošoho sahaliyan bime giyahūn de adali gohonggo ofi, tuttu jalan i urse, inu niyo i hoohan seme gebulehebi.

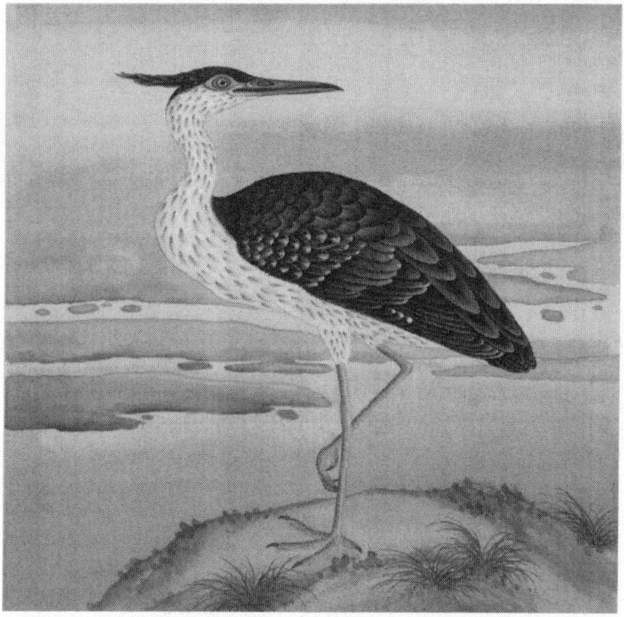

俱黃白邊相間，翅尖有白圓點，黑翮白尖，頷至腹白質蒼紋，高足、脛，面綠色[24]，後米紅色，黑爪，勾如鷹，故俗亦名水鷹[25]。

24 面綠色，滿文讀作"julergi niowanggiyan boco"，意即「前綠色」。
25 故俗亦名水鷹，句中「俗」，滿文讀作"jalan i urse"，意即「世人」。

[illegible]

[illegible]

[illegible]

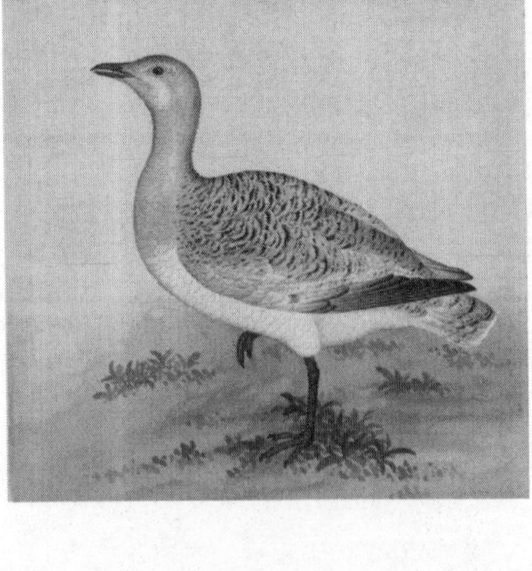

humudu, emu gebu yardu, emu gebu kanjidu.

humudu i yasai faha sahaliyan, engge sahaliyan, uju de yacikan fulenggi boco sahaliyakan fulgiyan alha bi, meifen, monggon ci alajan de isitala, gemu yacikan fulenggi boco, hefeli i fejile majige šanyan, huru i funggaha suwayan boco sahahūkan boco i toron bi, narhūn muwa hetu bederi bifi jergi jergi banjihangge, yarha i alha i adali, ashai da yacikan fulenggi boco, asha sahaliyan, suwayan uncehen de sahaliyan bederi bi, doko ergi yacikan fulenggi boco, bethe, ošoho sahaliyan amargi ferge akū, nonggiha šunggiya de, g'o pu i henduhengge, humudu bigan i niongniyaha de adali bime amargi ferge akū, yarha i gese bederi bi, emu gebu yardu sembi, dasihire gasha be ucaraha manggi, fajan sesheteme mutembi, terei funggaha de goiha manggi, gemu tuhembi

---

鴇，一名獨豹，一名鴻豹

鴇，黑睛，黑觜，頂上青灰質蒼赤紋，頸、項至臆俱青灰色，腹下稍白，背毛黃質蒼暈，黑橫斑粗細相次[26]，如豹文，青灰膊，黑翅，黃尾黑斑，青灰裏，黑足、爪，無後趾。《埤雅》云：郭璞曰：鴇似雁，無後指，毛有豹文[27]，一名獨豹。遇鷙鳥能激糞禦之，着其毛悉脫。

---

26 黑橫斑粗細相次，滿文讀作“narhūn muwa hetu bederi bifi jergi jergi banjihangge”，意即「有粗細橫斑相次」，滿漢文義稍有出入。

27 毛有豹文，滿文讀作“yarha i gese bederi bi”，意即「有似豹之斑」。

[illegible]

[illegible]

[illegible]

[illegible]

[illegible]

[illegible]

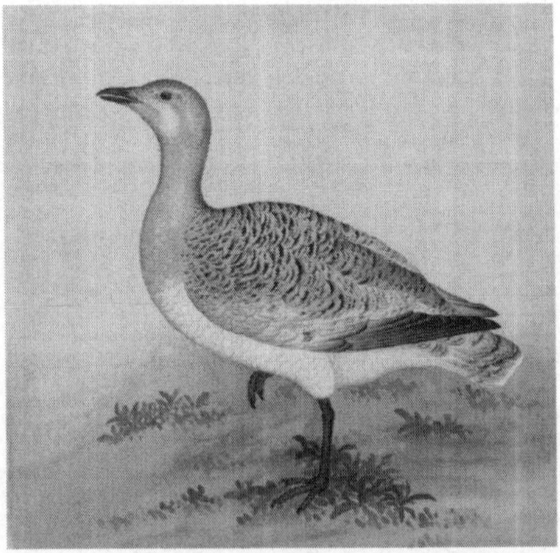

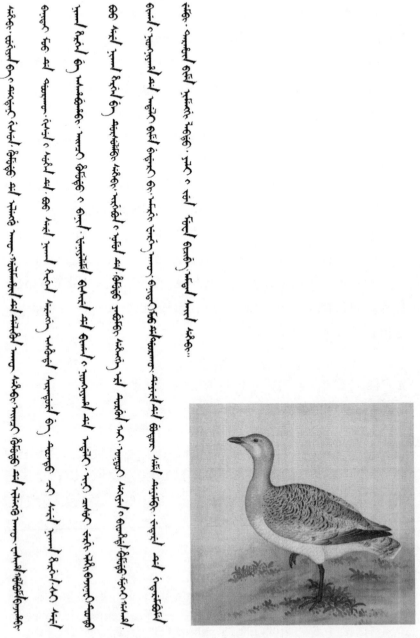

sehebi. fugiyan ba i dekdeni gisun, humudu de ilenggu akū, gūlmahūn de delihun akū sehebi. ainci humudu de ilenggu akū, wasiha holbome banjihabi, banitai moo de doorakū. gisun i suhen de, boo sere nikan hergen serengge ishunde sirandure be, tuttu ci sere nikan hergen, ši sere nikan hergen be ashabuhabi, ainci humudu i banin, feniyeleme bisire de bigan i niongniyaha de adali, ini cisui jergi ilhi banjinafi, tuttu boo sere nikan hergen be dursulembi sehebi. irgebun i nomun de, humudu yabumbi sehengge ere turgun kai. oktoi sekiyen i bithede, humudu mukei gasha, bigan i niongiyaha de adali bime bederi bi, amargi ferge akū, banitai moo de doorakū, deyere de putur seme deyembi, jetere de geterembume jembi, tarhūn bime nimenggi labdu, yali i jun muwa bicibe, amtan sain sehebi.

閩諺曰：鴇無舌，兔無脾。蓋鴇無舌，連蹄[28]，性不樹止。《說文》曰：𠦒，相次也，从七从十[29]，蓋鴇性群居如雁，自然而有行列，故从𠦒。《詩》曰鴇行，以此故也。《本草綱目》云：鴇，水鳥也，似雁而斑文，無後趾，性不木止，其飛也肅肅，其食也齝，肥腯多脂，肉粗味美。

---

28 連蹄，滿文讀作"wasiha holbome banjihabi"，意即「有連爪」。

29 从七从十，滿文讀作"tuttu ci sere nikan hergen, ši sere nikan hergen be ashabuhabi"，意即「故从漢字七，从漢字十」。

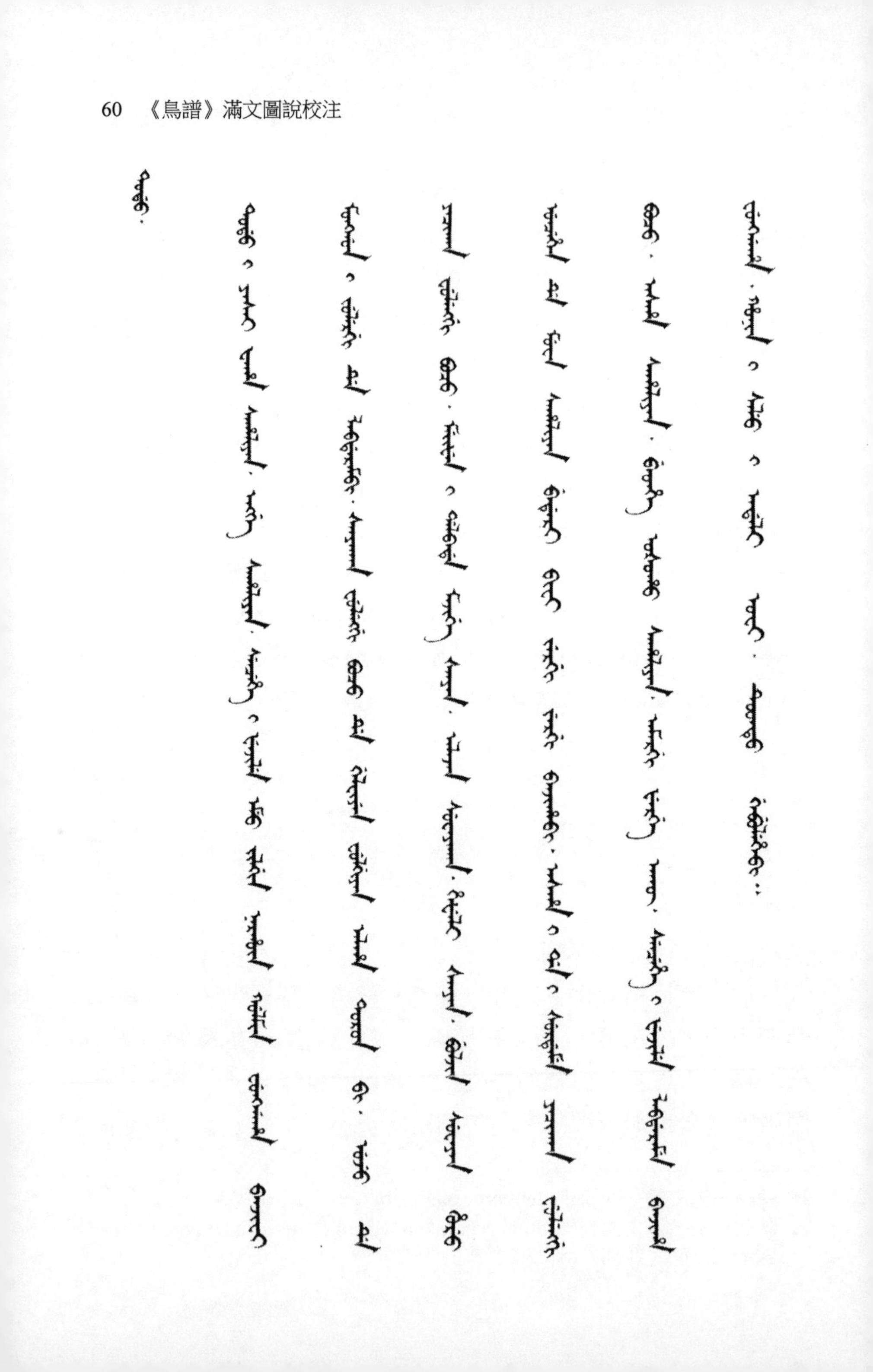

[illegible]

[illegible]

[illegible]

[illegible]

[illegible]

[illegible]

[illegible]

todo.

todo i yasai faha sahaliyan, engge sahaliyan, sencehe i fejile emu jilgin narhūn golmin funggaha banjifi monggon i julergi de labdarambi, šanyakan fulenggi boco de gelfiyen fulgiyan alha toron bi, uju de yacikan fulenggi boco, meifen i dalbade majige šanyan, alajan suwayakan, hefeli šanyan, buljin suwayan huru, uncehen de muwa sahaliyan bederi bifi jergi jergi banjihabi, asha i da i šurdeme yacikan fulenggi boco, asha sahaliyan, bethe ošoho sahaliyan, amargi ferge akū, sencehe i fejile labdarame banjiha funggaha, honin i salu i adali ofi, tuttu gebulehebi.

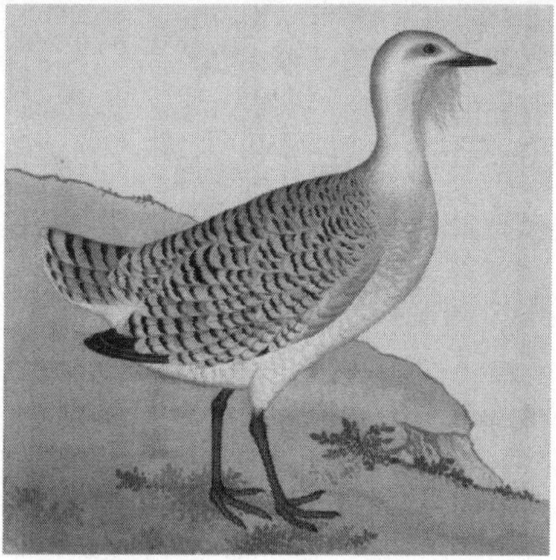

羊鴇

羊鴇，黑睛，黑觜，頷下有細長毛一茸垂出頂前[30]，灰白質淺赤紋暈，頂上青灰色，頸旁較白，微黃臆，白腹，背、尾純黃粗黑斑相次，緣膊處青灰色，黑翅，黑足、爪，無後趾，以其頷下垂毛如羊鬚，故名。

30 垂出頂前，滿文讀作“monggon i julergi de labdarambi”，意即「垂出項前」，滿漢文義不合。

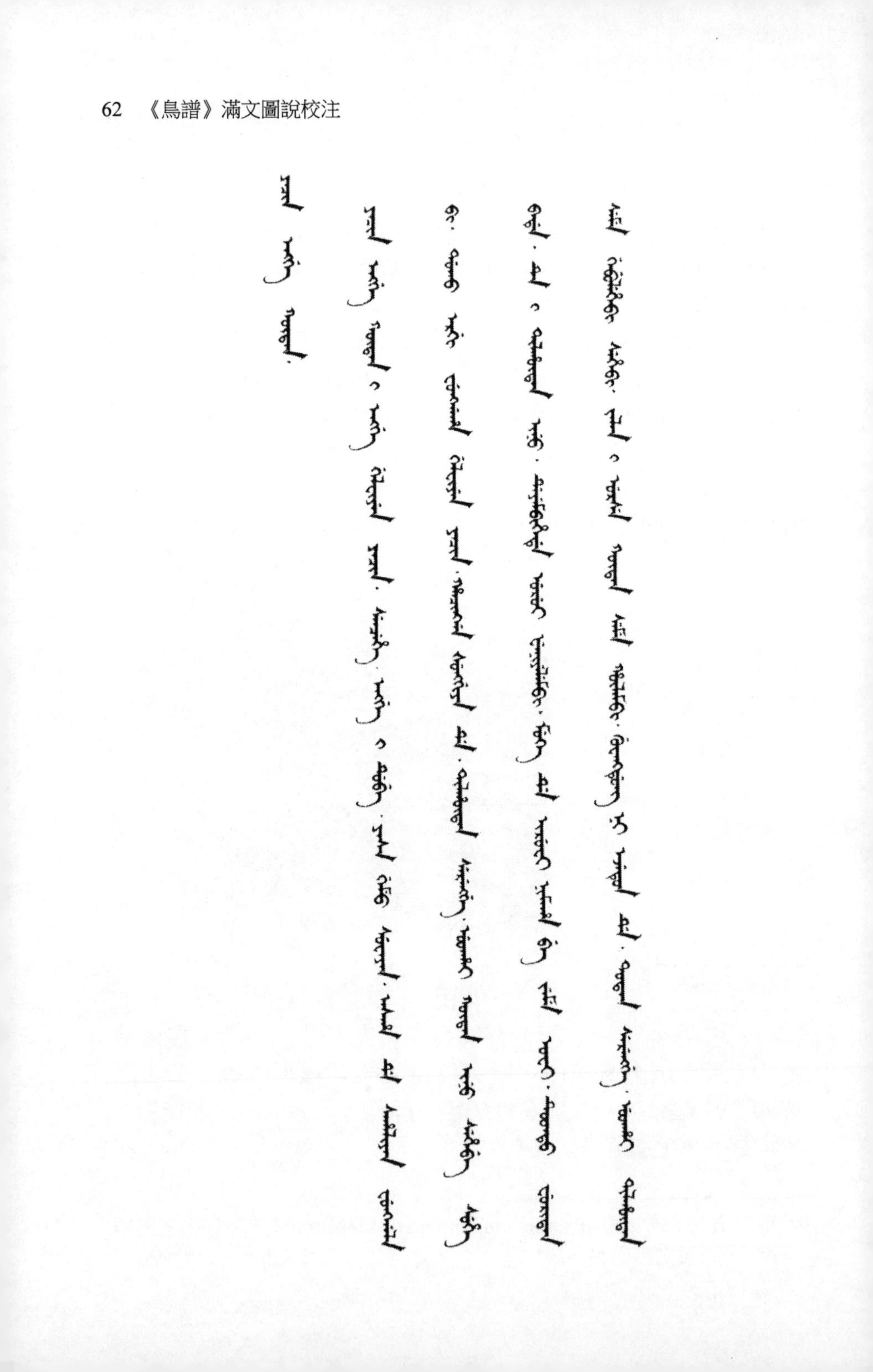

[illegible]

[illegible]

[illegible]

[illegible]

[illegible]

yacin engge kūtan.

yacin engge kūtan i engge gelfiyen yacin, sencehe, engge i dube, yasa gemu suwayan, asha de sahaliyan funggala bi, doko ergi funggaha gelfiyen yacin. hancingga šunggiya de, tilhūtan serengge, uthai kūtan inu sehebe suhe bade, te i tilhūtan inu, deyembihede urui feniyelembi, muke de irufi nimaha be jeme ofi, tuttu furitan seme gebulehebi sehebi. jalan i urse kūtan seme hūlambi. guwangdung ni ejetun de, totan serengge, uthai tilhūtan

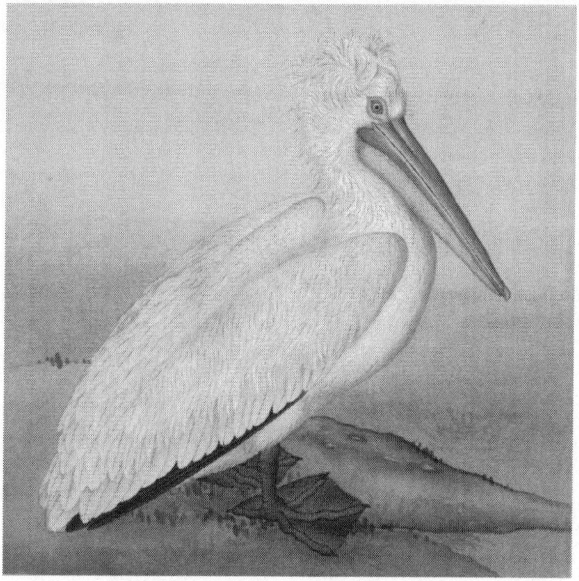

青鸐淘河

淘河[31]，淡青鸐，頷、喙、目皆黃，翅有黑翎，淡青裏毛。《爾雅》：鵜，鴮鸅。注云：今之鵜鶘也，好群飛，沉水食魚，故名洿澤，俗呼之為淘河。《粵志》云：淘鵝，即鵜鶘也。

31 淘河，滿文讀作“yacin engge kūtan”，意即「青鸐淘河」，滿漢文義不合。

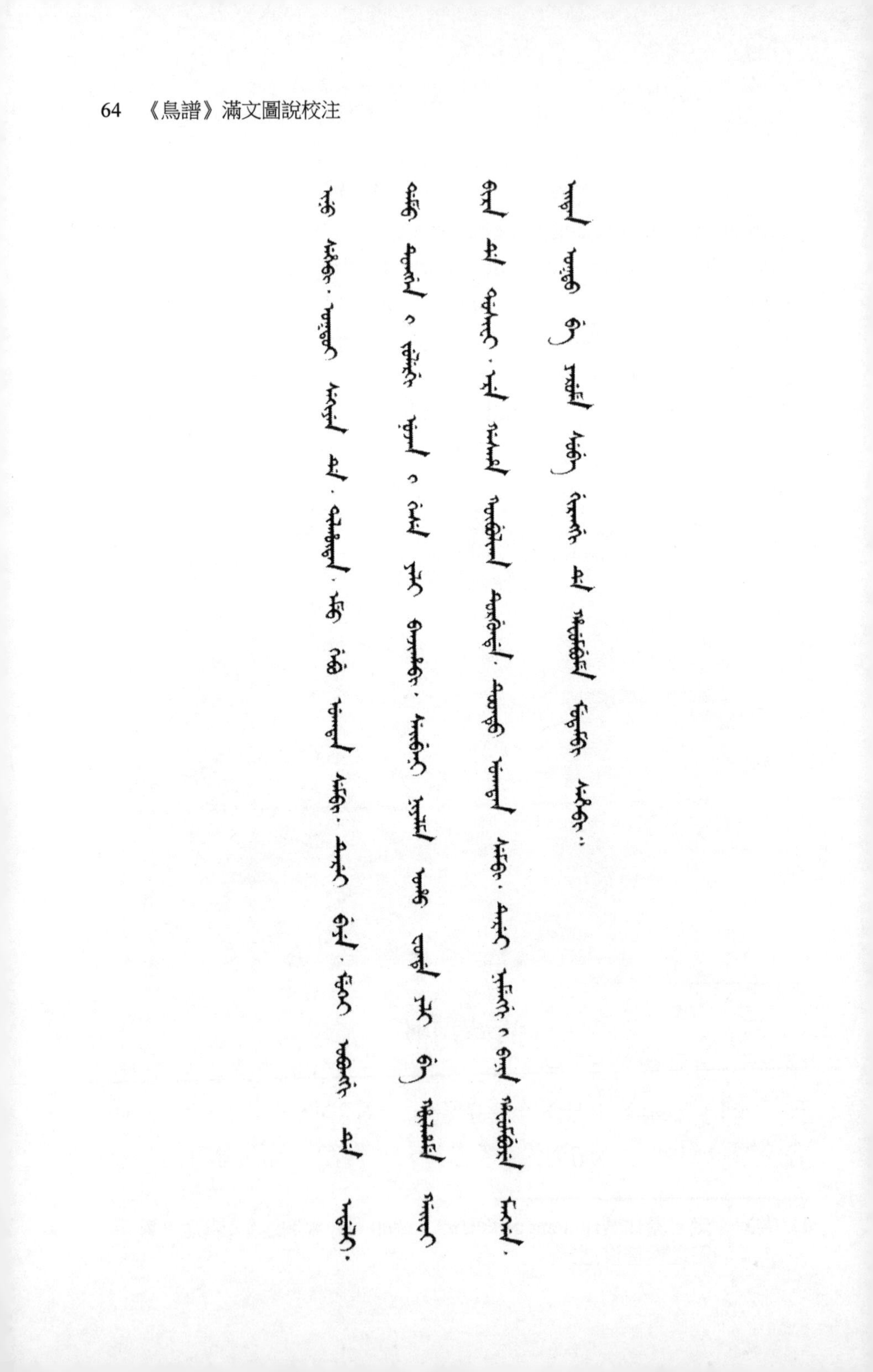

[illegible]

inu sehebi. oktoi sekiyen de, tilhūtan, emu gebu ukatan sembi, terei beye, mukei obonggi de adali, damu tunggen i julergi nujan i gese yali banjihabi, seibeni niyalma oho fonde yali be hūlhame gaifi bira de dosifi, ere gasha kūbulika turgunde, tuttu ukatan sembi. terei nimenggi i banin hafumbure mangga, eiten okto be yarume sube giranggi de hafumbume mutembi sehebi.

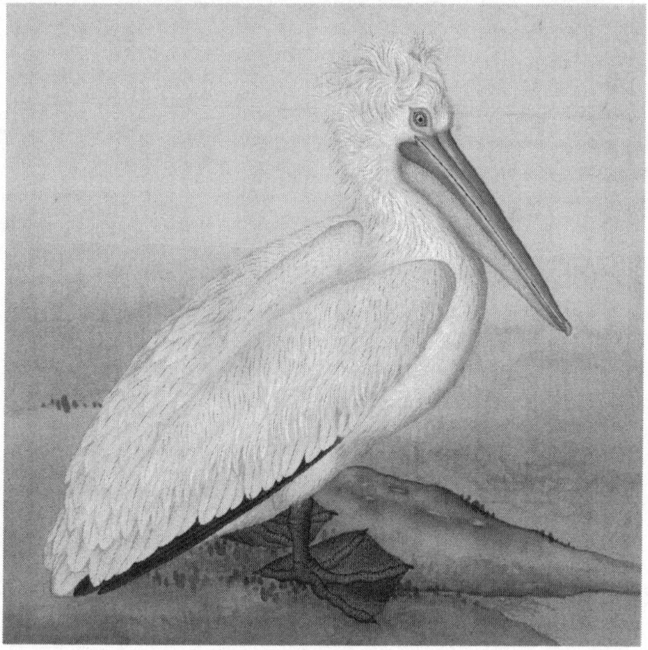

《本草》云：鵜，一名逃河，身似水沫，惟胸前有肉如拳。昔為人竊肉，入河化為此鳥，因名逃河。其脂性走[32]，能引諸藥透入筋骨。

---

32 其脂性走，滿文讀作“terei nimenggi i banin hafumbure mangga”，意即「其油脂之性善滲透穿過」。

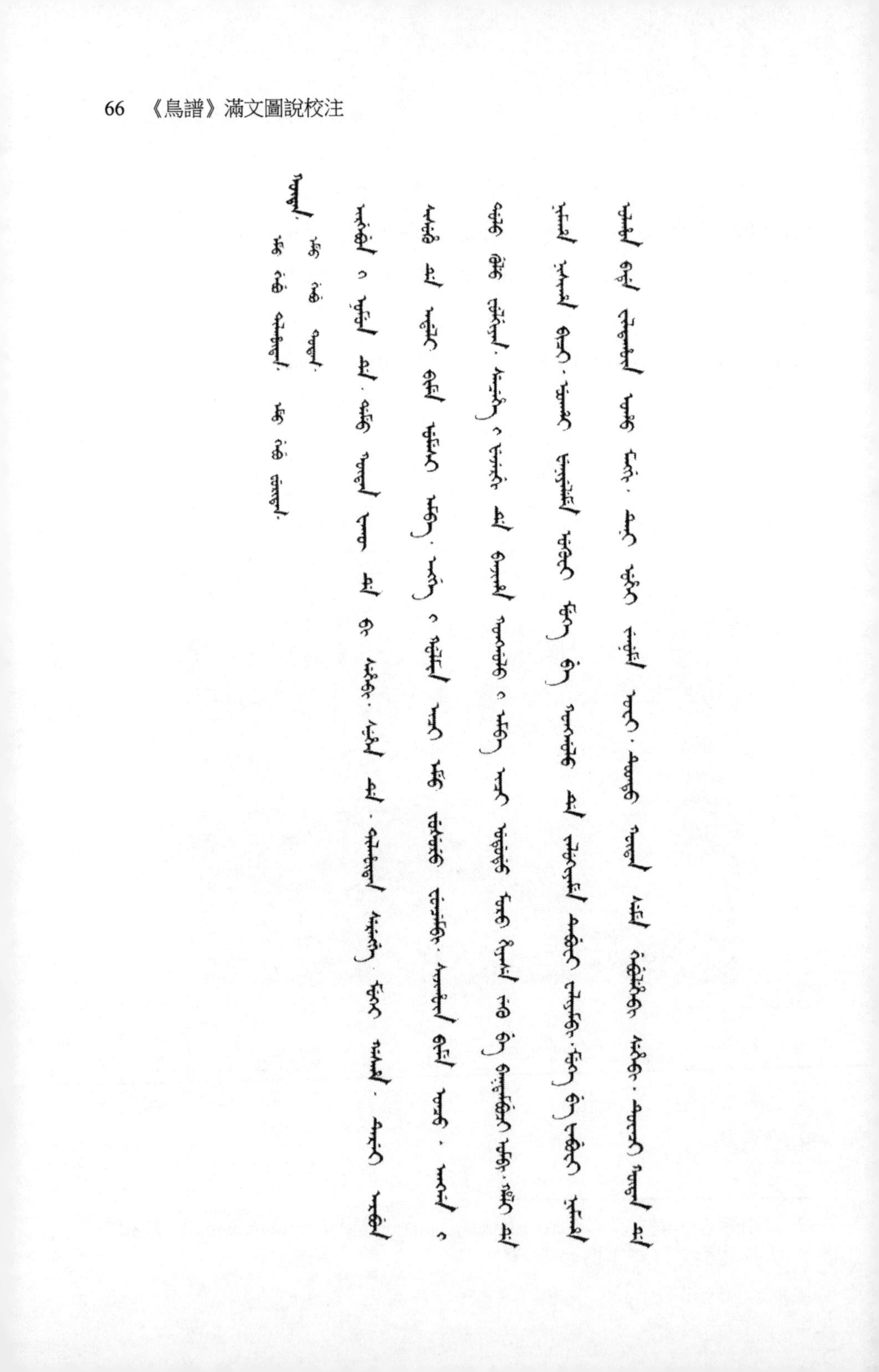

[illegible]

[illegible]

[illegible]

[illegible]

[illegible]

[illegible]

[illegible]

kūtan, emu gebu tilhūtan, emu gebu furitan, emu gebu totan. irgebun i nomun de, damu kūtan fakū de bi sehebi. suhen de, tilhūtan serengge, mukei gasha, terei arbun sisuhu de adali bime umesi amba, engge i golmin ici emu jušuru funcembi, sijihūn bime onco, angga i dolo gulu fulgiyan, sencehe i fejergi de banjiha konggolo i amba ici ududu moro hiyase jeku be baktambuci ombi, hali de nimaha nisiha bici, uthai feniyeleme ukufi muke be konggolo de jalukiyame tebufi waliyambi, muke be fabufi nimaha olhon bade filtahūn oho manggi, teni uhei jenume ofi, tuttu kūtan seme gebulehebi sehebi. tuwaci, kūtan de

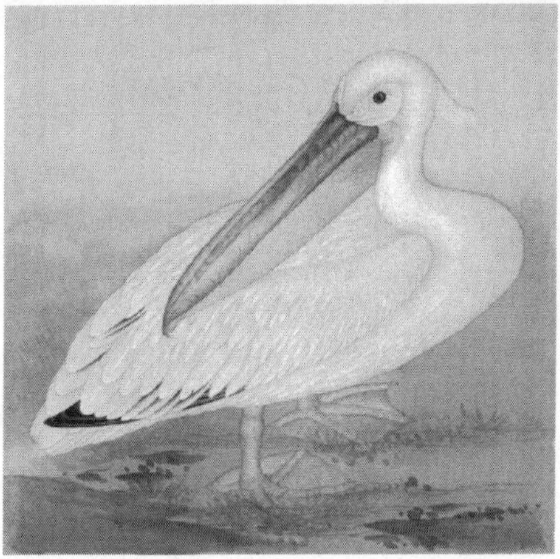

淘河，一名鵜鶘，一名洿澤，一名淘鵝

《詩》：維鵜在梁。疏云：鵜，水鳥，形如鶚而極大，喙長尺餘，直而廣，口中正赤[33]，頷下胡大如數升囊，若小澤中有魚，便群共抒水滿其胡而棄之，令水竭盡，魚在陸地，乃共食之，故名淘河。案：淘河

33 口中正赤，句中「口」，係指鳥觜，滿文當讀作"engge"，此滿文作"angga"，意即「入嘴」。

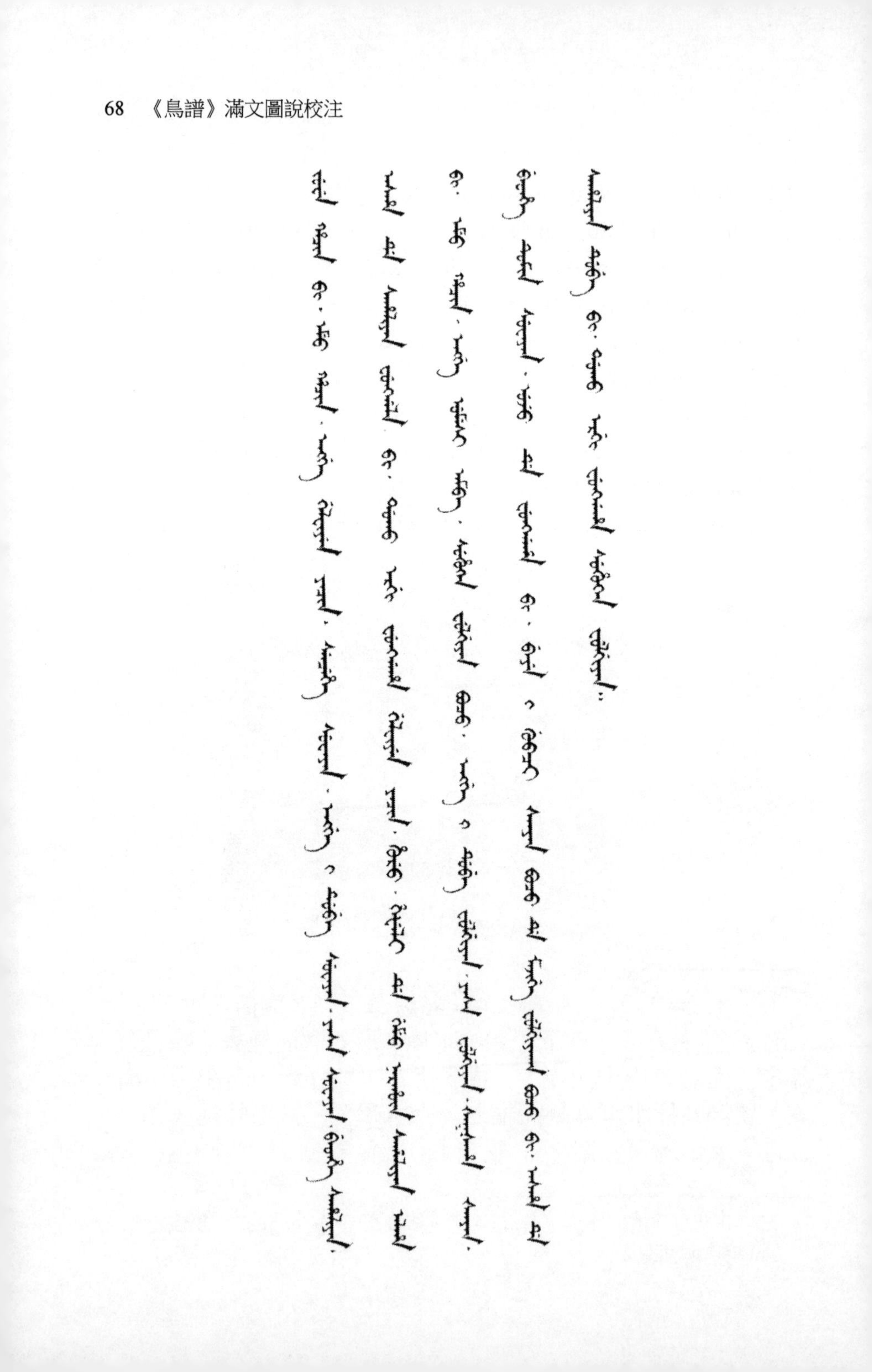

juwe hacin bi, emu hacin, engge gelfiyen yacin, sencehe suwayan, engge i dube suwayan, yasa suwayan, bethe sahaliyan, asha de sahaliyan funggala bi, doko ergi funggaha gelfiyen yacin, huru, hefeli de gemu narhūn sahaliyan alha bi, emu hacin, engge umesi amba, suhuken fulgiyan boco, engge i dube fulgiyan, yasa fulgiyan, šakšaha šanyan, bethe tumin suwayan, uju de funggaha bi, beye i gubci šanyan boco de majige fulgiyakan boco bi, asha de sahaliyan dube bi, doko ergi funggaha suhuken fulgiyan.

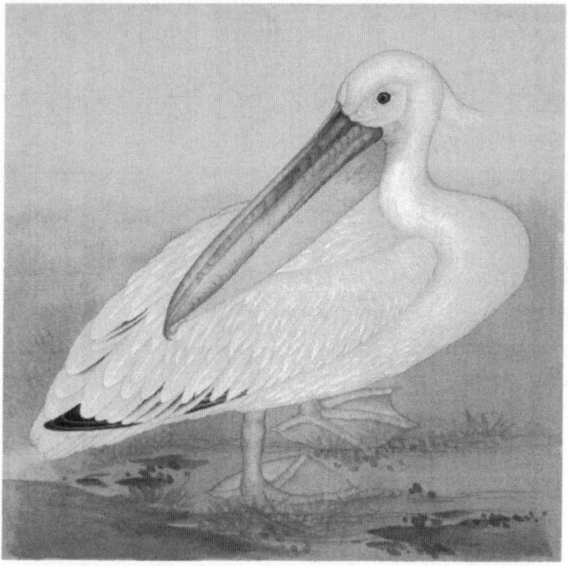

有二種：一種淡青觜，黃頷，黃喙，黃目，黑足，翅有黑翎，淡青裏毛，背、腹皆有細黑紋；一種觜極巨，牙紅色，紅喙，紅目，白頰，深黃足，頂有毛，通體白色帶微紅，翅有黑尖，牙紅色裏毛。

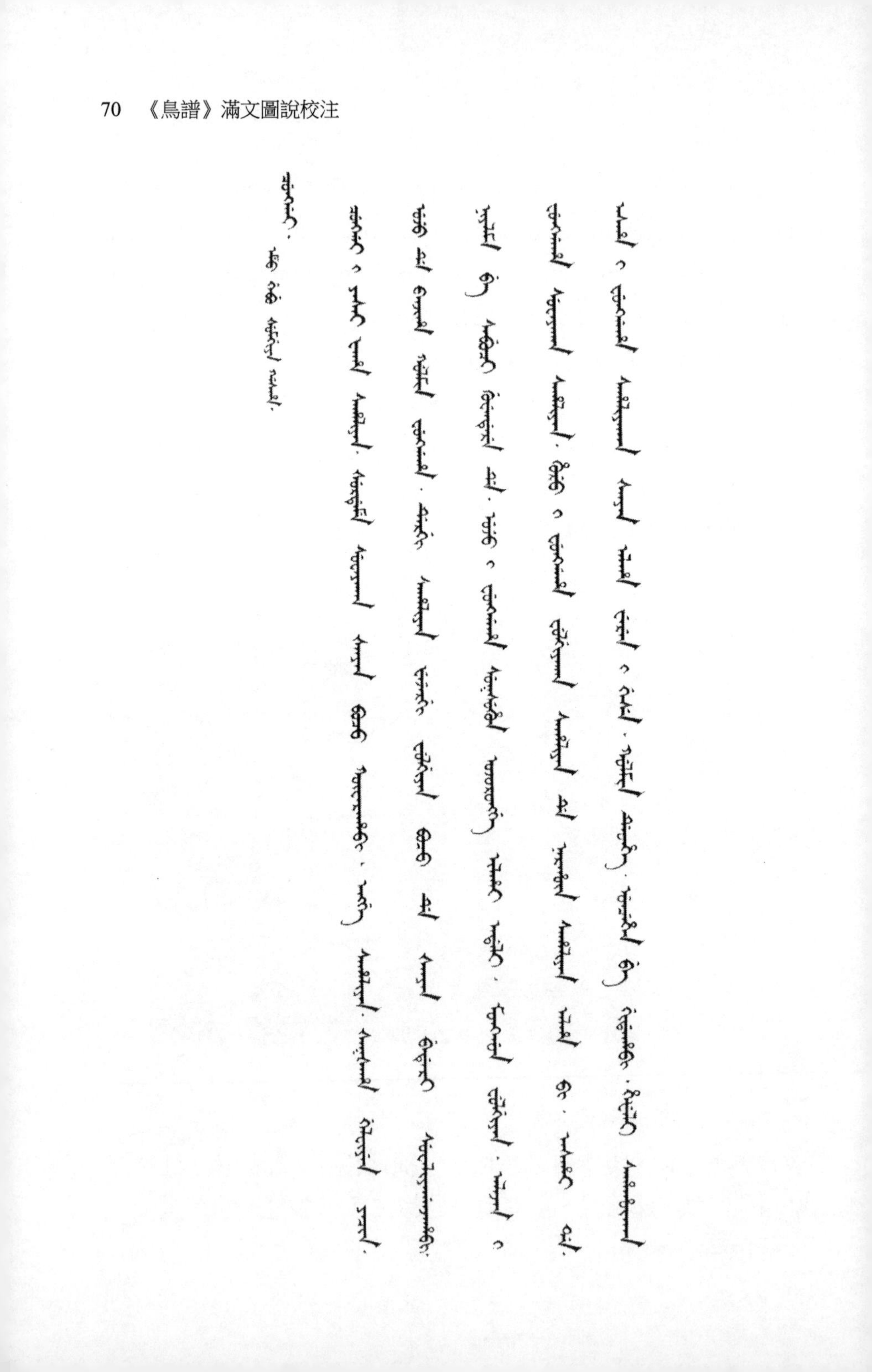

[illegible]

[illegible]

[illegible]

[illegible]

[illegible]

[illegible]

cunggai, emu gebu šumgiya gasha.

cunggai i yasai faha sahaliyan, šurdeme suwayakan šanyan boco kūwarahabi, engge sahaliyan, šakšaha gelfiyen yacin, uju de banjiha golmin funggaha, dergi sahaliyan fejergi fulgiyan boco de šanyan bederi suwaliyaganjahabi, niyalma be sabuci guwendere de, uju i funggaha suksuhun ojorongge ilhai adali, monggon fulgiyan, alajan i funggaha suwayakan sahaliyan, huru i funggaha fulgiyakan sahaliyan de narhūn sahaliyan alha bi, ashai da, asha i funggaha sahaliyakan šanyan alha weren i gese, golmin dethe, uncehen be gidahabi, hefeli sahahūkan

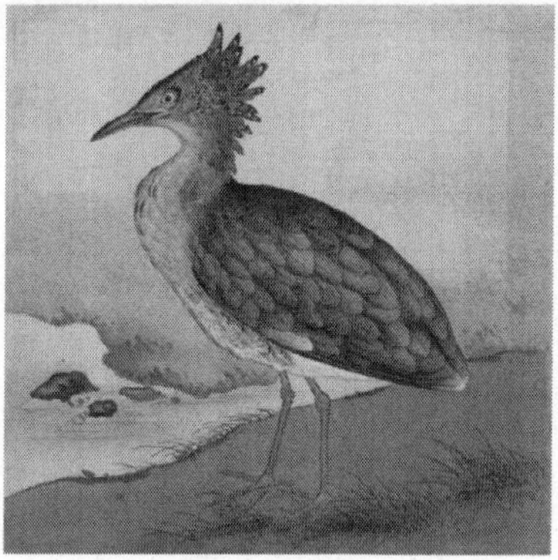

水花冠，一名紫蒿鳥

水花冠，黑瞳，黃白暈，黑觜，縹青頰，頂有長毛，上黑下赤，間以白斑，見人則聳張[34]，其頂蒙茸如花勝[35]，赤項，臆毛黃黑，背毛赤黑有細黑紋，膊、翅淺黑白紋如水波，翮長蓋尾，

34 見人則聳張，滿文讀作“niyalma be sabuci guwendere de”，意即「見人鳴叫時」。

35 其頂蒙茸如花勝，滿文讀作“uju i funggaha suksuhun ojorongge ilhai adali”，意即「頂毛豎立如花」。

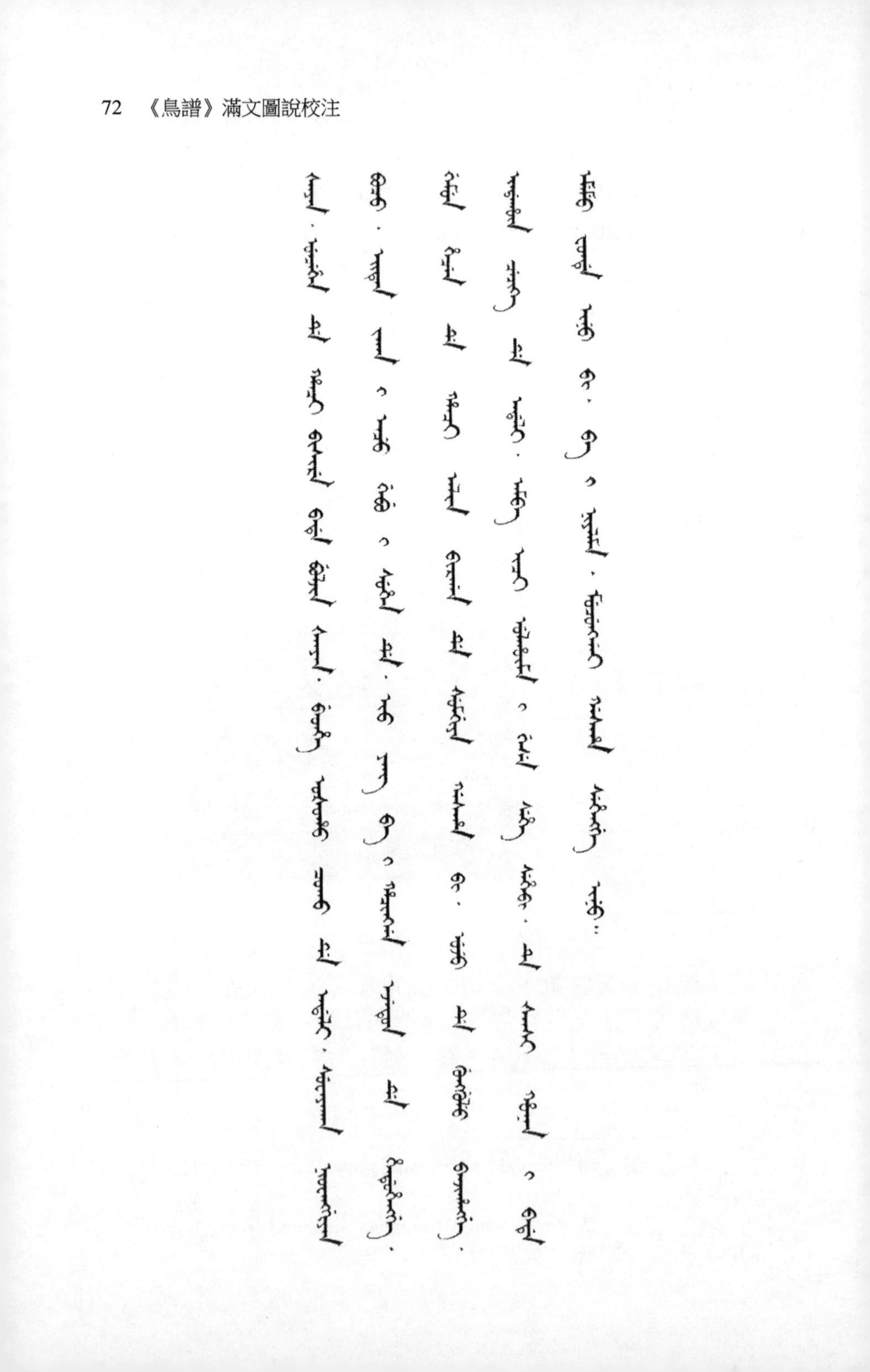

šanyan, uncehen de hanci bisire bade buljin šanyan, bethe, ošoho coko de adali, suwayakan niowanggiyan boco. eiten jaka i encu gebu i suhen de, io yang ba i hacingga ejetun de henduhengge, gemun hecen de hanci alin birgan de šumgiya gasha bi, uju de gunggulu banjihangge, indahūn cecike de adali, amba ici ulhūma i gese sehe sehebi. te šansi honan i bade ememu fonde inu bi, ba i niyalma, mucunggai gasha sehengge inu.

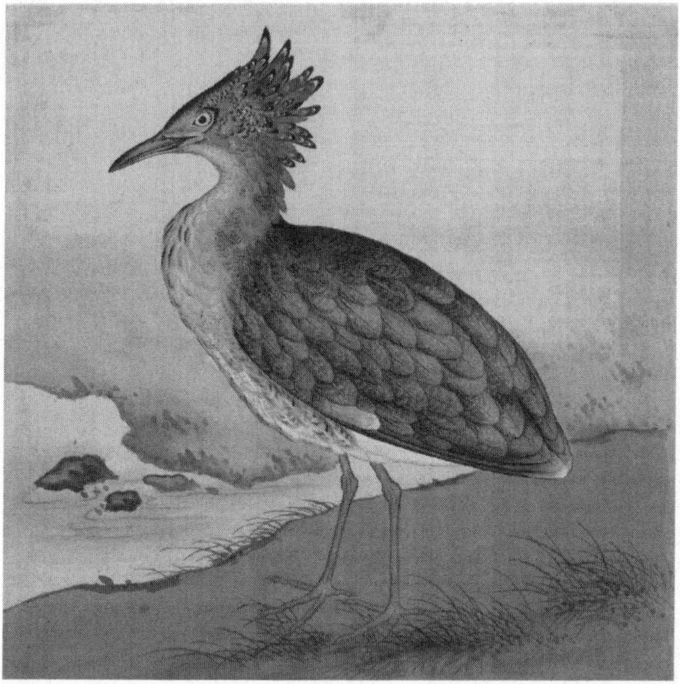

蒼白腹，近尾處純白，足、爪如雞，黃綠色。《庶物異名》云：《酉陽雜俎》曰：京之近山溪澗中有紫蒿鳥，頭有冠，如戴勝，大若野雞。今秦豫間時有之，土人呼為水冠鳥是也。

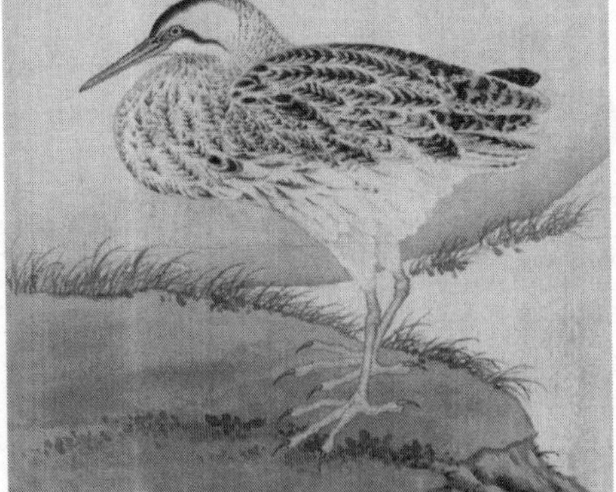

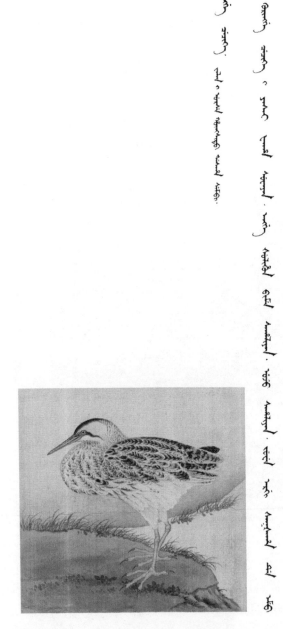

kuringge cecike, jalan i urse hūngsitu gasha sembi.
kuringge cecike i yasai faha suwayan, engge šulihun bime sahaliyan, uju sahaliyan, juwe ergi šakšaha de emu justan sahaliyan funggaha banjihabi, yasai amargide banjiha narhūn funggaha buljin bohokon suwayan boco, sencehe šanyan, monggon ikūme alajan cekcehun banjihabi, beye i gubci suwayan bocoi funggaha de sahaliyan bederi bi, bocoi gelfiyen tumin, bederi i amba ajige ojorongge gemu adali akū, ujui funggaha weren i gese alha banjihabi, huru, ashai da de ilan fasilan i alha dendeme banjihabi, embici muheliyen mersen banjihabi, asha i funggaha de behe sisara gese

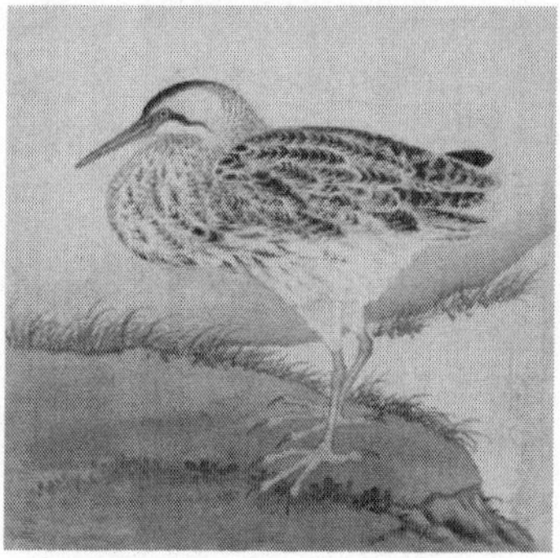

五斑蟲，俗名地奔牛
五斑蟲，黃睛，青尖觜[36]，黑頂，兩頰有黑毛一道，眼後細毛純土黃色，白頷，縮項，凸臆，通身毛色黃質黑斑，而質之淺深，斑之大小，皆不相同，項上作細波紋[37]，背、膊作三岐紋或作圓點，翅如潑墨痕，

36 青尖觜，滿文讀作"engge šulihun bime sahaliyan"，意即「黑尖觜」，滿漢文義不合。
37 項上作細波紋，滿文讀作"ujui funggaha weren i gese alha banjihabi"，意即「頂毛似水波之紋」，滿漢文義不合。

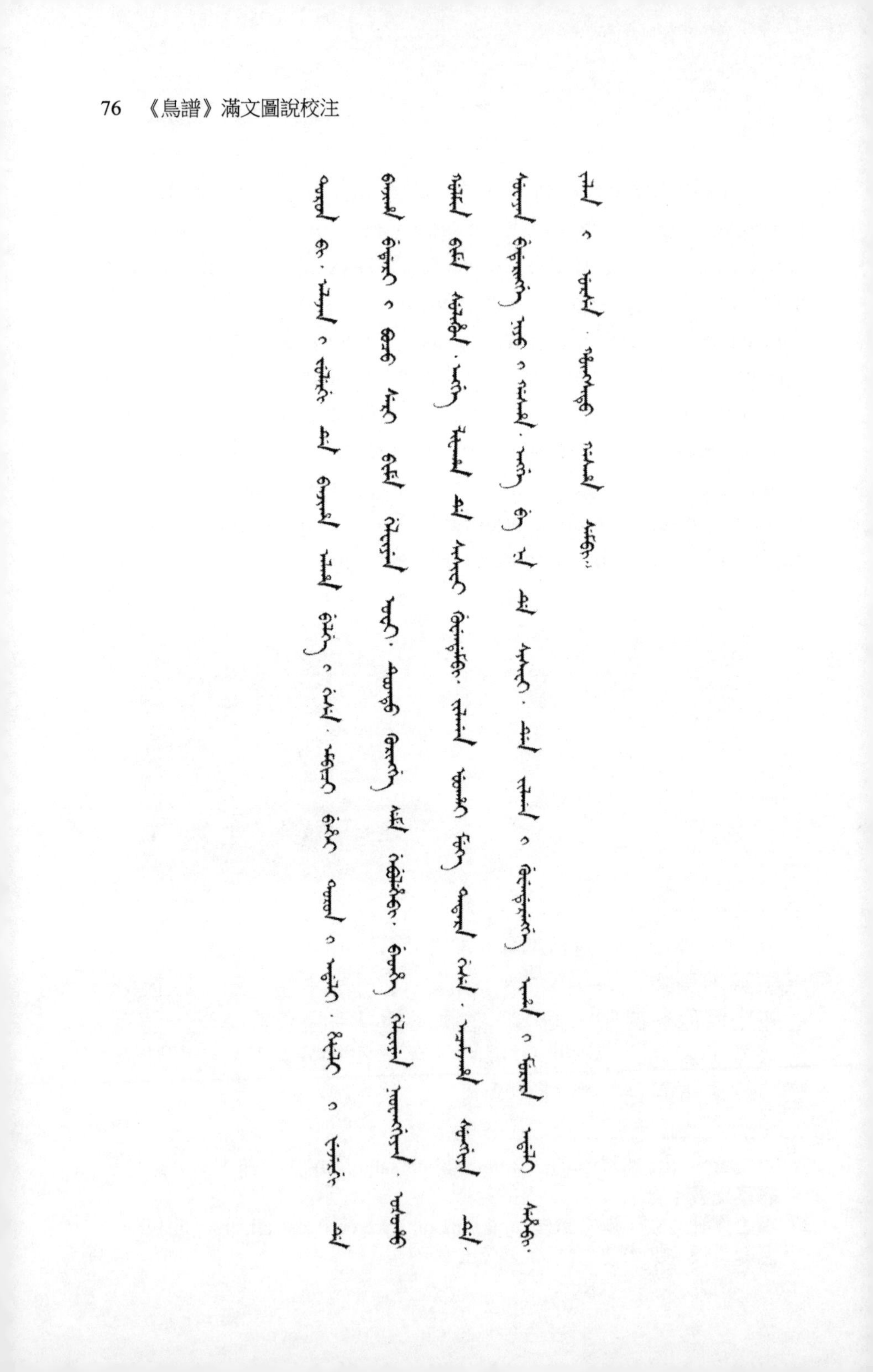

[illegible]

[illegible]

[illegible]

[illegible]

[illegible]

toron bi, alajan i julergi de banjiha alha belge i gese, embici behei toron i adali, hefeli i fejergi de banjiha bederi i boco seri bime gelfiyen ofi, tuttu kuringge seme gebulehebi, bethe gelfiyen niowanggiyan, ošoho golmin bime šulihun, engge lifaha de sisifi guwendembi, jilgan uthai muke tatara gese. acamjaha šunggiya de, suwayan bederingge niyo i gasha, engge be na de sisifi, den jilgan i guwenderengge ihan i murara adali sehebi. jalan i urse, hūngsitu gasha sembi.

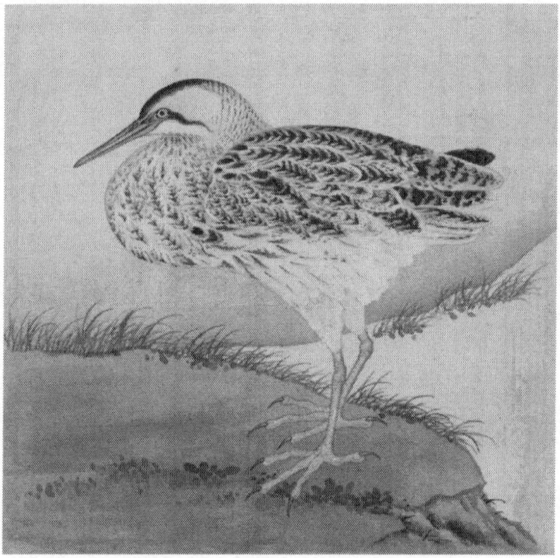

臆前縠紋或如墨暈，腹下斑色稀淺，故得五斑之名，粉綠足[38]，長尖爪，其鳴時，以觜插於泥中，聲如戽[39]。《彙雅》云：黃斑，水鳥，以觜入地中大呼如牛鳴，俗呼曰地奔牛。

---

38 粉綠足，滿文讀作“bethe gelfiyen niowanggiyan”，意即「淺綠足」。

39 聲如戽，滿文讀作“jilgan uthai muke tatara gese”，意即「聲音如汲水般響」。

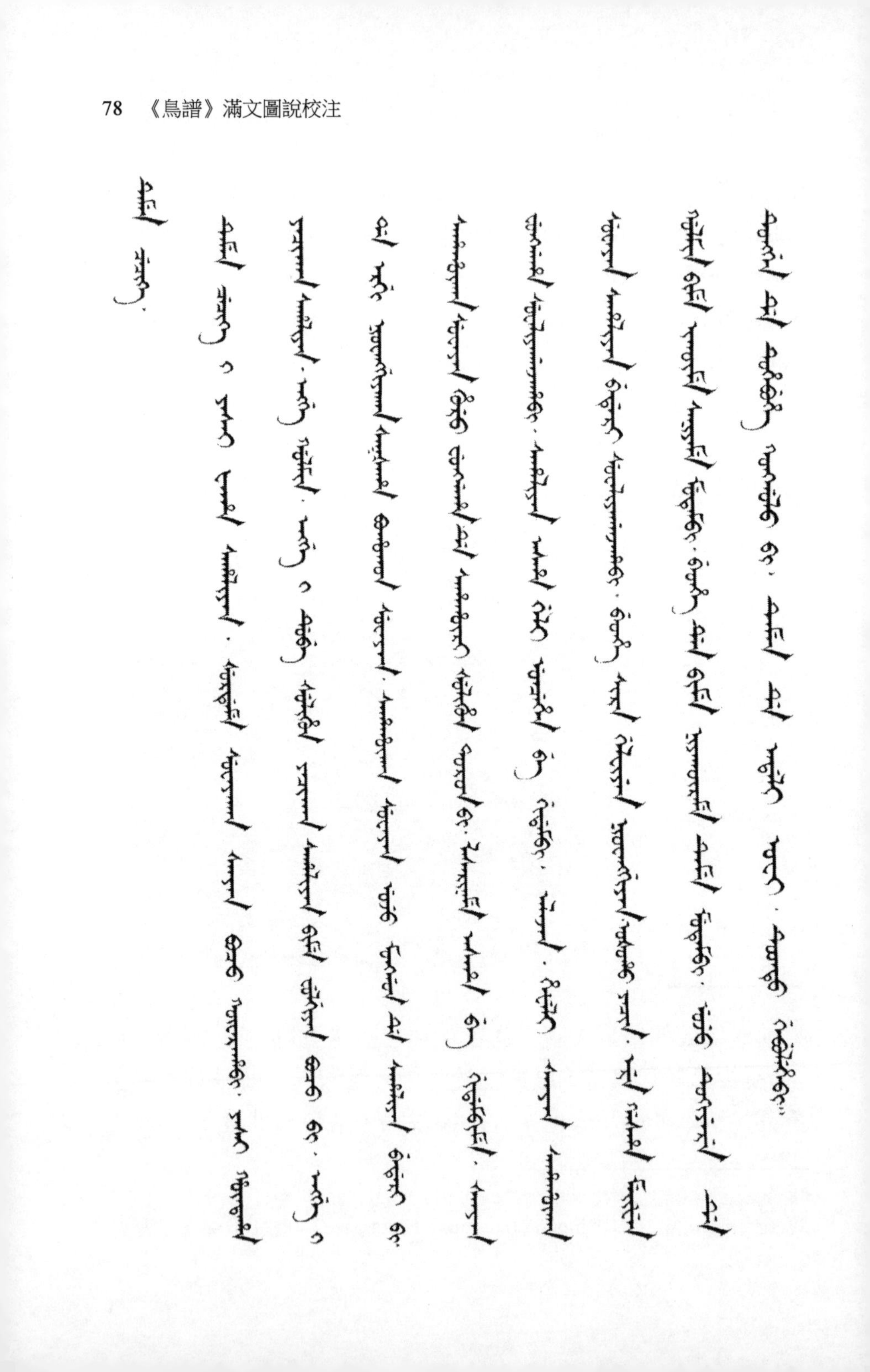

[illegible]

temen cecike.

temen cecike i yasai faha sahaliyan, šurdeme suwayakan šanyan boco kūwarahabi, yasai hūntahan yacikan sahaliyan, engge golmin, engge i dube šulihun yacikan sahaliyan bime fulgiyan boco bi, engge i da ergi niowanggiyakan, šakšaha bohokon suwayan, sahahūkan suwayan uju, monggon de sahaliyan bederi bi, sahahūkan suwayan huru funggaha de sahahūri šulihun toron bi, lasariname asha be gidambime, šanyan funggaha suwaliyaganjahabi, sahaliyan asha geli uncehen be gidambi, alajan, hefeli šanyan sahahūkan suwayan sahaliyan bederi suwaliyaganjahabi, bethe, sira gelfiyen niowanggiyan, ošoho yacin, ere gasha meifen golmin bime ikūme saniyame mutembi, bethe den bime niyakūrame teme mutembi, uju tukiyere de tunggen de tuhebuhe konggolo bi, temen de adali ofi, tuttu gebulehebi.

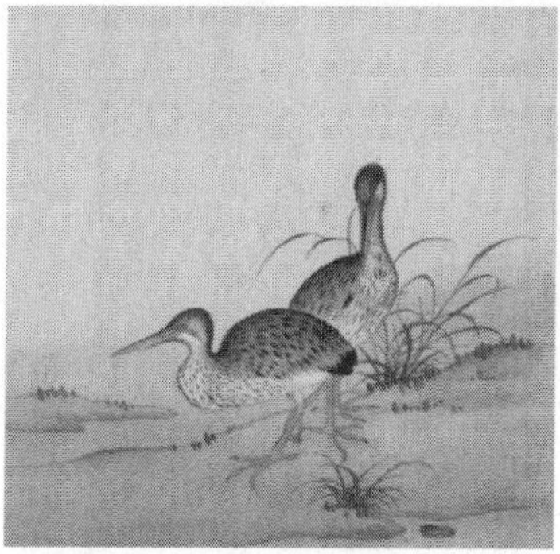

水駱駝

水駱駝，黑睛，黃白暈，青黑眶，觜長而喙尖青黑帶紅，吻根微綠，土黃頰，蒼黃頂、項，俱有黑斑，背毛蒼黃質蒼黑尖暈，離披蓋翅，間以白毛，黑翅蓋尾，臆、腹白質蒼黃雜黑斑，粉綠足、脛，青爪，此鳥頸長而能伸縮，足高而能跪坐，昂首時胸有垂胡，有似駱駝，故名。

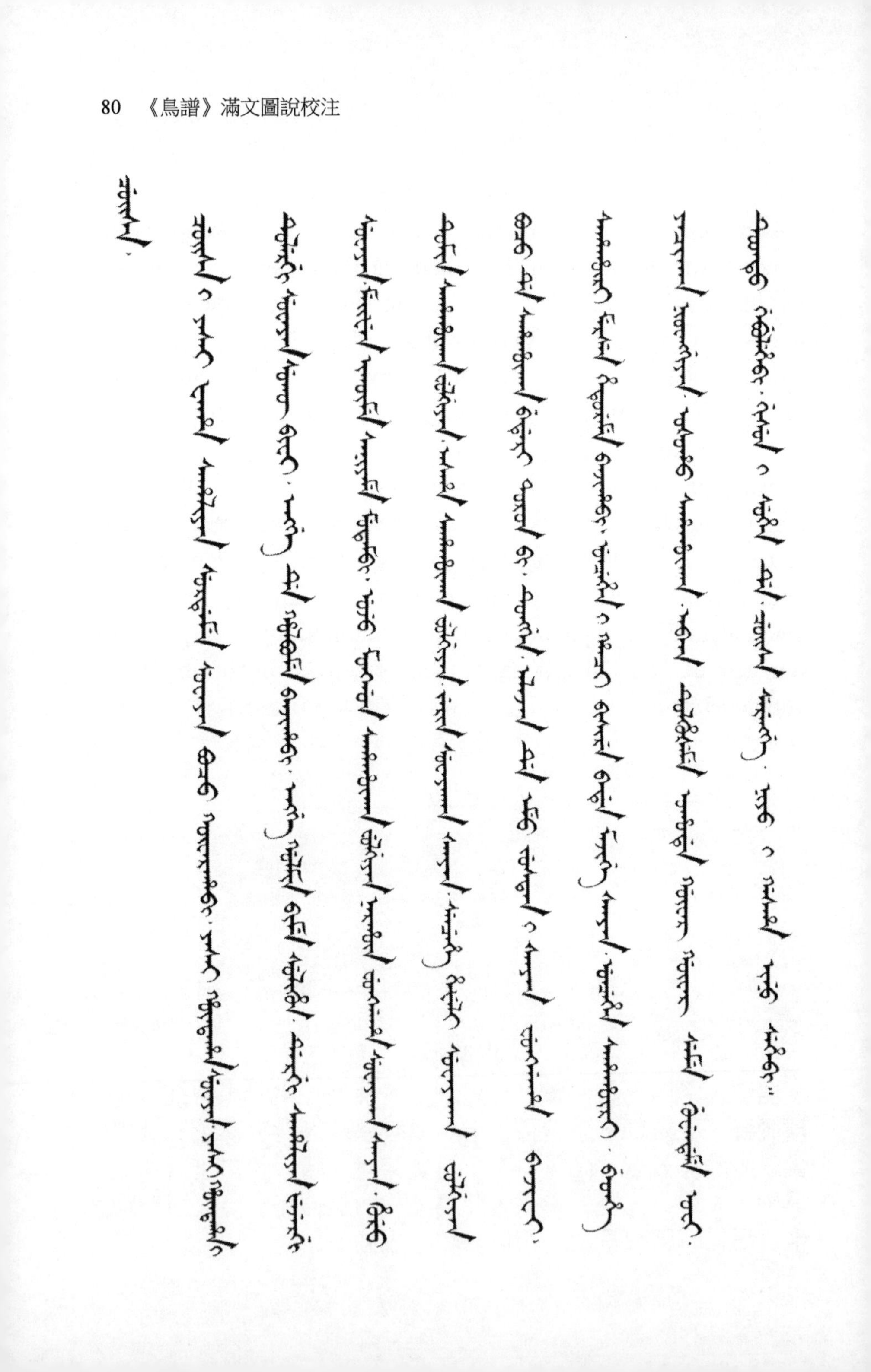

[illegible]

[illegible]

[illegible]

[illegible]

[illegible]

[illegible]

[illegible]

[illegible]

[illegible]

cuisa.

cuisa i yasai faha sahaliyan šurdeme suwayan boco kūwarahabi, yasai hūntahan suwayan, yasai hūntahan i tulergi suwayan sukū bifi, engge de holbome banjihabi, engge golmin bime šulihun, dergi sahaliyan fejergi suwayan, meifen ikūme saniyame mutembi, uju, monggon sahahūkan fulgiyan, narhūn funggaha suwayakan šanyan, huru tumin sahahūkan fulgiyan, asha sahahūkan fulgiyan, jerin suwayakan šanyan, sencehe, hefeli suwayakan fulgiyan boco de sahahūkan bederi toron bi, tunggen, alajan de emu justan i šanyan funggaha banjifi, sahahūri mersen hetureme banjihabi, uncehen i hanci bisire bade majige šanyan, uncehen sahahūri, bethe yacikan niowanggiyan, ošoho sahahūkan, abka tulhušeme ohode gūwar gūwar seme guwendeme ofi, tuttu gebulehebi. gisun i suhen de, cuisa serengge, niyo i gasha inu sehebi.

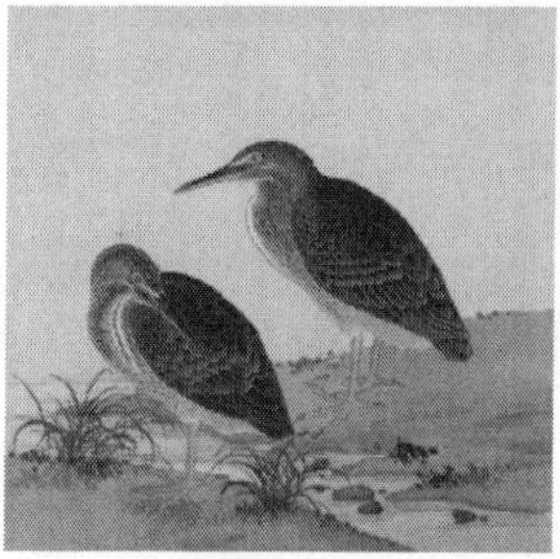

水鶬鳥

水鶬鳥，黑睛，黃暈，黃眶，眶外黃皮連觜，觜尖長，面黑下黃，頸能伸縮，蒼赤頂、項，黃白細毛，深蒼赤背，蒼赤翅黃白邊，頷、腹黃赤質帶蒼斑暈，胸、臆白毛一道，界以蒼黑點，近尾微白，蒼黑尾，青綠足，蒼爪，每天陰時鳴，聲沃沃，故名。《說文》云：鶬，水鳥也。字亦作鴰[40]。

40 字亦作鴰，未譯出滿文。

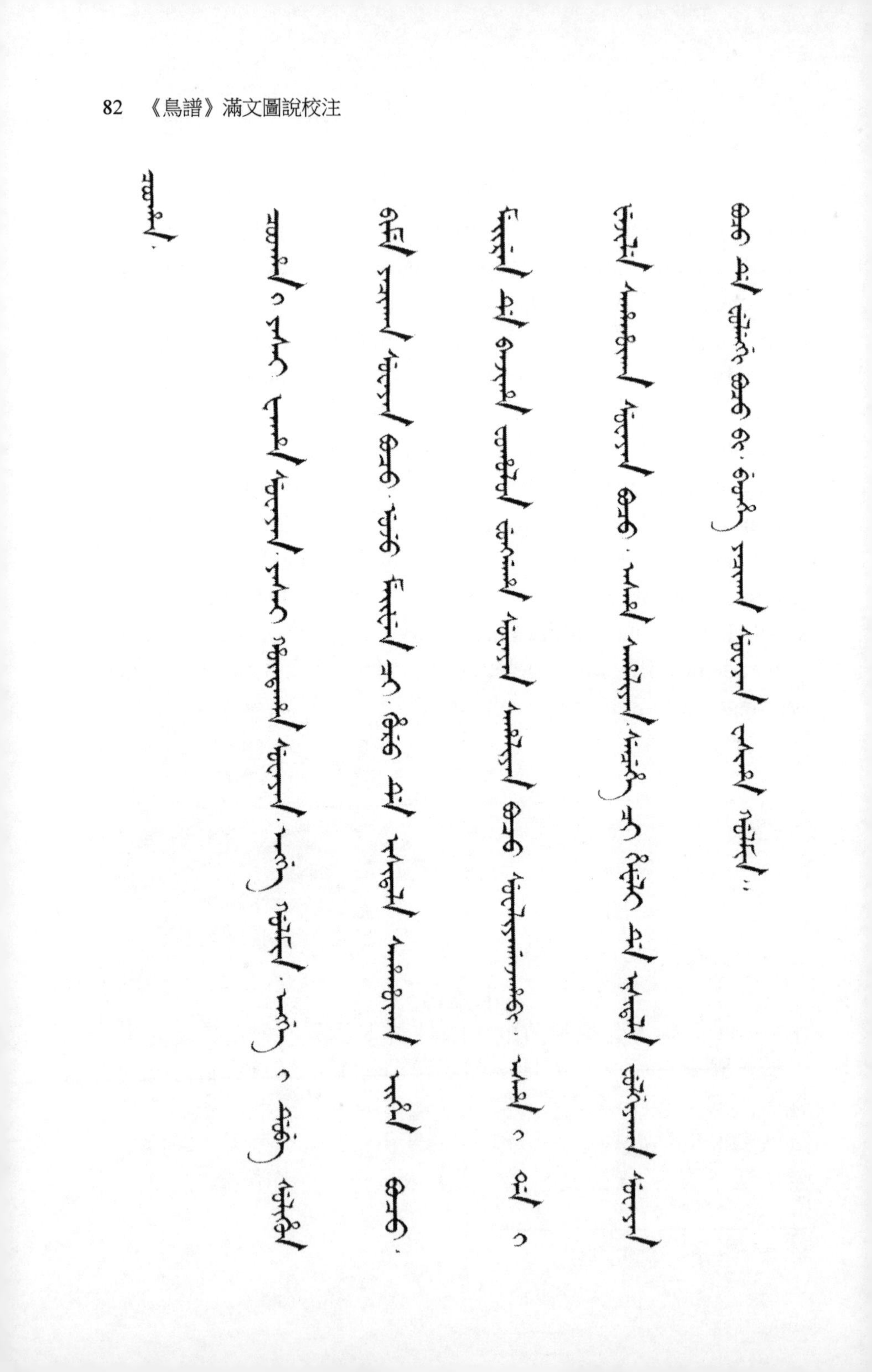

[illegible]

[illegible]

[illegible]

[illegible]

[illegible]

[illegible]

coohan.

coohan i yasai faha suwayan, yasai hūntahan suwayan, engge golmin, engge i dube šulihun bime yacikan suwayan boco, uju, meifen ci huru de isitala sahahūkan eihen boco, meiren de banjiha foholon funggaha suwayan sahaliyan boco suwaliyaganjahabi, asha i da i fejile sahahūkan suwayan boco, asha sahaliyan, sencehe ci hefeli de isitala fulgiyakan suwayan boco de fulenggi boco bi, bethe yacikan suwayan, wasiha golmin.

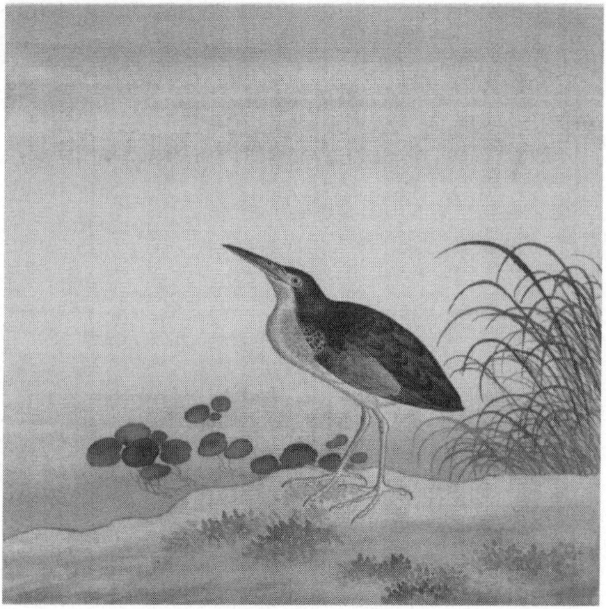

鸍鳿

鸍鳿，黃睛，黃眶，長觜，尖喙青黃色，頭、項至背蒼褐色，肩上短毛黃黑相間，膊下蒼黃色，黑翅，頷至腹赤黃帶灰色，青黃足，長趾。

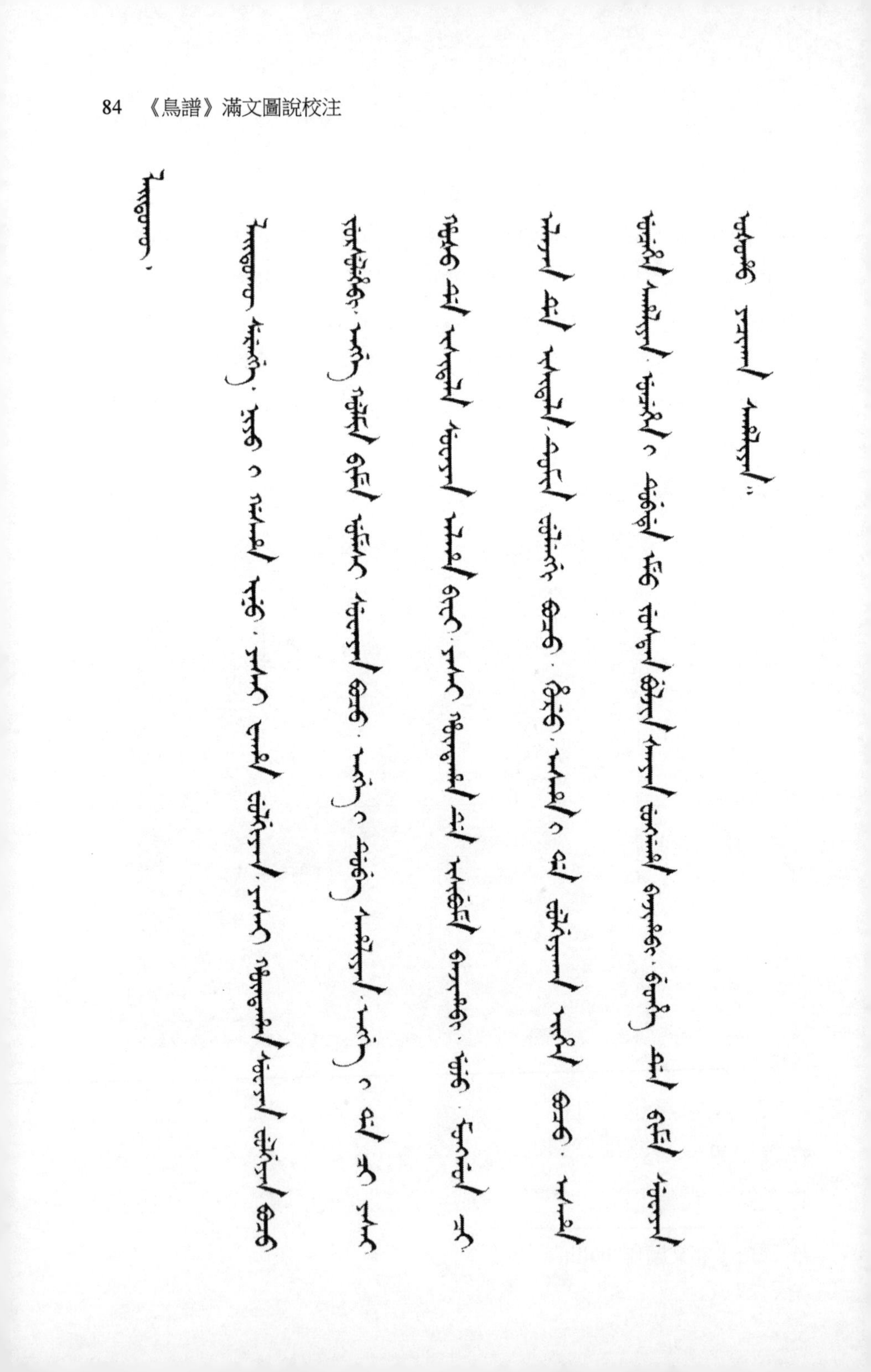

laitokū.

laitokū serengge, niyo i gasha inu, yasai faha fulgiyan, yasai hūntahan suwayan fulgiyan boco jursulehebi. engge golmin bime umesi suwayan boco, engge i dube sahaliyan, engge i da ci yasai hošo de isitala suwayan alha bifi, yasai hūntahan de isibume banjihabi, uju, monggon ci alajan de isitala, tumin fulenggi boco, huru, asha i da fulgiyakan eihen boco, asha uncehen sahaliyan, uncehen i dubede emu justan buljin šanyan funggaha banjihabi, bethe den bime suwayan, ošoho yacikan sahaliyan.

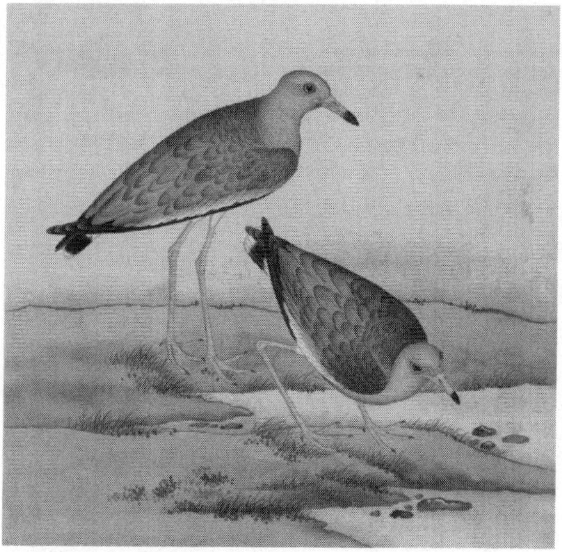

打穀鳥

打穀鳥，水鳥也。紅睛，黃赤重眶，長喙鮮黃色，黑尖觜根至眼角有黃骨紋連於目眶，頭、項至臆深灰色，背、膊紅褐色，黑翅尾，尾尖一道純白[41]，高黃足，青黑爪。

41 純白，滿文讀作“buljin šanyan funggaha”，意即「純白毛」。

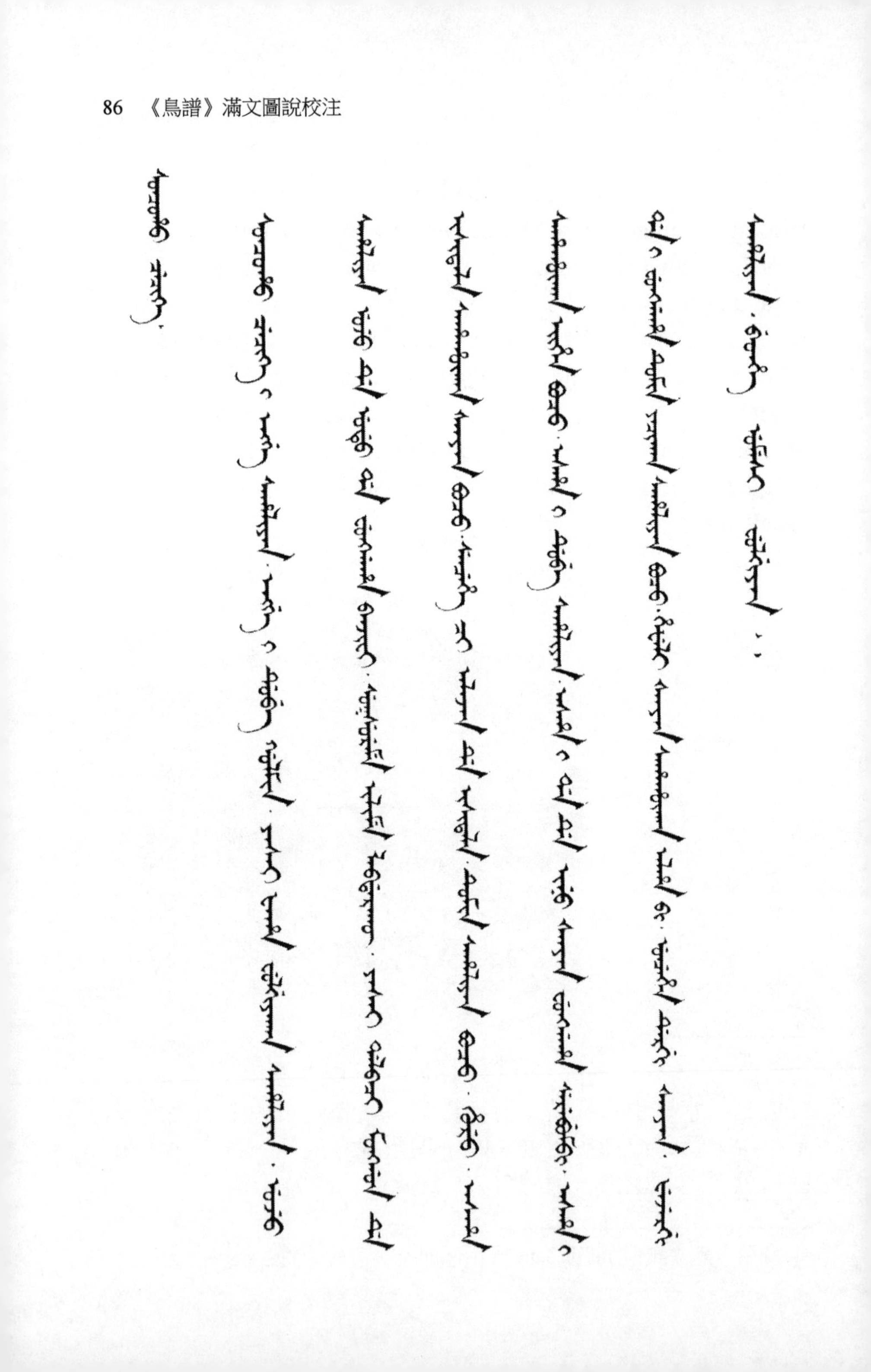

[illegible]

[illegible]

[illegible]

[illegible]

[illegible]

[illegible]

[illegible]

soncoho cecike.

soncoho cecike i engge sahaliyan, engge i dube golmin, yasai faha fulgiyakan sahaliyan, uju sahaliyan, uju de udu da funggaha banjifi, suksureme ilime labdarakū, yasai dalbaci monggon de isitala sahahūkan šanyan boco, sencehe ci alajan de isitala tumin sahaliyan boco, huru, asha sahahūkan eihen boco, asha i dube sahaliyan, asha i da de inu šanyan funggaha serebumbi, asha i da i funggaha tumin yacikan sahaliyan boco, hefeli šanyan sahahūkan alha bi, uncehen dergi šanyan, fejergi sahaliyan, bethe umesi fulgiyan.

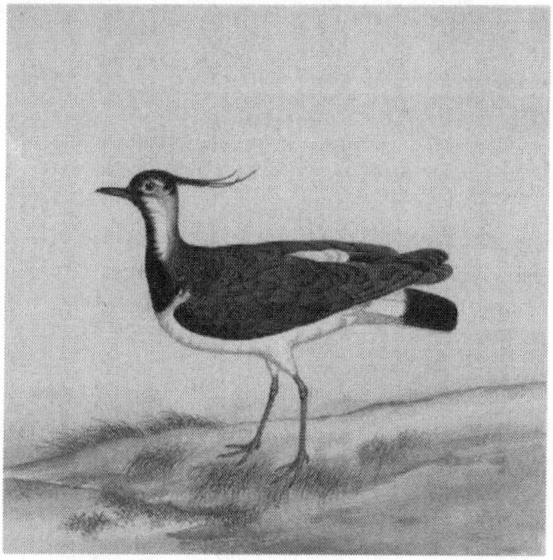

三和尚

三和尚，黑觜，長喙，赤黑睛，黑頂，項有黑毛數根[42]，勁而不垂，眼旁至項蒼白色，頷至臆深黑色，背、翅蒼褐，翅尖黑，翅根間露白毛，膊毛深青黑色，腹下白帶蒼紋，尾上白下黑，足股紅色。

42 項有黑毛數根，滿文讀作"uju de udu da funggaha banjifi"，意即「頭上長了幾根黑毛」。句中「項」，當作「頂」。

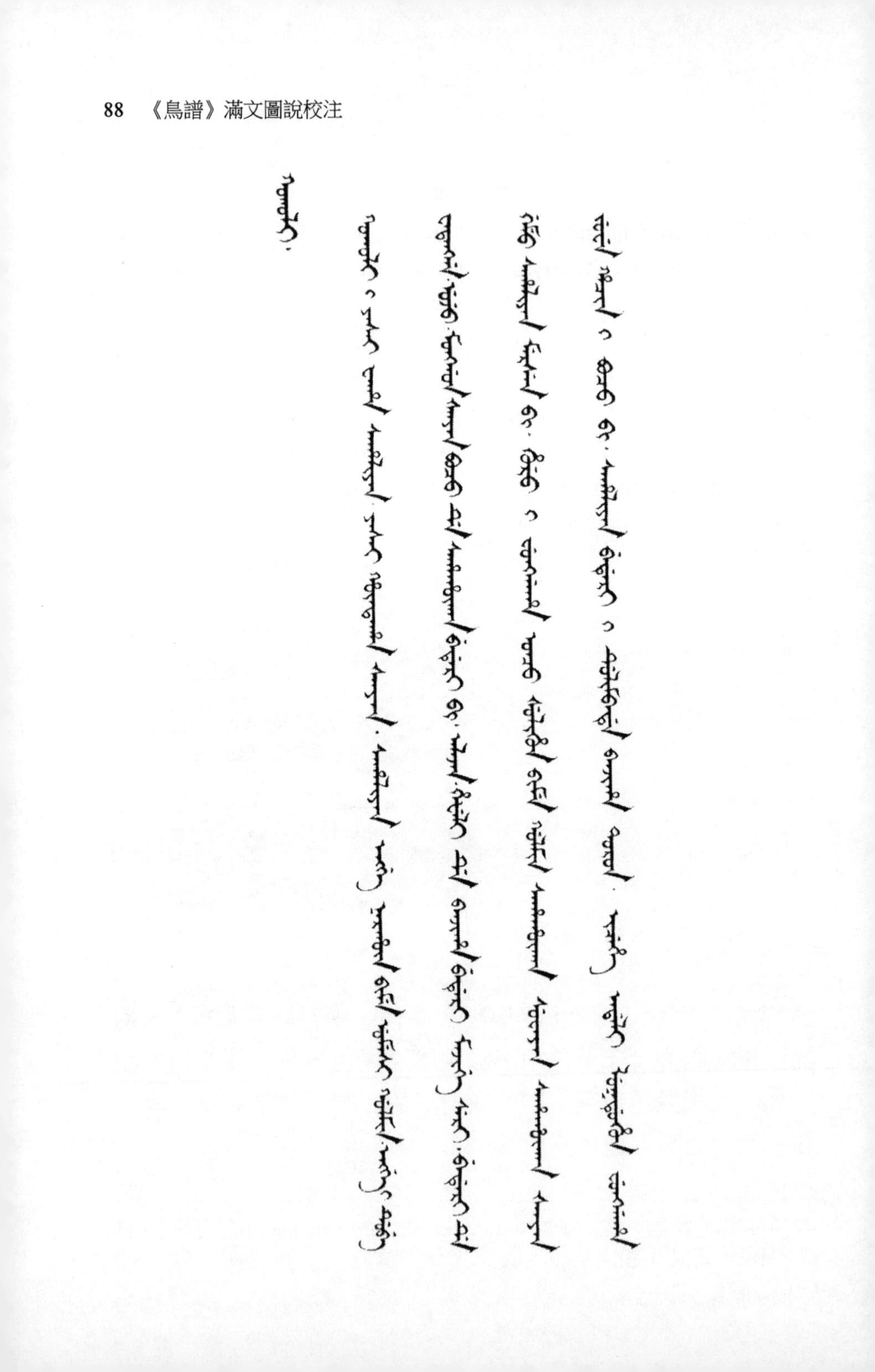

[illegible]

[illegible]

[illegible]

[illegible]

[illegible]

kokoli.

kokoli i yasai faha sahaliyan, yasai hūntahan šanyan, sahaliyan engge narhūn bime umesi golmin, engge i dube watangga, uju, monggon šanyan boco de sahahūkan bederi bi, alajan, hefeli de banjiha bederi majige seri, bederi de gemu sahaliyan mersen bi, huru i funggaha onco šulihun bime golmin, sahahūkan suwayan sahahūkan šanyan juwe hacin i boco bi, sahaliyan bederi i dulimbade banjiha toron icehe adali, lukduhun funggaha

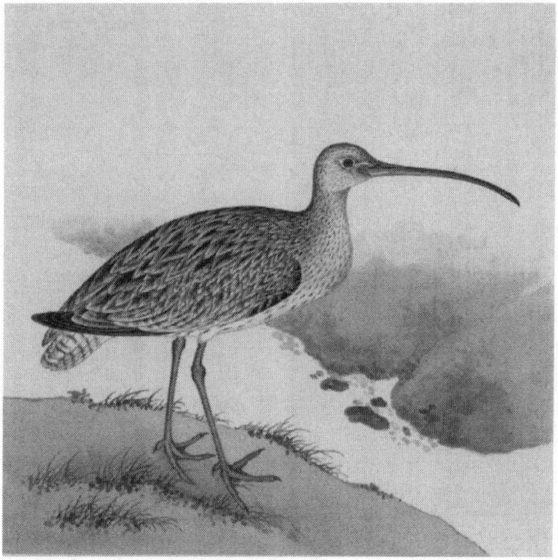

油罐子

油罐子，黑睛，白眶，黑觜細而極長，灣喙[43]，頭、頸白質蒼斑，臆、腹斑稍稀，斑皆有黑點，背毛尖闊而長，蒼黃、蒼白二色，黑斑中暈如染，

43 灣喙，滿文讀作“engge i dube watangga”，意即「鈎喙」。

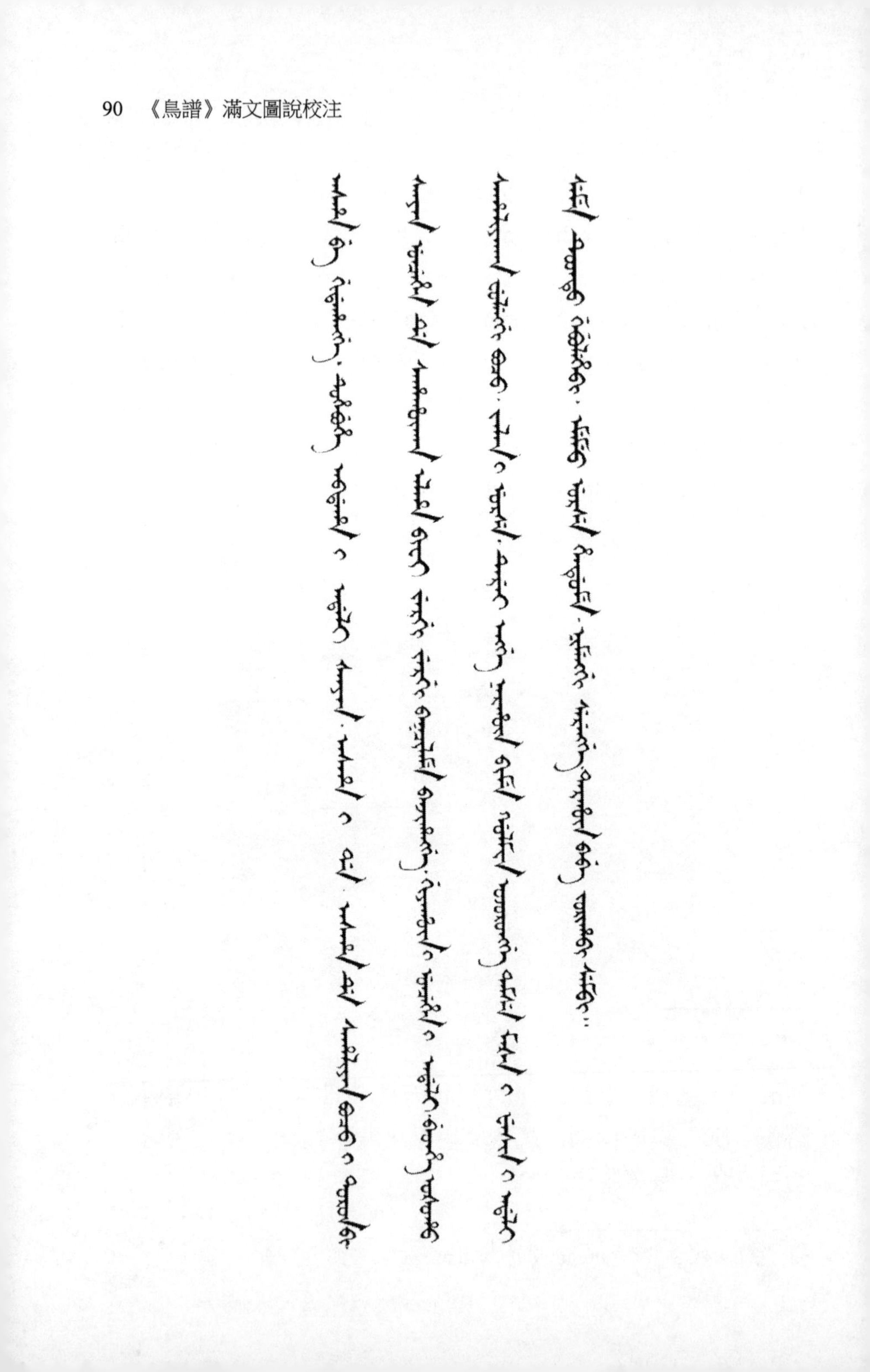

asha be gidahangge, tuhebuhe abdaha i adali šanyan, asha i da, asha de sahaliyan boco i toron bi, šanyan uncehen de sahahūkan alha bifi jergi jergi bakcilame banjihangge, giyahūn i uncehehen i adali, bethe ošoho sahaliyakan fulenggi boco, jalan i urse, terei engge narhūn bime golmin ojorongge, tamse maša i fesin i adali seme tuttu gebulehebi, ememu urse hendume, nimenggi serengge tarhūn babe jorihabi sembi.

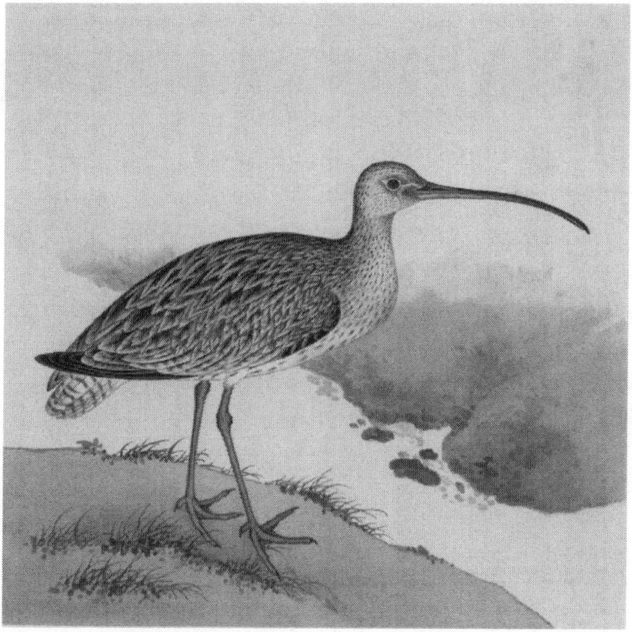

離披覆翅，有若垂葉，膊、翅白質黑暈，白尾蒼花逐節相比，似鷹尾色，灰黑足、爪，俗以其觜細而長如罐杓之柄，故名，或曰油者，言其肥也。

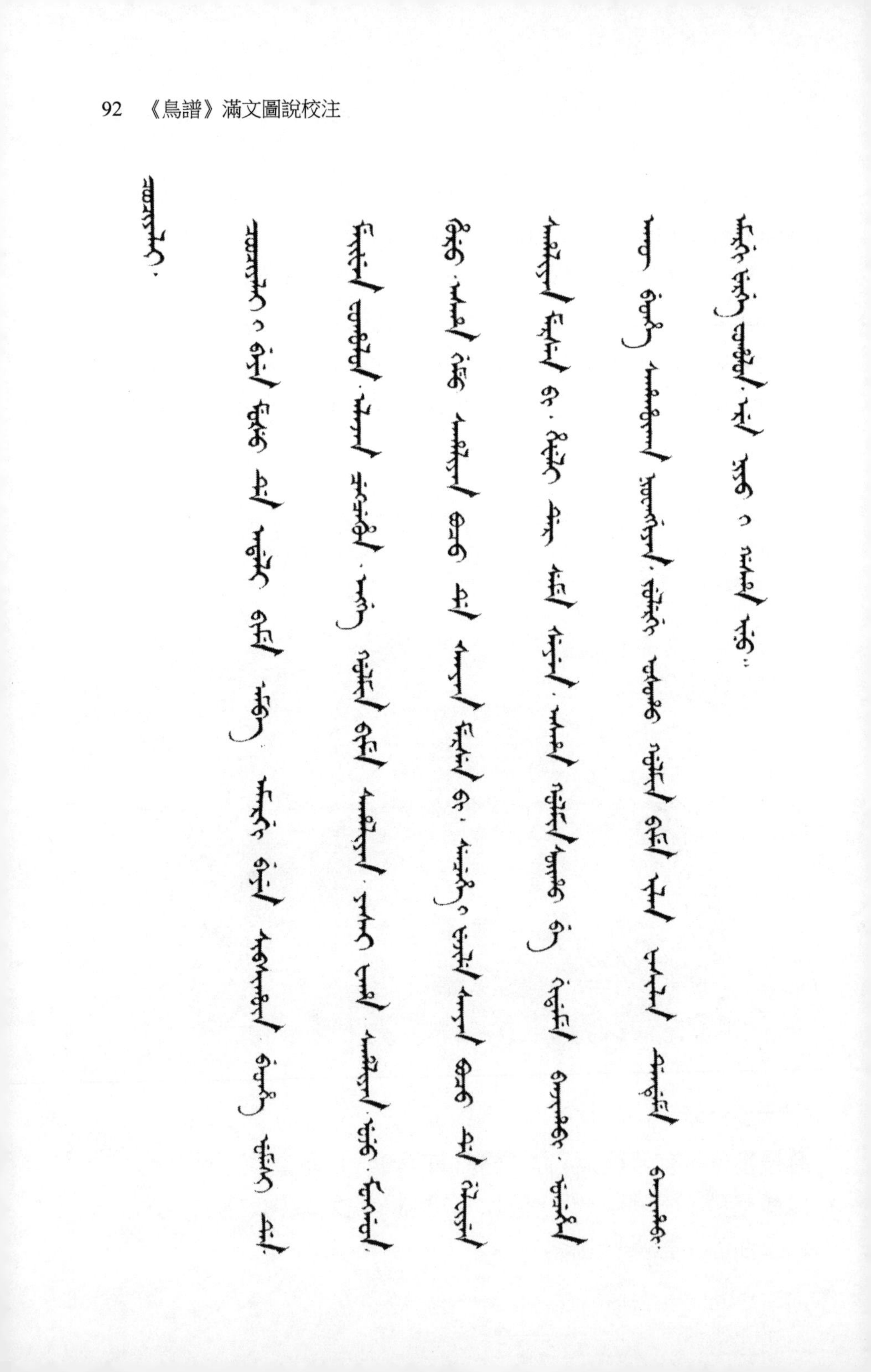

[illegible]

[illegible]

[illegible]

[illegible]

[illegible]

[illegible]

[illegible]

coociyalai.

coociyalai i beye mušu de adali bime amba, amargi beye sibsihūn, bethe umesi den, meifen foholon, alajan cekcehun, engge golmin bime sahaliyan, yasai faha sahaliyan, uju, monggon, huru, asha gemu sahaliyan boco de šanyan mersen bi, sencehe i fejile šanyan boco de gelfiyen sahaliyan mersen bi, hefeli der seme šeyen, asha golmin soiho be gidame banjihabi, uncehen akū, bethe sahahūkan niowanggiyan, julergi ošoho golmin bime ilan fasilan dendeme banjihabi, amargi ferge foholon, ere niyo i gasha inu.

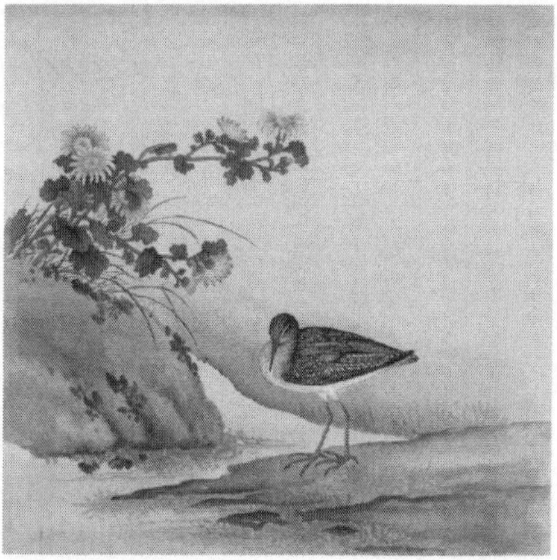

沙溜兒

沙溜兒，身如鶉而大，後銳，足甚高，短頸，凸臆，長黑喙，黑睛，頂、項、背、翅俱黑色帶白斑[44]，頷下白色帶淺黑斑[45]，腹純白，翅長蓋尻，無尾，蒼綠足，前三岐長[46]，後趾短，水鳥也。

44 白斑，滿文讀作“šanyan mersen”，意即「白點」。
45 黑斑，滿文讀作“sahaliyan mersen”，意即「黑點」。
46 前三岐長，滿文讀作“julergi ošoho golmin bime ilan fasilan dendeme banjihabi”，意即「前爪長而分三岐」。

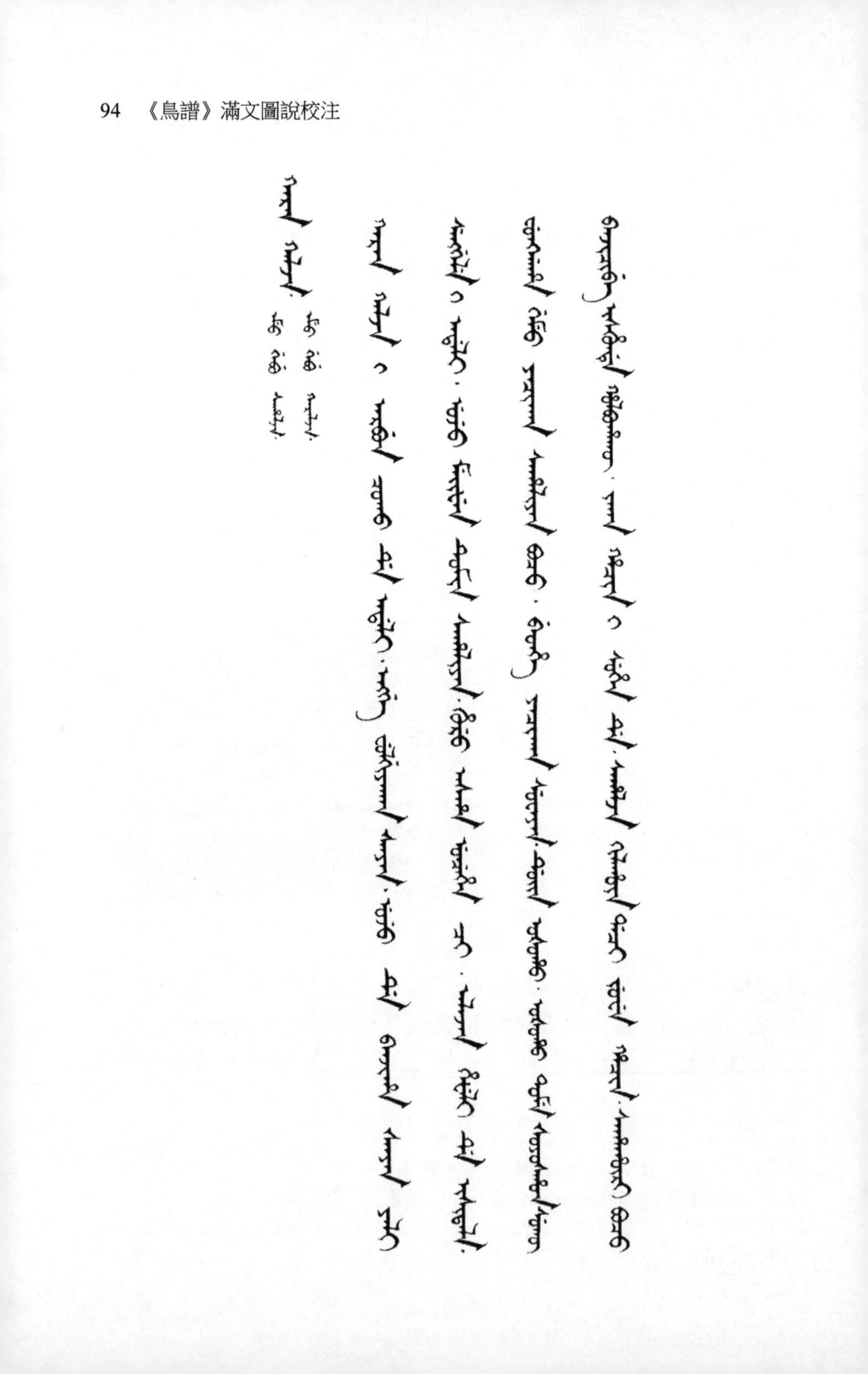

[illegible]

[illegible]

[illegible]

[illegible]

[illegible]

[illegible]

karan kalja, emu gebu sahalja, emu gebu karalja.

karan kalja i arbun coko de adali, engge fulgiyakan šanyan, uju de banjiha šanyan yali senggele i adali, uju, meifen tumin sahaliyan, huru, asha, uncehen ci alajan, hefeli de isitala, funggaha gemu yacikan sahaliyan boco, bethe yacikan suwayan, duin ošoho, ošoho tome šoyoshon sukū banjicibe ishunde holbohakū. jaka hacin i suhen de, sahalja, kilahūn daci juwe hacin, sahahūri boco

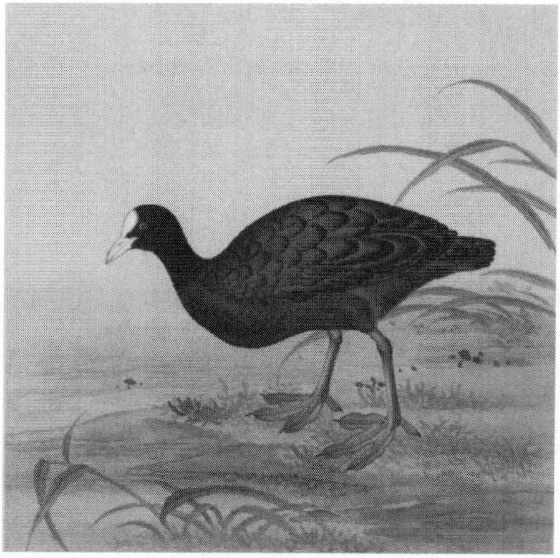

骨頂，一名黑鷖，一名烏雞

骨頂，狀如雞，淺紅白觜，頂有白肉如冠，頭、頸深黑，背、翅、尾及臆、腹毛俱青黑色，青黃足，四距[47]上每節有蹼皮不相連[48]。《物類疏》云：鷖、鷗本二種，

47 四距，滿文讀作“duin ošoho”，意即「四爪趾」，此「距」，當作「趾」。

48 上每節有蹼皮，滿文讀作“ošoho tome šoyoshon sukū banjicibe”，意即「每爪雖長皺皮」。

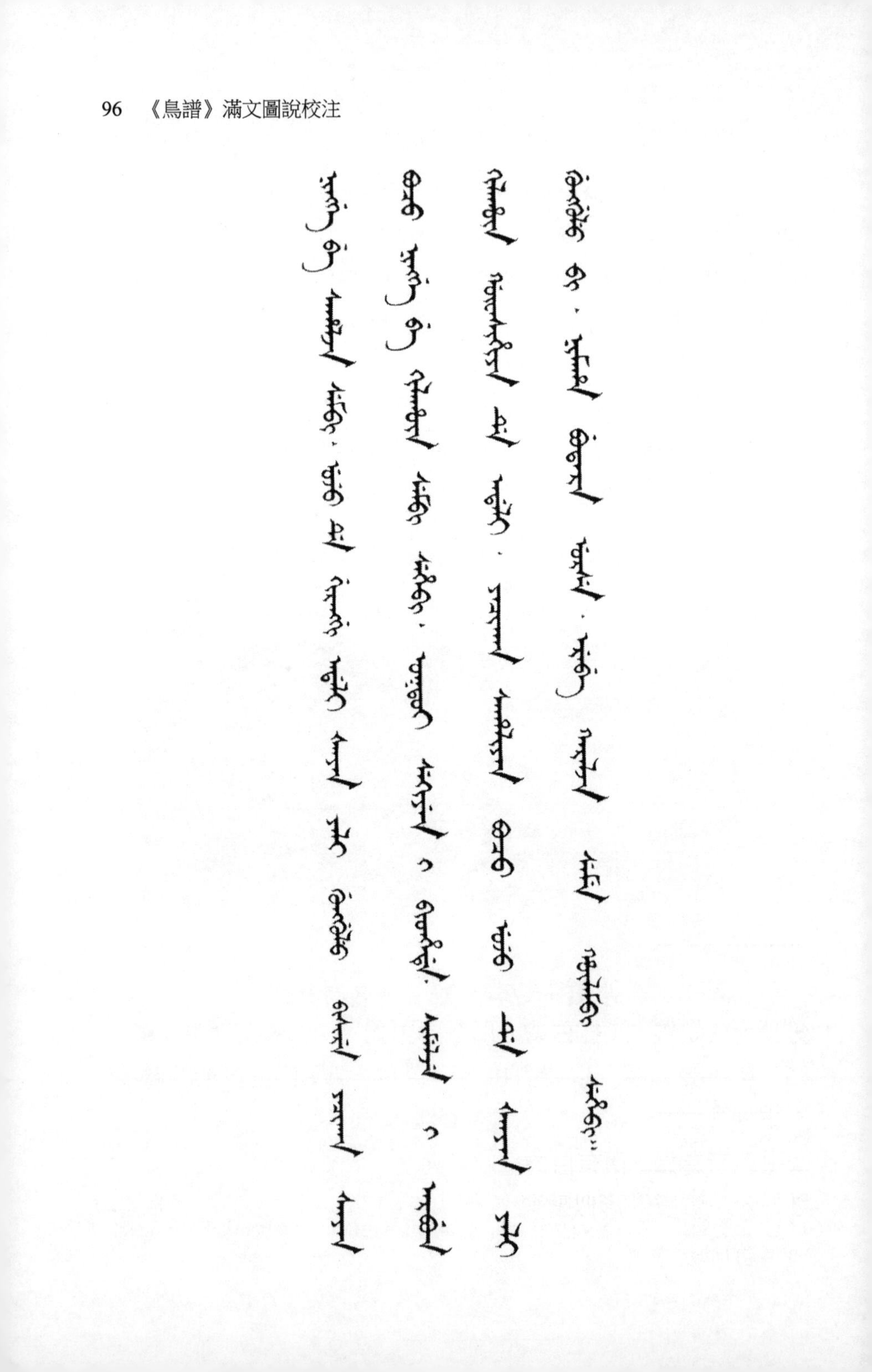

ningge be sahalja sembi, uju de giranggi adali šanyan yali gunggulu bisire yacikan šanyan boco ningge be kilahūn sembi sehebi. oktoi sekiyen i bithede, simelje i arbun kilahūn gūwasihiya de adali, yacikan sahaliyan boco, uju de šanyan yali gunggulu bi, nimaha butara urse, erebe karalja seme hūlambi sehebi.

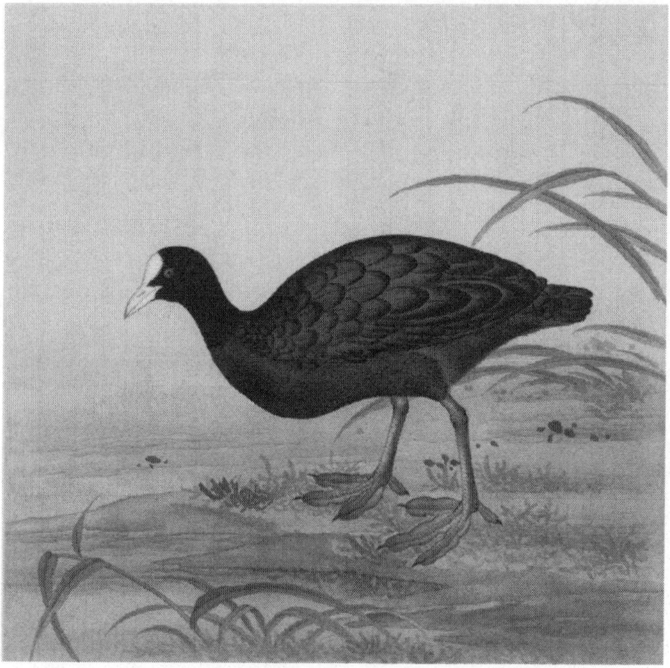

蒼黑色者為鷖；頂有白肉冠如骨，其青白色者為鷗。《本草綱目》云：澤虞，形似鷗鷺，青黑色，頭有白肉冠，漁人呼為烏雞。

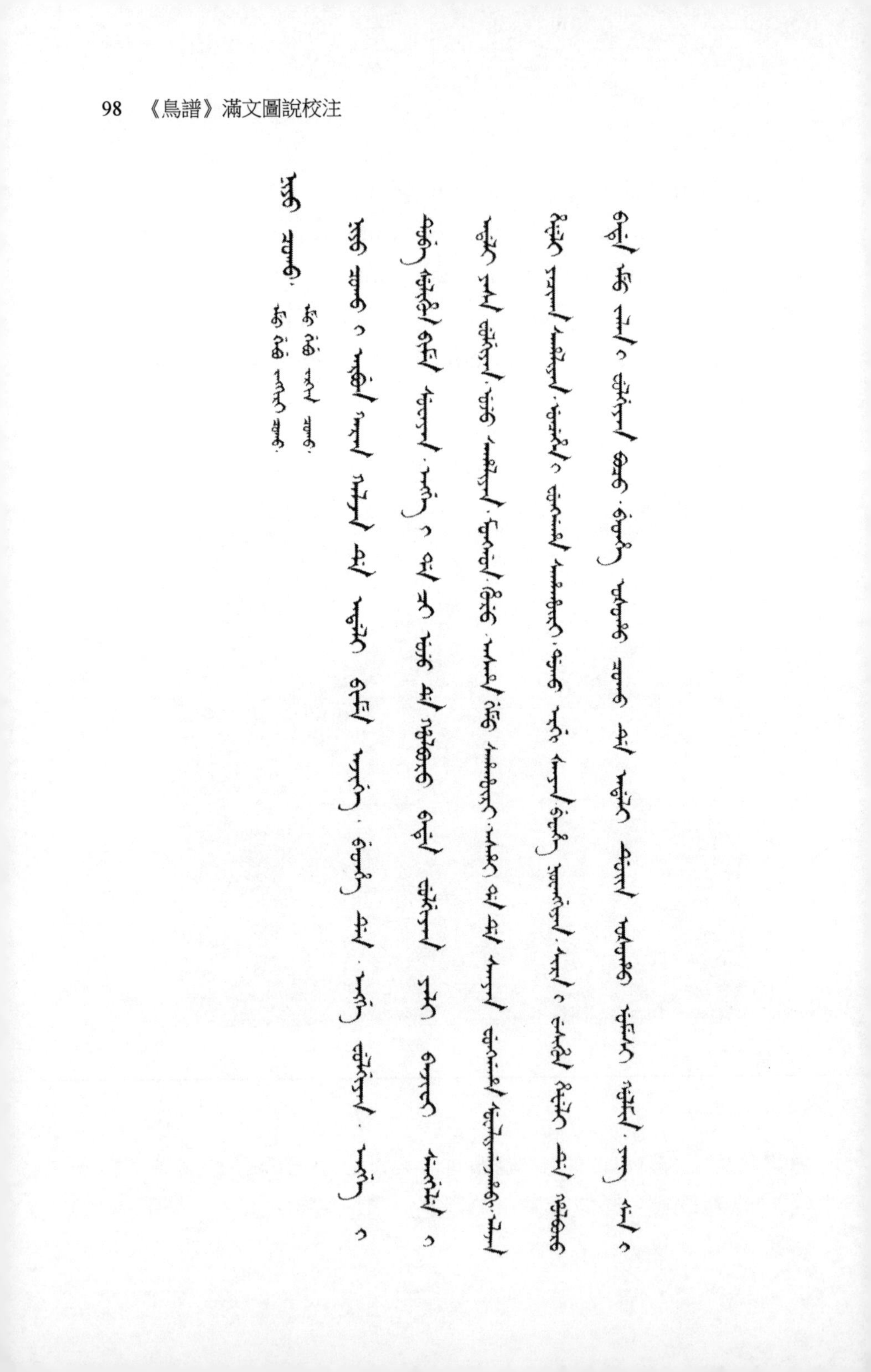

[illegible]

niyo coko, emu gebu jangkiri coko, emu gebu jarkin coko.

niyo coko i arbun karan kalja de adali bime ajige, bethe den, engge fulgiyan, engge i dube šulihun bime suwayan, engge i da ci uju de holboro bade fulgiyan yali banjifi senggele i adali, yasa fulgiyan, uju sahaliyan, monggon, huru, asha gemu sahahūri, ashai da de šanyan funggaha suwaliyaganjahabi, alajan, hefeli yacikan sahaliyan, uncehen i funggaha sahahūri, doko ergi šanyan, bethe niowanggiyan, sira i wesihun hefeli de holboro bade emu jalan i fulgiyan boco, bethe ošoho coko de adali duin ošoho umesi golmin. yang šen i

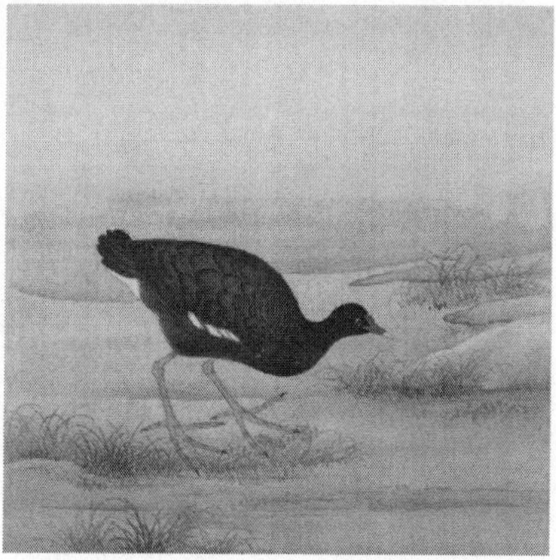

水雞，一名章渠，一名鶮雞

水雞，狀如骨頂而小，腳高，嘴丹[49]，喙尖黃，觜根連頂處有紅肉如冠，赤目，黑頭，項、背、翅蒼黑，膊上間有白毛，臆、腹青黑，尾毛蒼黑，白裏，綠足，上脛連腹處一節紅色，足爪如雞，四距頗長[50]。

49　嘴丹，滿文讀作"engge fulgiyan"，意即「紅觜」。
50　四距，滿文讀作"duin ošoho"，意即「四爪趾」。

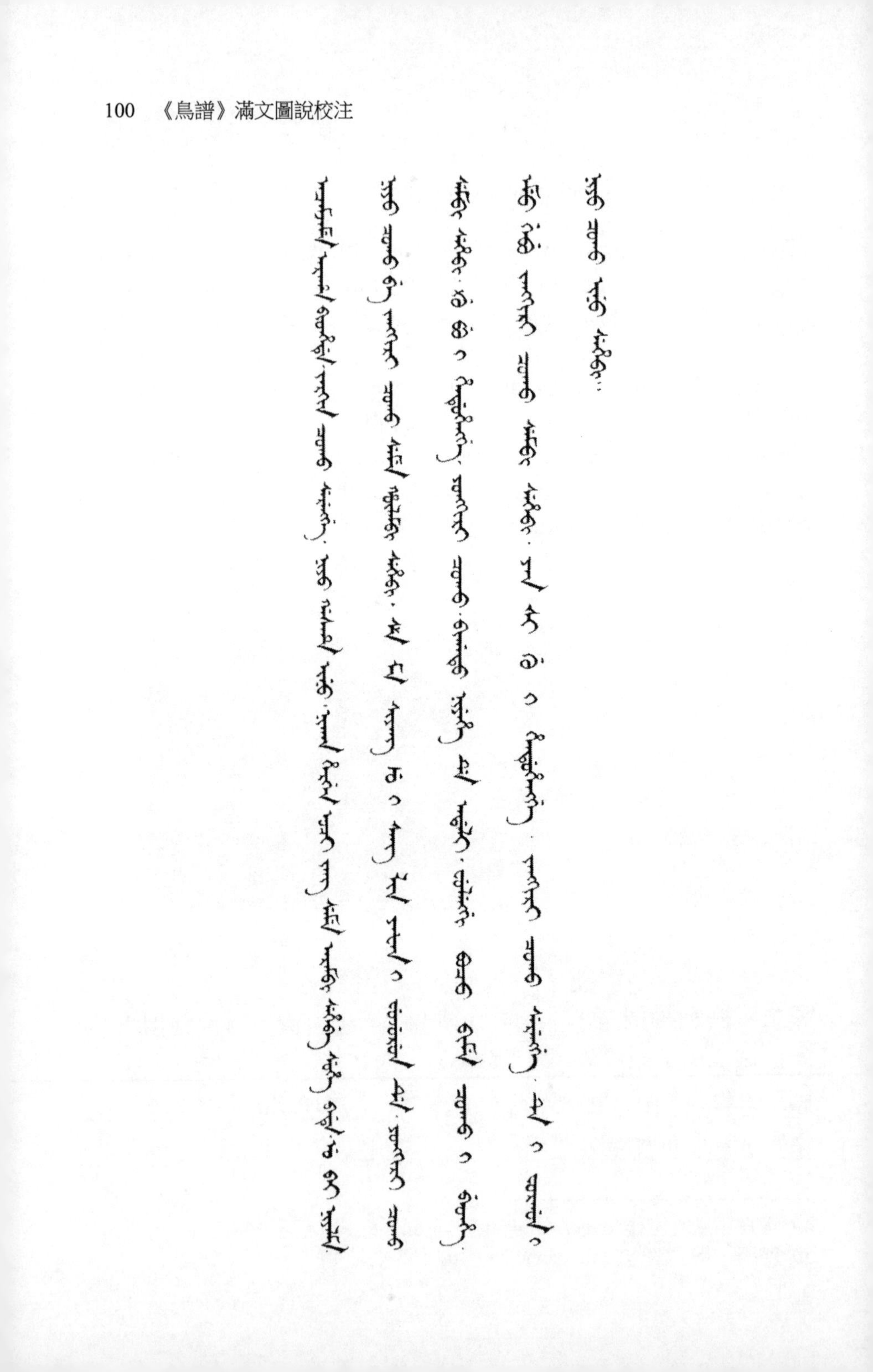

[illegible]

[illegible]

[illegible]

[illegible]

[illegible]

acamjame araha bithede, jarkin coko serengge, niyo gasha inu. nikan hergen oci jang seme arambi sehebe suhe bade, u bai niyalma, nio coko be jangkiri coko seme hūlambi sehebi. sy ma siyang žu i šang lin yafan i fujurun de, yongkiri coko sembi sehebi. g'o pu i henduhengge, yongkiri coko, bigatu niyehe de adali, fulenggi boco bime coko i bethe, emu gebu jangkiri coko sembi sehebi. yan ši gu i henduhengge, jangkiri coko serengge, te i forgon i niyo coko inu sehebi.

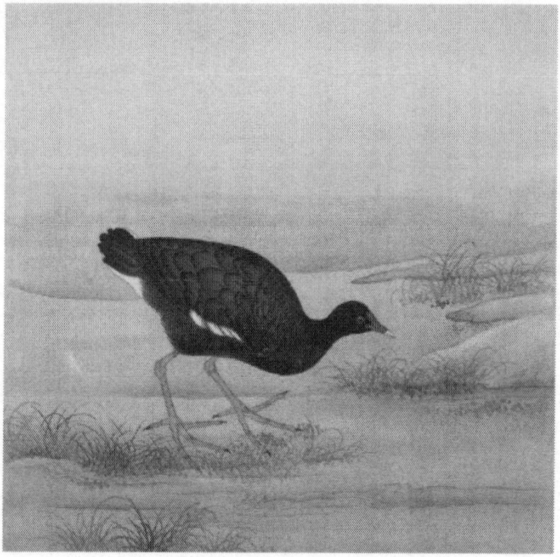

楊慎《外集》云：鸈雞，水鳥也。《字書》鸈字[51]，注云：吳人呼水雞為鸈渠。司馬相如〈上林賦〉庸渠，注：郭璞曰：庸渠似鳧，灰色而雞腳，一名章渠。師古曰[52]：章渠，即今之水雞也。

51　《字書》，滿文讀作“nikan hergen”，意即「漢字」。

52　師古，滿文讀作“yan ši gu”，即漢文「顏師古」之音譯。按：顏師古（581-645），萬年人（今陝西西安），精於訓詁，唐太宗時，官中書侍郎。

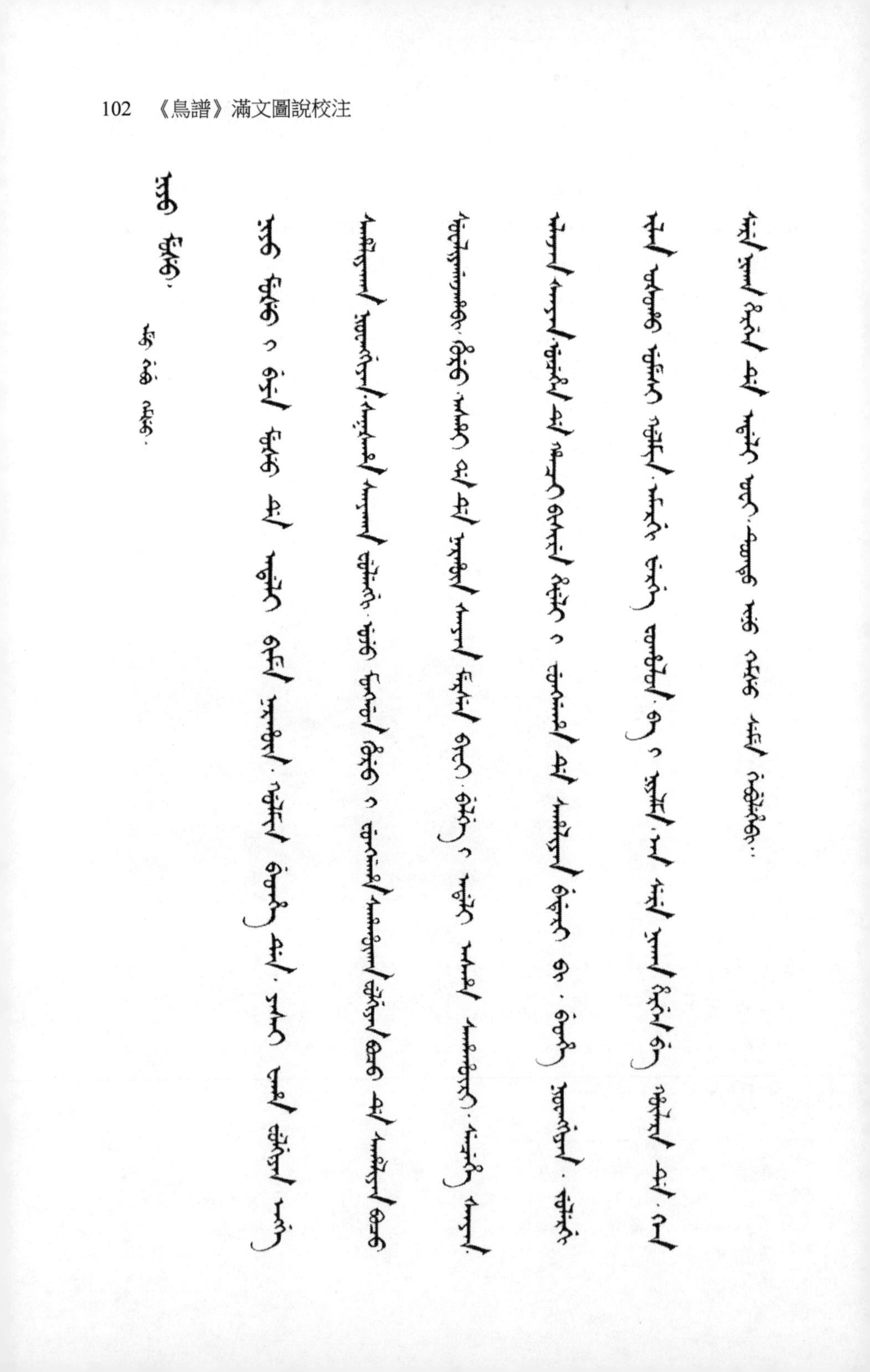

niyo mušu, emu gebu kemšu.

niyo mušu i beye mušu de adali bime narhūn, golmin bethe den, yasai faha fulgiyan, engge sahaliyakan niowanggiyan, šakšaha šanyakan fulenggi, uju, monggon, huru i funggaha sahahūkan, fulgiyan boco de sahaliyan boco suwaliyaganjahabi, huru, ashai da de narhūn šanyan mersen bifi, belge i adali asha sahahūri, sencehe šanyan, alajan šanyan, uncehen de hanci bisire hefeli i funggaha de sahaliyan bederi bi, bethe niowanggiyan, julergi ilan ošoho umesi golmin, amargi ferge foholon, ba i niyalma, an sere nikan hergen be hūlara de, ken sere nikan hergen de adali ofi, tuttu inu kemšu seme gebulehebi.

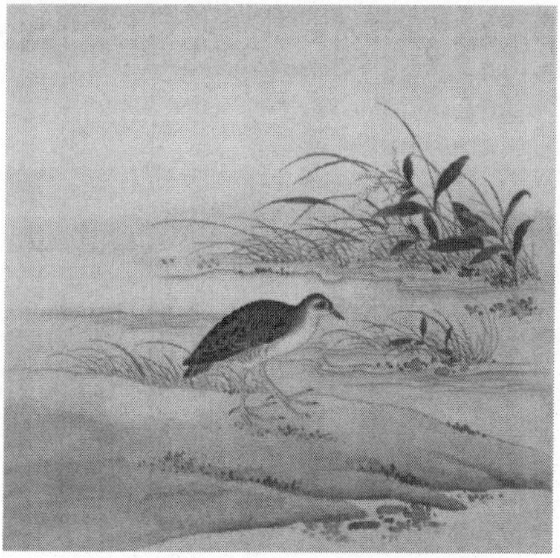

水鶴，一名墾雞

水鶴，身似鶴鶉而瘦，長高足，紅睛，黑綠觜，灰白頰，頭、項、背毛蒼赤間黑，背、膊上有細白點如糁，蒼黑翅，白頷，白臆，近尾腹毛帶黑紋[53]，綠足，前三趾極長，後趾短，土人呼鶴音如墾，故亦名墾雞。

53 黑紋，滿文讀作“sahaliyan bederi”，意即「黑斑」。

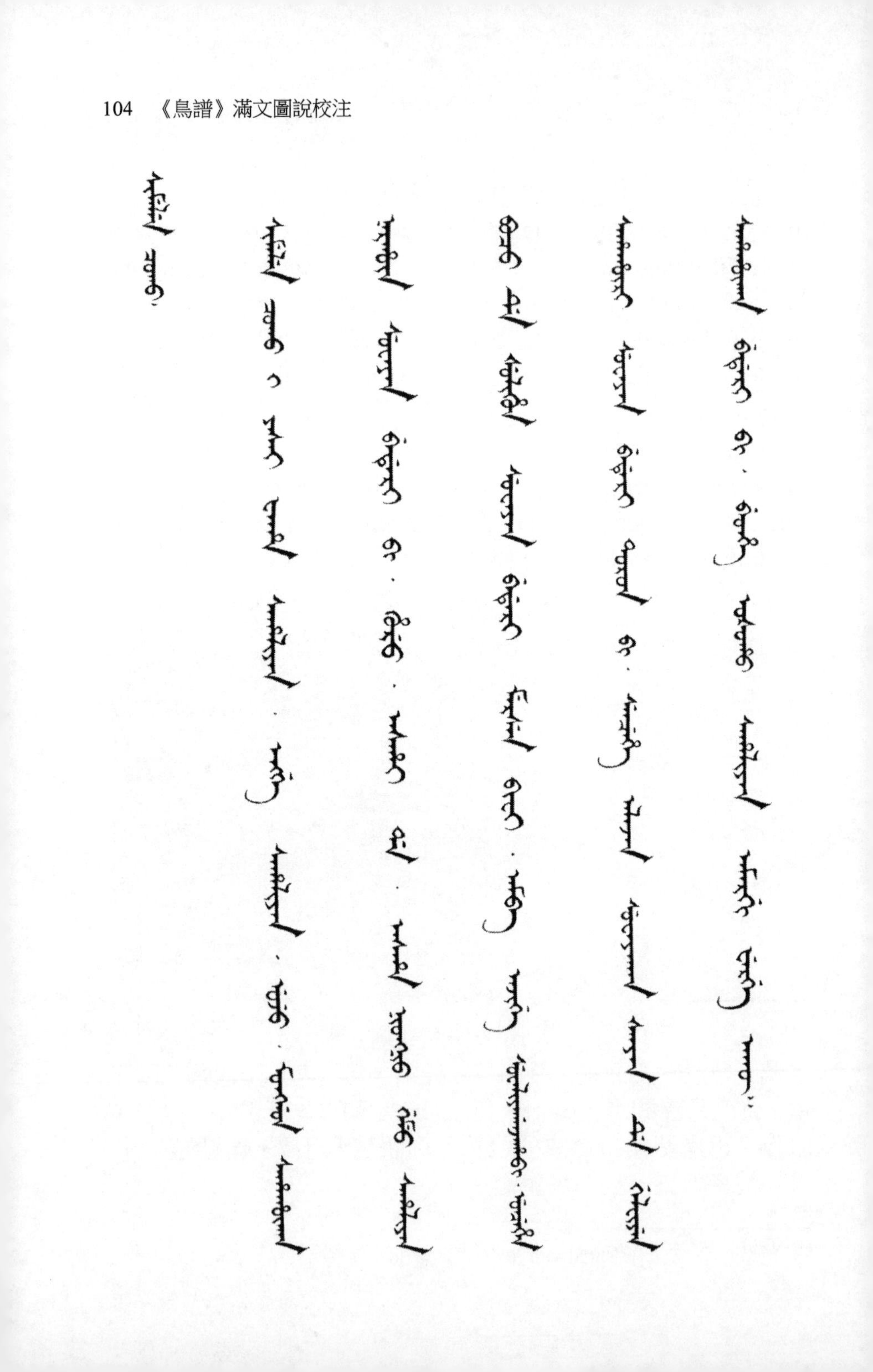

[illegible]

[illegible]

[illegible]

[illegible]

[illegible]

[illegible]

simelen coko.

simelen coko i yasai faha sahaliyan, engge sahaliyan, uju, monggon sahahūkan narhūn suwayan bederi bi, huru, ashai da, asha niongnio gemu sahaliyan boco de šulihun suwayan bederi mersen bifi, amba ajige suwaliyaganjahabi, uncehen sahahūri suwayan bederi toron bi, sencehe, alajan suwayakan šanyan de gelfiyen sahahūkan bederi bi, bethe ošoho sahaliyan, amargi ferge akū.

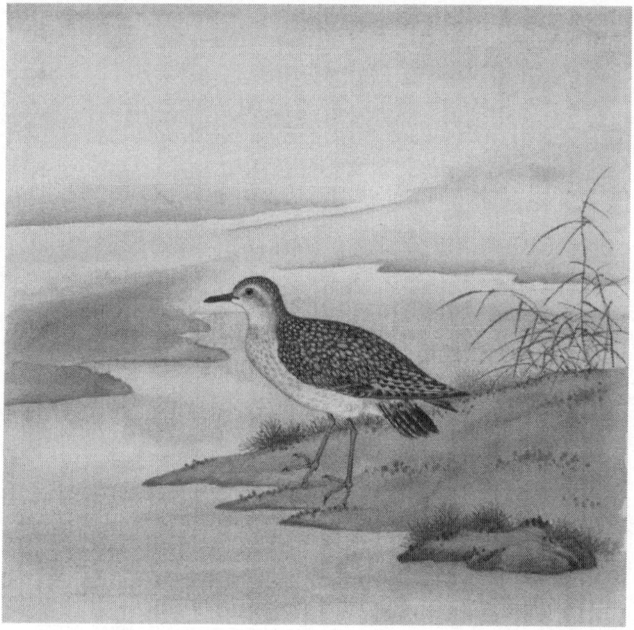

澤雞

澤雞，黑睛，黑觜，蒼頂、項，細黃斑，背、膊、翅、翮俱黑質尖黃斑點，大小相雜，蒼黑尾黃斑暈，黃白頷、臆淡蒼斑，黑足、爪，無後趾。

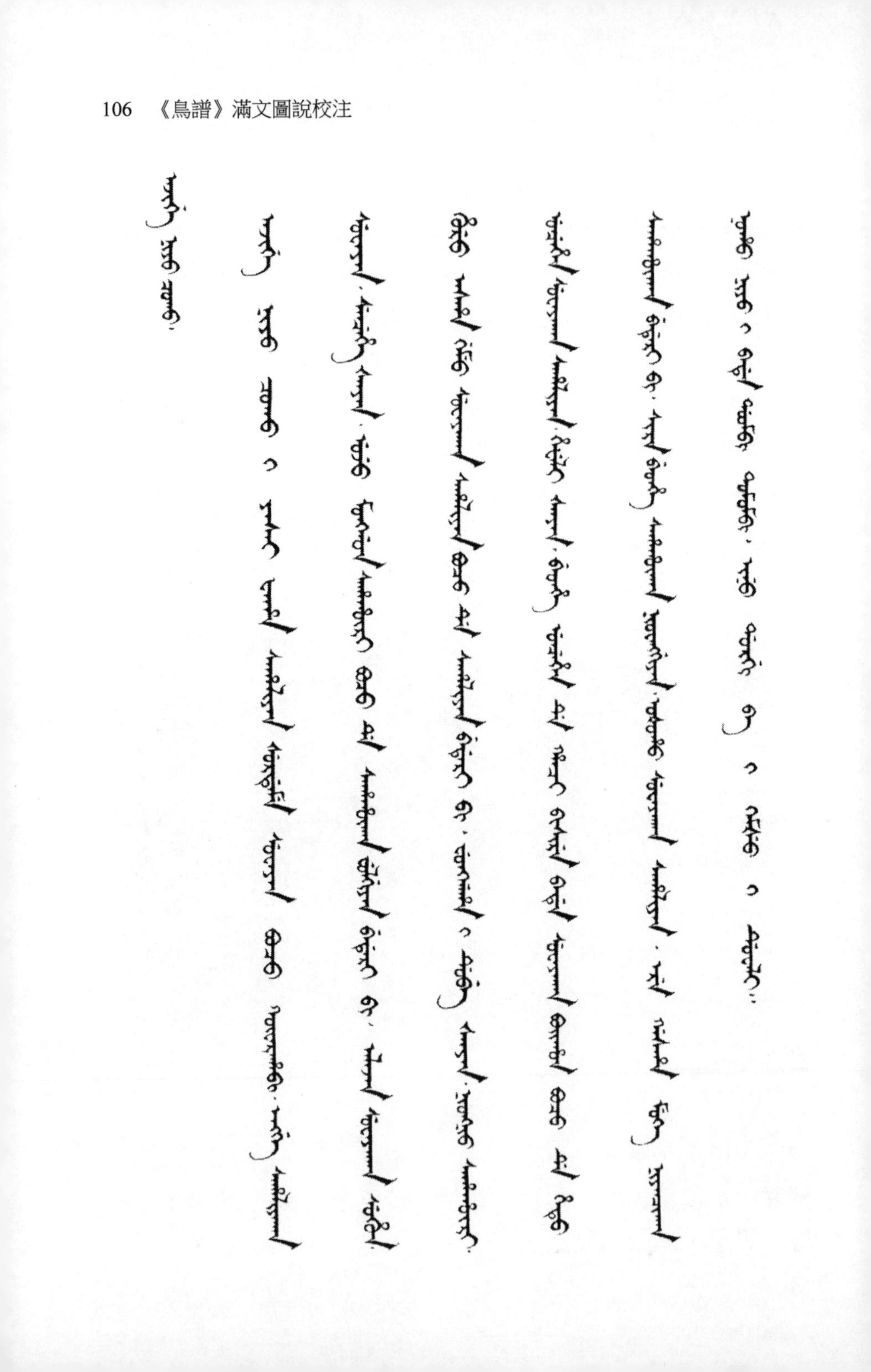

ajige nioy coko.

ajige niyo coko i yasai faha sahaliyan, šurdeme suwayan boco kūwarahabi, engge sahaliyakan suwayan, sencehe šanyan, uju, monggon sahahūri boco de sahahūkan fulgiyan bederi bi, alajan suwayakan suhun, huru, asha gemu suwayakan sahaliyan boco de sahaliyan bederi bi, funggaha i dube šanyan, niongnio sahahūri, uncehen suwayakan sahaliyan, hefeli šanyan, bethe uncehen de hanci bisire bade suwayakan boihon boco de hetu sahahūkan bederi bi, sira bethe sahahūkan niowanggiyan, ošoho suwayakan sahaliyan, ere gasha muke niyancikan noho niyo i bade doombi tomombi, inu dorgi ba i kemšu i duwali.

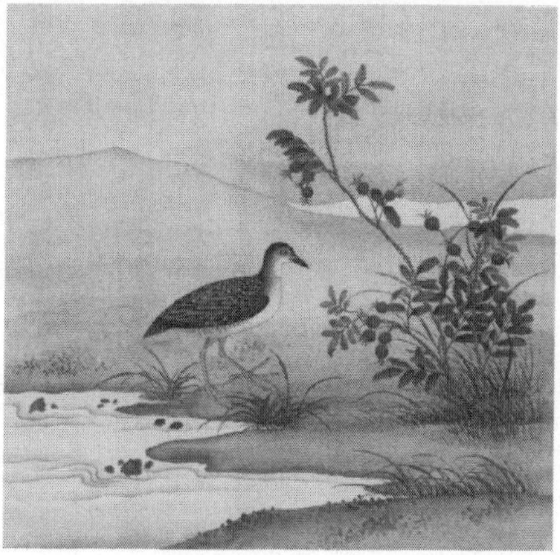

小水雞

小水雞，黑睛，黃暈，黑黃觜，白頷，蒼黑頂、項蒼赤斑，米黃臆，背及翅皆黃黑質黑斑，白尖[54]，蒼黑翮，黃黑尾，白腹，近足尾處土黃質橫蒼斑，蒼綠脛、足，黃黑爪。此鳥棲止水草漸洳之處，與內地𪃿雞同類。

54 白尖，滿文讀作"funggaha i dube šanyan"，意即「白毛尖」。

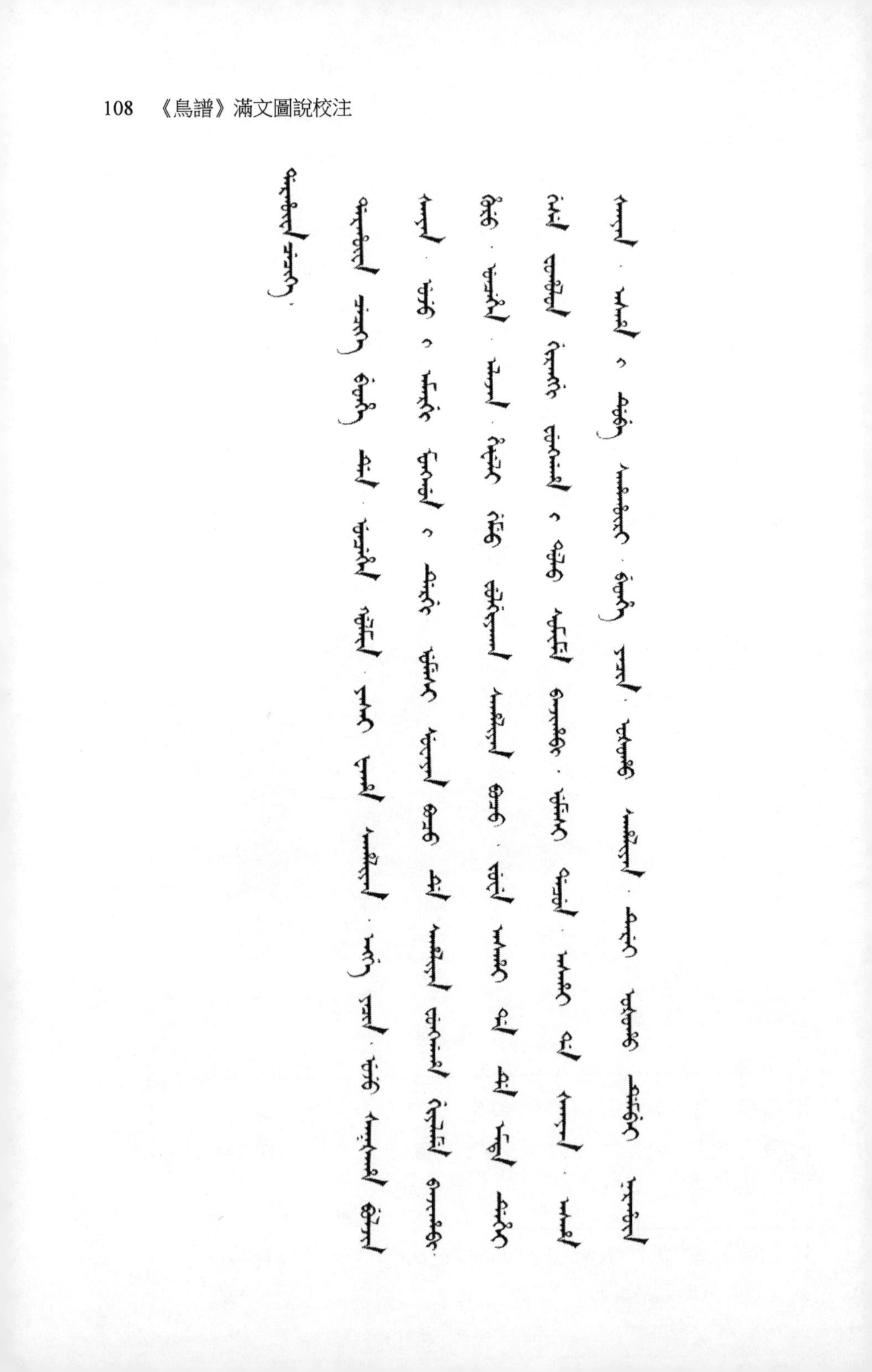

darhūwa cecike.

darhūwa cecike bethe den, uncehen golmin, yasai faha sahaliyan, engge yacin, uju, šakšaha buljin šanyan, uju i amargi monggon i dergi umesi suwayan boco de, sahaliyan funggaha giyalame banjihabi, huru, uncehen, alajan, hefeli gemu fulgiyakan sahaliyan boco, juwe ashai da de emte dehei gese foholon giranggi, funggaha i dolo somime banjihabi, umesi dacun, ashai da šanyan, asha šanyan, asha i dube sahahūri, bethe yacin, ošoho sahaliyan, terei ošoho dembei narhūn

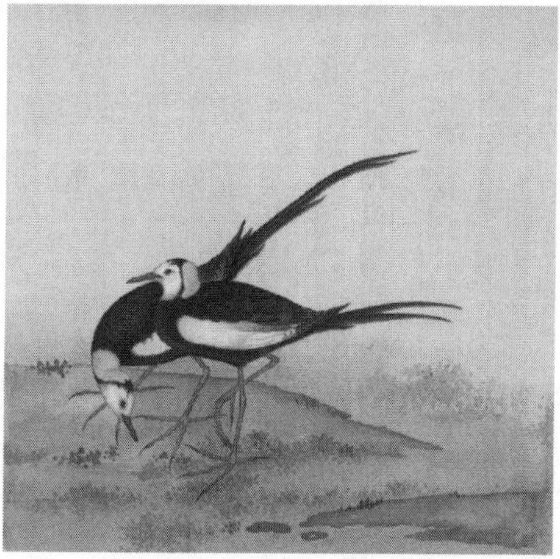

地烏

地烏，高腳，長尾，黑睛，青觜，頂、頰純白，腦後頂上作鵝黃色，中界以黑毛，背、尾、臆、腹俱紅黑色，兩肩各有一短骨鈎藏於毛中[55]，極銛利，白膊，白翅，翅尖蒼黑，青足，黑爪，其指爪纖細

55　兩肩，滿文讀作“juwe ashai da”，意即「兩膊」。

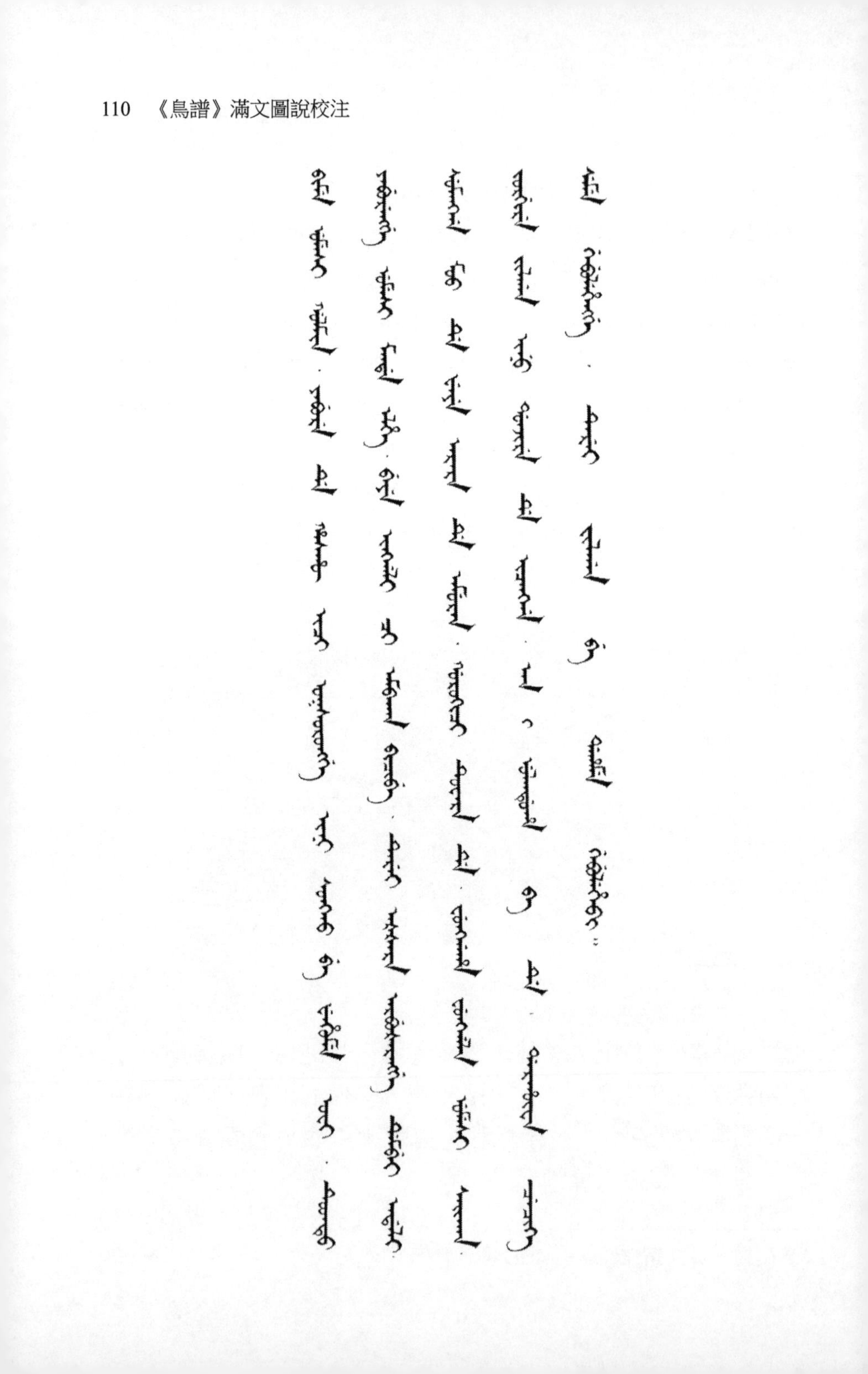

bime umesi golmin, yabure de hashū ici oksorongge ini songko be fehume ofi, tuttu yaburengge umesi manda elhe, beye inggali ci ambakan bicibe, terei aššara arbušarangge dembei adali, sumangga moo de feye arara de amuran, gorokici tuwara de funggaha funggala umesi saikan, jorgire jilgan inu donjire de icangga, an i ulanduha ba de, darhūwa cecike seme gebulehengge, terei jilgan be dahame gebulehebi.

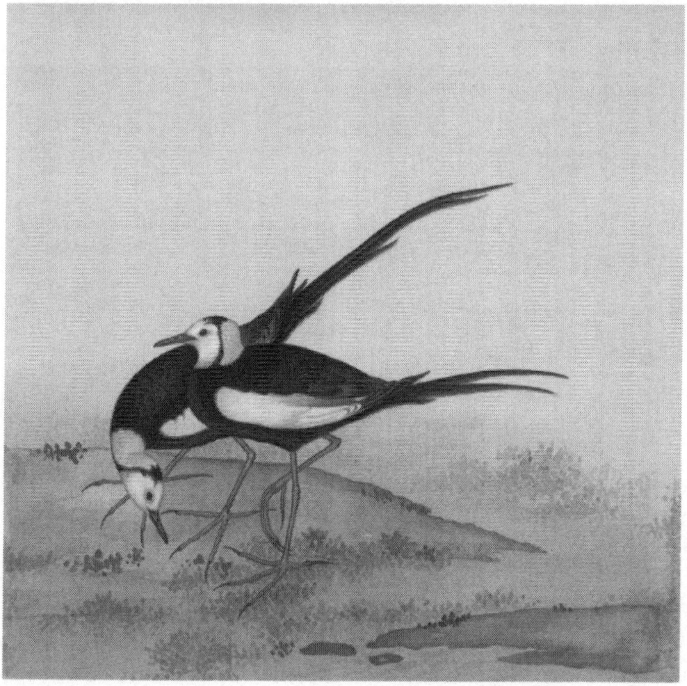

而最長，行則左右自踐其趾，故步極舒徐，身雖大於鶺鴒，其行動相似，最喜芡蕢葉上做巢，遠觀毛羽甚秀，鳴聲亦可聽，俗傳地烏之名，因其聲而命之也。

[illegible]

[illegible]

[illegible]

[illegible]

[illegible]

[illegible]

[illegible]

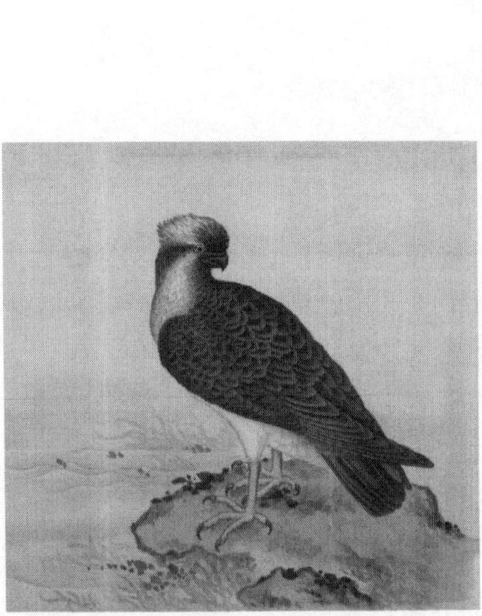

suksuhu, emu gebu mukei sisuhu, emu gebu dasuhu, emu gebu šanyan suksuhu.

suksuhu i amba ajige arbun dursun giyahūn de adali, yasa tumin suwayan, engge sahaliyan, engge i dube gohonggo, uju de sahahūkan šanyan alha funggaha cokcohon i banjihabi, monggon, huru, asha, uncehen gemu sahahūkan suwayan boco, meifen i fejergici alajan de isitala, sahahūkan šanyan boco, hefeli šanyakan fulenggi boco, bethe yacikan šanyan, ošoho sahaliyan, kemuni muke jakarame bade nimaha be jembi, ere uthai irgebun i suhen de giyang dung ni bade sisuhu seme hūlambi, giyang jubki i alin jakarame bade bifi nimaha be jetere de amuran sehengge inu. hancingga šunggiya i suhen de, sisuhu i beyei amba ajige hūsahū de adali, yasa šungkutu, yasai dergi giranggi serebume dukduhun, io jeo i bade dasihihu seme hūlambi sehebi. oktoi sekiyen i bithede, sisuhu emu gebu suksuhu sembi sehebi. lii ši jen̠ i henduhengge, sisuhu i arbun tuwara de sengguwecuke ofi, tuttu sisuhu sembi, damin i duwali, giyahūn de adali bime suwayakan boihon boco, yasa šungkutu cekcehun i ilire mangga, amila

---

魚鷹，一名水鶚，一名雕雞[56]，一名白鷹

魚鷹，大小形狀類鷹，深黃目，黑觜，勾吻，頂上矗起蒼白雜毛，項、背、翅、尾俱蒼黃色，頸下至臆蒼白色，腹下灰白色，青白足，黑爪，常在水邊食魚，即《詩》注：江東呼為鶚，好在江渚山邊食魚者也。《爾雅》注云：鶚，大小如鴟，深目，目上骨露，幽州謂之鷲。《本草綱目》云：鶚，一名魚鷹，一名雕雞[57]。李時珍曰：鶚狀可愕，故謂之鶚，雕類也，似鷹而土黃色，深目好峙，

---

56 雕雞，《清文總彙》滿文讀作“dasukū”，此作“dasuhu”，異。

57 一名雕雞，滿文缺譯。

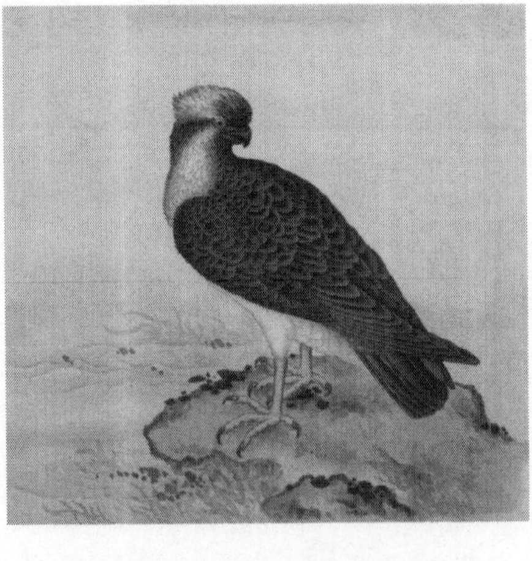

emile umesi gūlicibe dasihire de ilgabun bi, mukei dergide debsiteme amasi julesi deyeme nimaha be jafame jeme mutembi, giyangnan ba i niyalma, ere be nimaha be jetere suksuhu seme hūlambi sehebi. ha̠n gurun i suduri yang hiong ni ulabun bithe i suhen de, šanyan suksuhu, giyahūn de adali, uju de šanyan funggaha bi, uncehen i dubede inu šanyan sehebi, emu gebu mukei sisuhu sembi, emu gebu suksuhu sembi. tuwaci, te i forgon i jalan i urse i hūlara suksuhu i hacin duwali umesi labdu, terei ajige ningge oci, curbi gasha, buhere, nimargan, cuno gasha i jergi hacin bi, terei amba ningge oci, mutulhen, mulmen, suwan i jergi hacin bi, terei boco oci, yacin niowari šanyan bederingge jergi hacin bi, julge te i irgebun šu fiyelen de, gemu suksuhu i gebu be jorime arame baitalambihebi. yargiyan babe baicaci, suksuhu be mukei sisuhu obuci acambi.

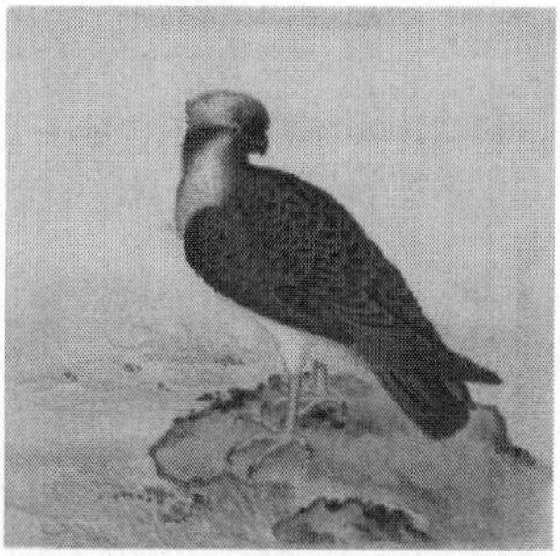

雄雌相得。鷙而有別，能翱翔水上捕魚食，江表人呼為食魚鷹。《漢書．楊雄傳》[58]注：白鷢，似鷹，頭有白毛，尾末亦白，一名水鶚，一名魚鷹。案：今俗所稱魚鷹種類甚多，其小者有翠碧、魚狗、魚虎、翠奴之屬。其大者有海鶻、海鷂、鸕鷀之屬，其色有青、有翠、有白、有斑，古今詩文皆假借魚鷹之名，其實魚鷹當以水鶚為正也。

58 《漢書．楊雄傳》，句中「楊雄」，當作「揚雄」。

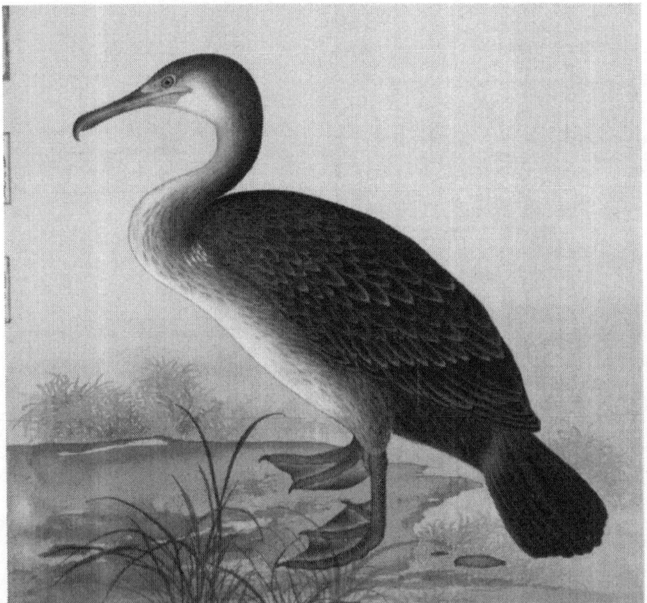

suwan, emu gebu muke gaha, emu gebu garici,
emu gebu muke gahacin, emu gebu yacisu.

suwan i yasai faha sahaliyan, šurdeme yacikan sahaliyan boco kūwarahabi, yasai hūntahan suwayan, šakšaha suwayan, engge suwayakan sahaliyan, engge i dube gohonggo, engge i da tumin suwayan, uju, monggon sahahūri, huru, asha sahahūri, funggaha i dube de narhūn šanyan alha bi, uncehen sahahūri, sencehe šanyan, alajan, hefeli sahahūkan šanyan boco de sahahūri alha bi, ebci i fejergi jai uncehen de hanci bisire hefeli i funggaha, gemu sahahūri boco, bethe ošoho sahaliyan, duin ošoho holbome hashū ici ergi gemu dorgi baru forome banjihabi, ere gasha muke de irufi nimaha be jafame mutembi, terei konggolo umesi amba, ajige nimaha be emu hiyase funceme baktaci ombi, giyangnan i ba nimaha butara urse erebe ujime ajige jahūdai i juwe ergi jerin de hūwaitambi, emke jahūdai de ududu de isinarangge bi, gemu futa i konggolo be hūwaitafi nimaha be ini hefeli de dosimburakū obumbi, ilhi anan i muke de sindaha manggi, jahūdai i undehen be forime jilgan tucibufi muke de dosimbumbi, nimaha be konggolo de jalukiyame

---

鸕鷀，一名水鳥，一名鷧，一名水老鴉，一名烏鬼鸕鷀，黑睛，青黑暈，黃眶，黃頰，黃黑觜，勾喙，觜根深黃，蒼黑頂、項，蒼黑背、翅，毛末有細白紋，蒼黑尾，白頷，蒼白臆、腹黑蒼紋，脅下及近尾腹毛俱蒼黑色，黑足、爪，四趾連蹼，左右內向，此鳥能沒于水底取魚，其嗉甚大，可藏小魚升許，南方漁家養畜之，以小舟架于兩旁，一舟至十數隻，俱以繩繫其嗉下令魚不得入腹，以次放入水，擊船版作聲驅之，汨沒得魚滿嗉

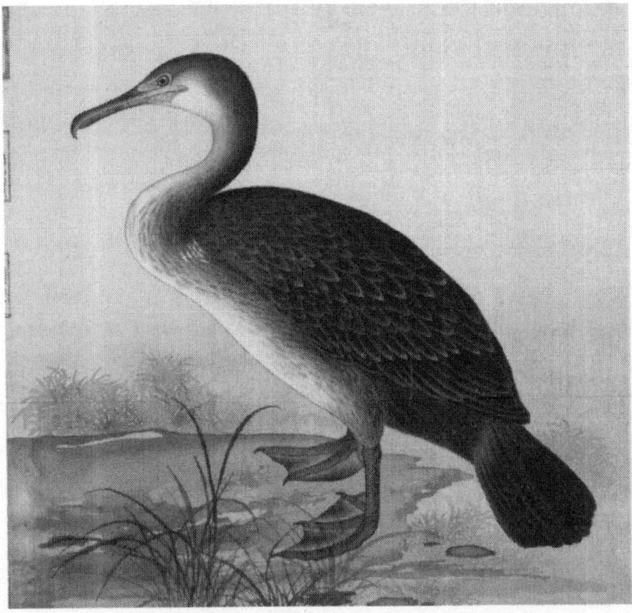

baha manggi, mukei oilorgi de fekuceme godome bisire de, niyalma terei konggolo be tatafi nimaha be tucibufi, geli cuse moo i cikten i bašame muke de dosimbumbi, yaya nimaha ini konggolo de dosika manggi, esihe gemu niyambi, wa inu umesi nincuhun ofi, asuru amtan akū, giyangnan i bade gahacin sembi, nimaha i hūda asu i butarangge ci ja, kemuni umesi kiyangkiyan etuhun ningge bi, orin gūsin ginggen i amba nimaha be ucaraha manggi, juwe ilan suwan dahalame, damu engge i terei hefeli julergi i juwe fethe be congkimbi, juwe fethe efujehe manggi, nimaha uthai yabume muterakū ombi, muke de dekdehe manggi, nimaha butara niyalma deheleme gaimbi. hancingga šunggiya de karasu sehe be suhe bade, uthai suwan inu, engge i dube watangga ici gohon i adali, nimaha be jembi sehebi. ts'ang giyei i fiyelen de, suwan kūtan de adali bime sahaliyan, emu gebu garici sembi sehebi. oktoi sekiyen i bithede henduhengge, suwan baba i muke de noho bade gemu bi, boco gaha de adali sahaliyan sehebi. tuwaci, hergen i

---

則撥躍水面，人即提其嗉倒魚出之，又以竹竿逐之入水，凡魚入其吭嗉，鱗甲即爛，氣亦甚鯹而無味，南方謂之老鴉，魚，價賤于網罩者也。其有極健猛者，遇二、三十斤大魚，則兩三鸕鷀隨之，但以觜鑯其前腹分水兩翅，兩翅殘破，則魚不能游泳，浮起水上，漁人鈎取之也。《爾雅》鶿鷧，注云：即鸕鷀也，觜頭曲如鈎，食魚。《蒼頡篇》：鸕鷀似鶂而黑，一名鷧。《本草綱目》云：鸕鷀處處水鄉有之，色黑如鴉。

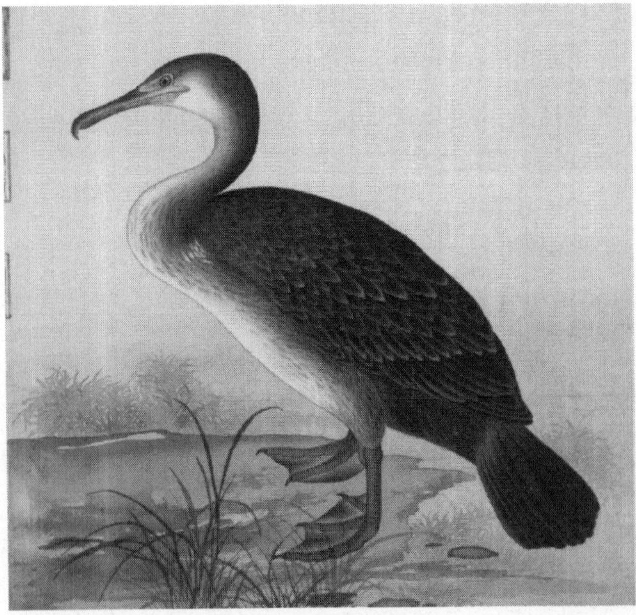

mudan i bithede, lu sere nikan hergen, ts'y sere nikan hergen i gūnin gemu sahaliyan boco ofi, tuttu suwan seme gebulehebi, geli garici seme gebulehebi, terei jilgan beyebe hūlambi, inu muke gahacin seme hūlambi, engge i dube golmin bime majige watangga, muke de irufi nimaha be jafame bahanambi, inenggi šun de bira jubki de imiyambi, dobori bujan moo de tomombi, goidaha manggi, erei fajan i ehe horon de moo be olhobure de isinarangge labdu sehebi. (enculeme ejehe bithede henduhengge, suwan i siten be šušun sembi, dere i mersenehe caranaha jai halaha bushenehe toron be geterembuci ombi.) giyangnan ba i nimaha butara jahūdai de kemuni ududu juwan be hūwaitame ujifi, nimaha be jafabumbi sehebi. hancingga šunggiya i fisen de, suwan emu gebu muke gaha sembi, boco tumin sahaliyan, sakdakan manggi, uju, asha ulhiyen i šarambi sehebi. ememu ursei hendurengge, šanyan ningge, sahaliyan ningge daci juwe hacin, geli emu hacin i uju meihe de adali ningge bi, terei meifen umesi golmin, tuweri forgon de funggaha wacihiyame tuhefi, birai dalin i moo de tomombi, holkonde niyalma be ucaraci deyeme muterakū ofi, uthai muke de

---

按《韻書》盧與茲皆黑色，故名鸕鷀，又名鶿，其聲自呼也，亦名水老鴉；長喙微曲，善沒水取魚，日集洲諸〔渚〕，夜巢林木，久則糞毒多，令木枯也。(《別錄》云：鸕鷀尿名蜀水花，去面上黑䵟、黶誌及湯火瘡痕。）南方漁舟往往縻畜數十，令其捕魚。《爾雅翼》云：鷀，一名水烏，色深黑，老則頭翼漸白。或曰白黑，自是兩種。又有一種，頭如蛇，其頸頗長，冬日羽毛落盡，栖溪岸木上，卒遇人不能去，

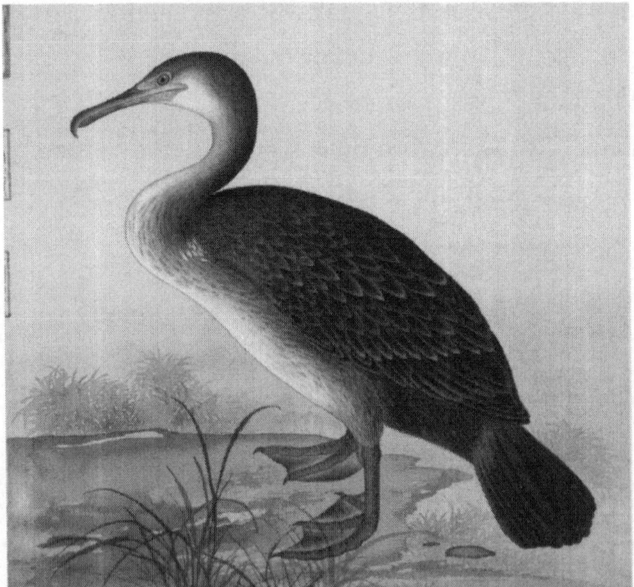

fekume tuhefi, an i songkoi mukede irume mutembi, te šu bai muke de hanci tehe urse ujirengge labdu, futa i konggolo be hūwaitafi arkan seme ajige nimaha be nunggebume, amba nimaha oci nunggeme muterakū obufi, nimaha be jafabufi tucibuhe manggi, dasame unggimbi, jorišame takūrara de gemu niyalmai gūnin de kek sembi, nimaha bahafi bedererakūngge bici, ini duwali uthai congkime bederebumbi, nimaha butara niyalma juwan udu ujihe de inenggidari nimaha be ududu ginggen bahaci ombi, tuttu seme nimaha ini bilha ci tucike manggi, nincuhun niyarhūn ofi amtan akū, muke ci tucike amala terei asha be debsitere de amuran, wehe de dayanafi fiyakiyambi sembi. ejehe gisuren de henduhengge, du šoo ling ni kui jeo de irgebuhe irgebun de, boo tome yacisu be ujimbi, budalara dari nimaha be jembi sehe. tuwaci, kui jeo i nirugan nomun de, u giya bai niyalma, suwan be yacisu seme hūlambi, bi šu i bade bisire de, niyalmai boode suwan be ujifi nimaha be jafabuha be sabuha babi, uthai yacisu ojoro be sahakūbi sehebi.

則自擲入水，汨沒如常。今蜀中臨水居者多畜養之，以繩約其吭，纔通小魚，其大魚不可得下，呼而取之，乃復遣去，指顧皆如人意，有得魚而不以歸者，其類喙而使之歸，漁者養數十頭，日得魚可數十斤，然魚出咽，鯹涎不美，出水之後，好張其翅，就石上暴之。《筆談》云：少陵夔州詩云：家家養烏鬼，頓頓食黃魚。按《夔州圖經》稱：峽中人謂鸕鷀為烏鬼，予在蜀中，見人家養鸕鷀使捕魚，不知即烏鬼也。

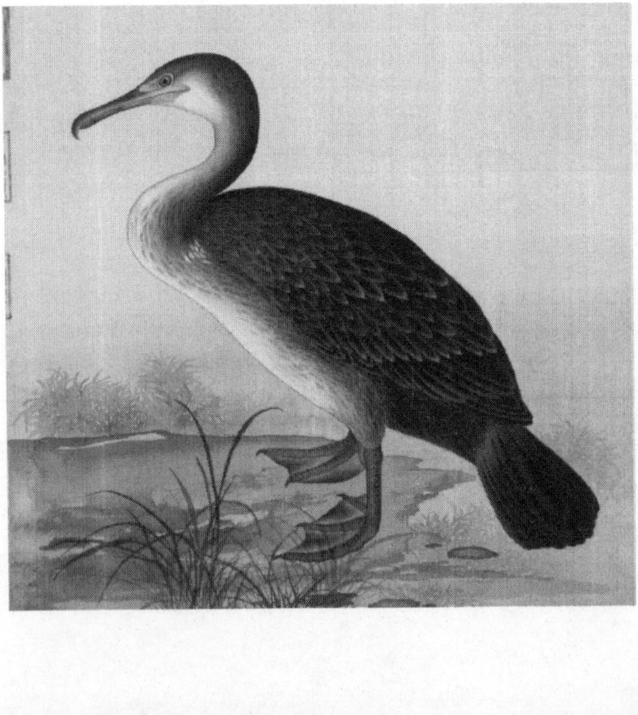

jakai giyan be buyarame ejehe bithede henduhengge, suwan ninggun biyade šahūrun de sengguwembi, ujire niyalma kubun i hūsime halhūri i ulebumbi, bolori tuweri forgon muke de dosimbufi nimaha be jafabumbi, ere umhan be gidara de juwari forgon de gidambi, hūsun etuhun ningge, amba nimaha i yasai faha be congkifi, terei emgi dekdeme yabume ududu suwan aisilame jafame tucibumbi sehebi. oktoi sekiyen i tašaraha babe tuwancihiyaha bithede, dzung ši i henduhengge, niyalma i hendurengge, suwan angga ci deberen be oksimbi sembi, fung jeo de hafan tehe fonde, siden i yamun i amargi emu amba moo i ninggude suwan i feye bi, inenggidari tuwara de inu acame mutembime, na de geli niowanggiyan umhan i notho bi, uttu oci tebku ci banjimbi sere gisun be yargiyan i akdaci ojorakū kai sehebi. tai ping forgon i duwalibun bithede, cilire nimeku dasara de suwan i engge be baitalambi, hagara nimeku be dasara de suwan i dethe be baitalambi sehebi. ere ainci jaka i banin ishunde eterengge dere.

《物理小識》云：鸕鶿，六月畏寒，養之者以絮裹之，餵以胡椒，秋冬乃放之入水捕魚，其抱子在夏[59]，力強者，能啄大魚之睛，隨其浮游，而數鸕鶿制之以上。《本草正誤》宗奭云：人言鸕鶿口吐雛。常官于澧州公廨後有一大木上有鸕鶿巢，日夕視之，既能交合，又有碧卵殼布地，胎生之說，殊不足信也。《太平御覽》云[60]：治咽用鸕鶿喙[61]，治哽用鸕鶿羽，物性相制也。

---

59 抱子在夏，滿文讀作“umhan be gidara de juwari forgon de gidambi”，意即「孵卵在夏」。

60 太平御覽，滿文讀作“tai ping forgon i duwalibun bithede”，意即《太平類編》。

61 治咽，滿文讀作“cilire nimeku dasara de”，意即「治噎食病」。

《鳥譜》第十冊畫冊

《鳥譜》第十冊畫冊

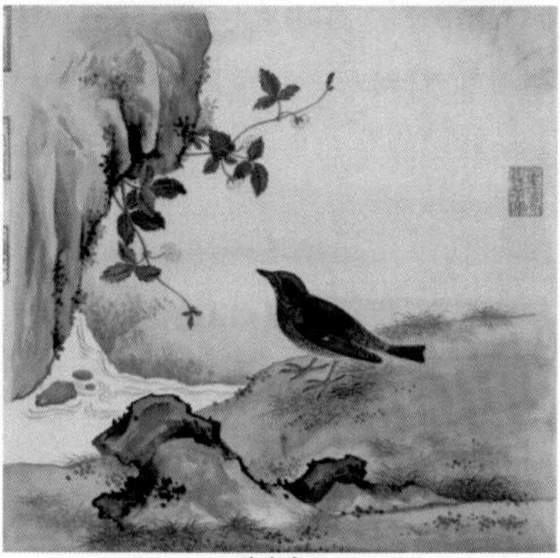
翠鳥

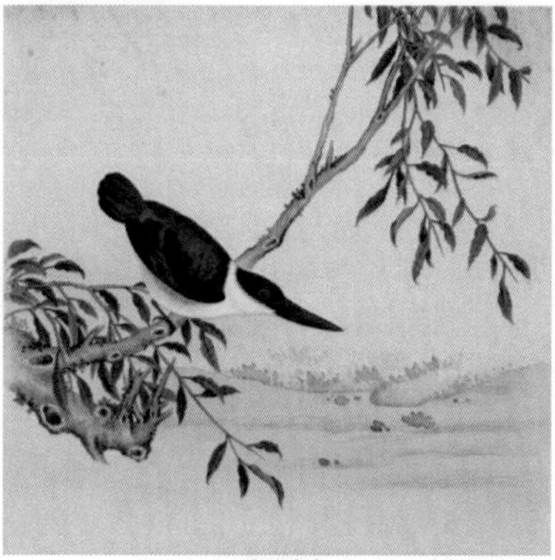
南翠

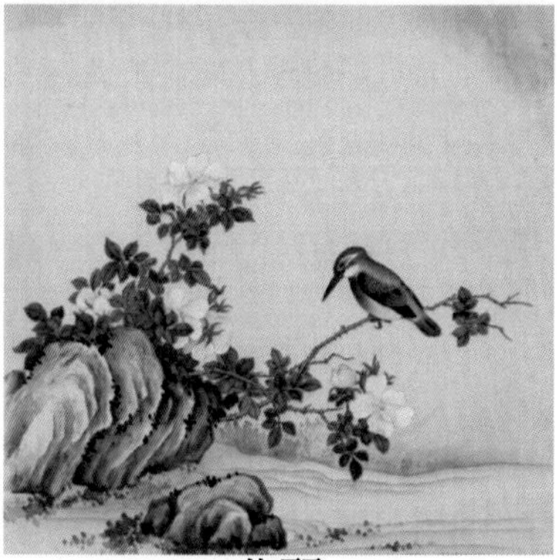
北翠

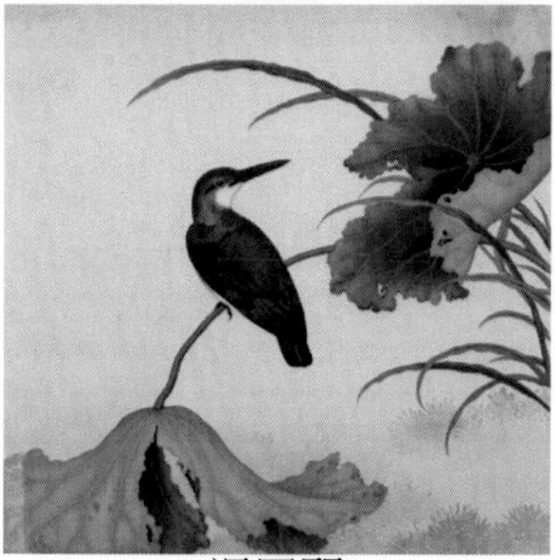
暹羅翠

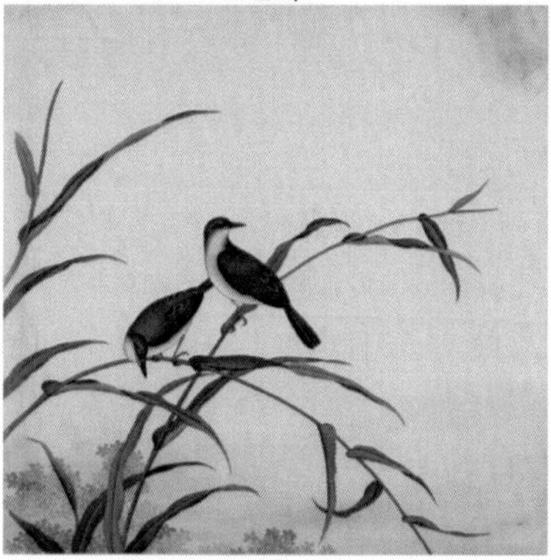
水喳子

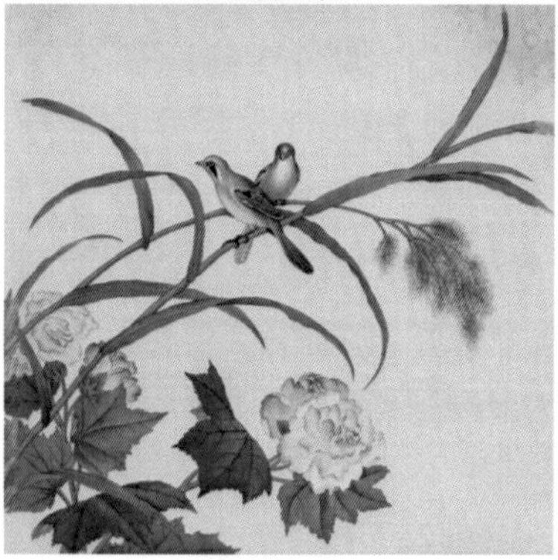
蘆葦鳥

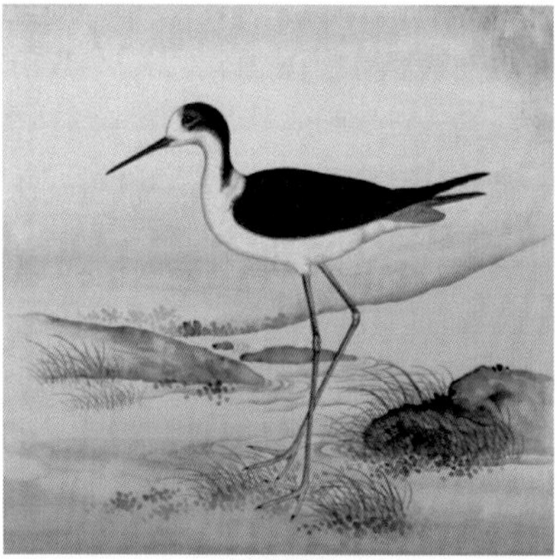

水喜鵲

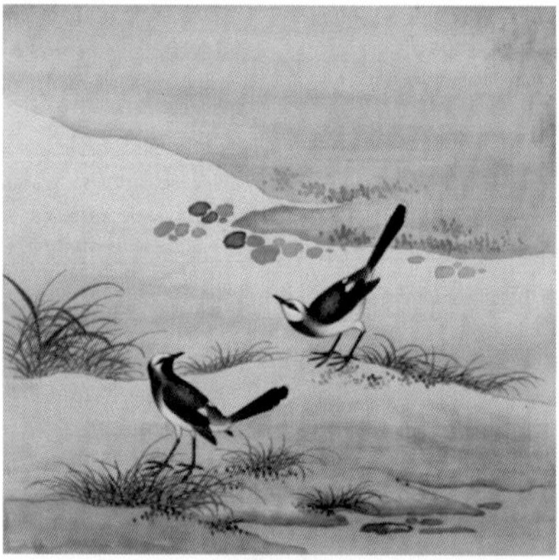

鶺鴒

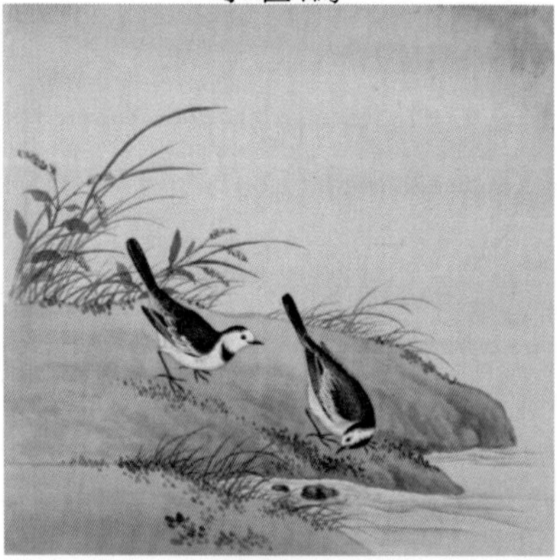

蘿蔔花

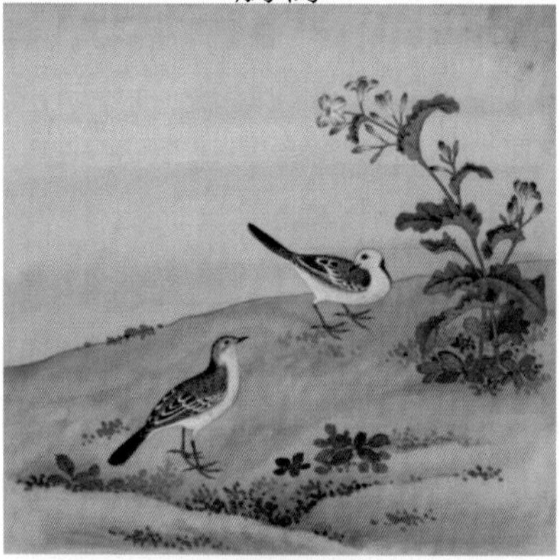

黃蘿蔔花

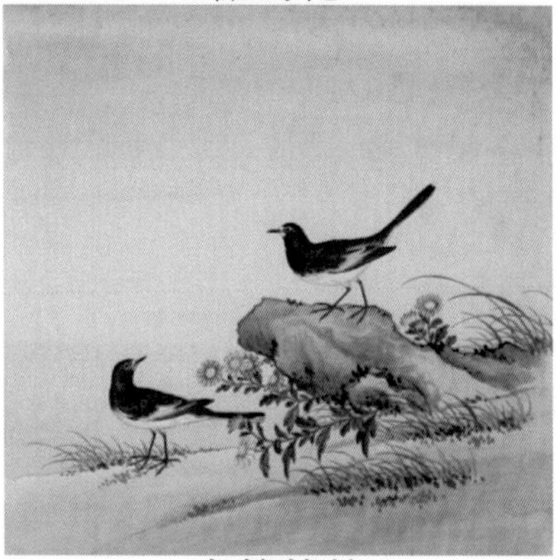

青蘿蔔花

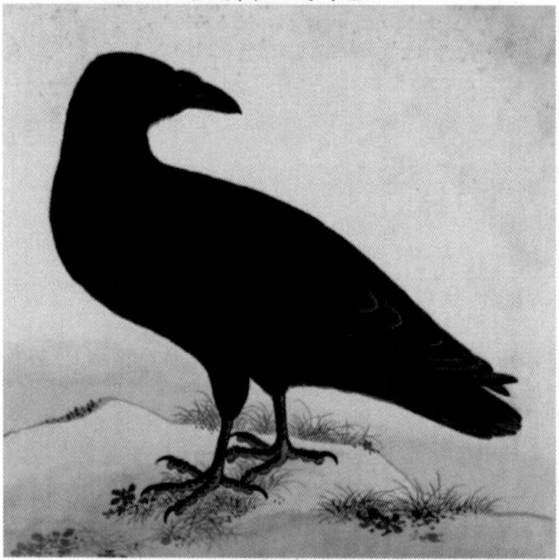

慈烏

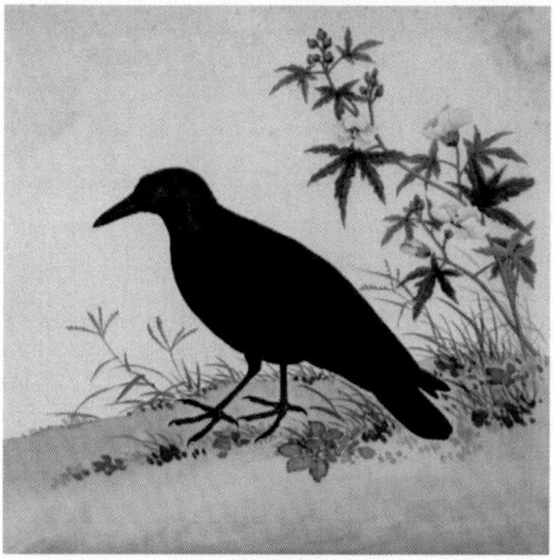

烏鴉

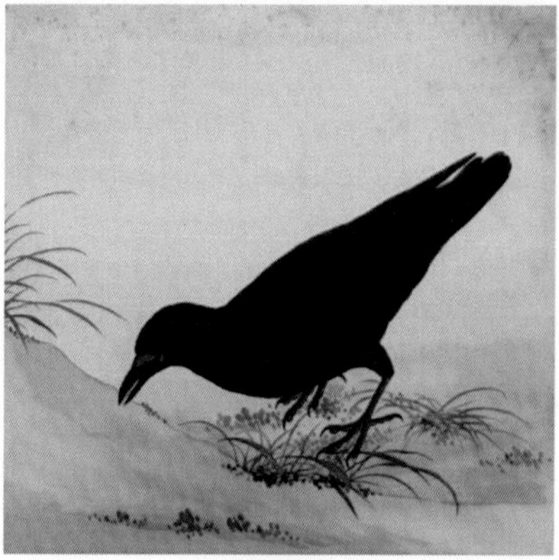

青鴉

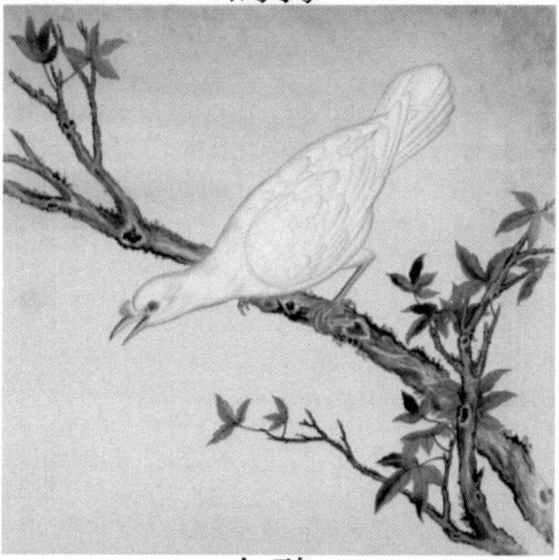

白鴉

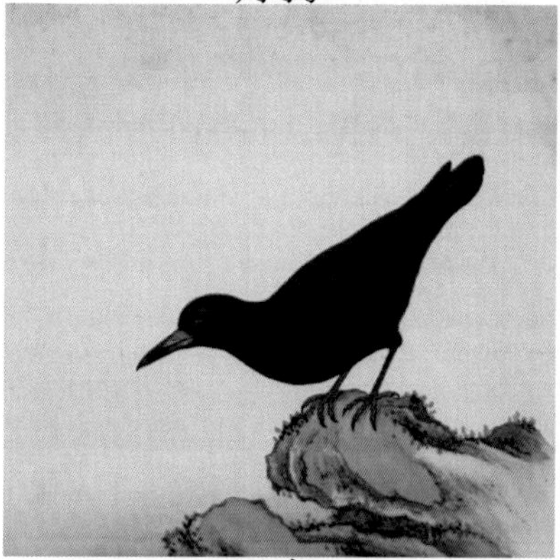

元烏

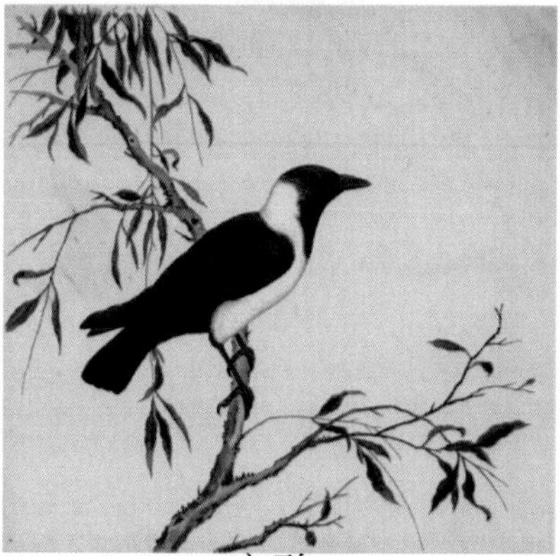

寒鴉

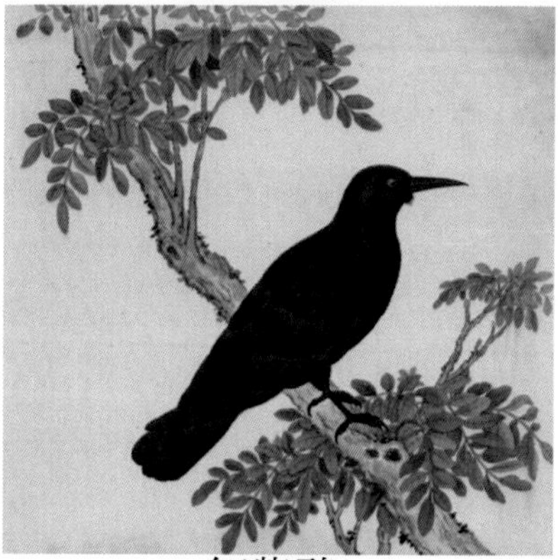

紅觜鴉

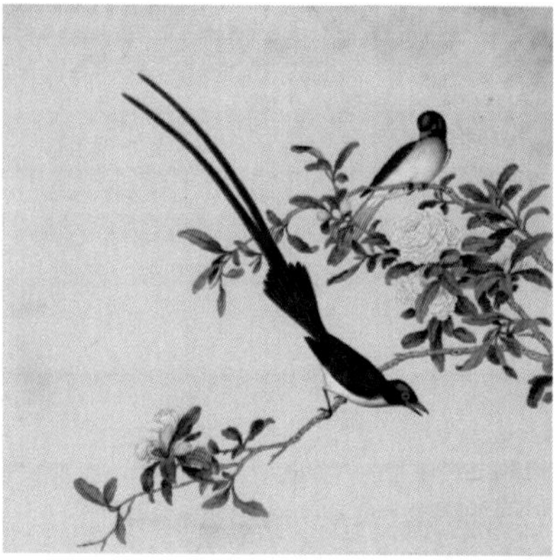

紫練

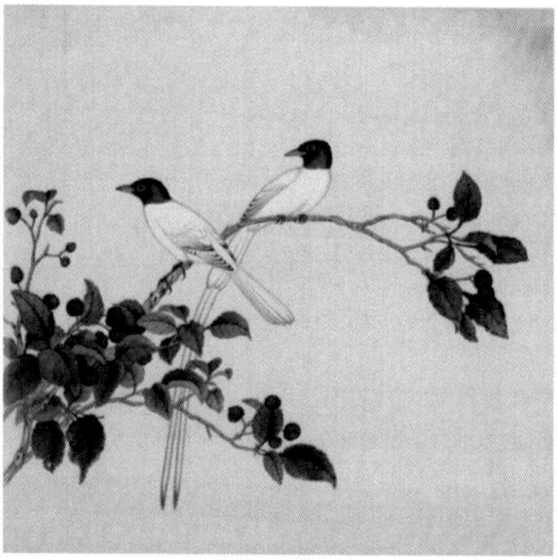

白練

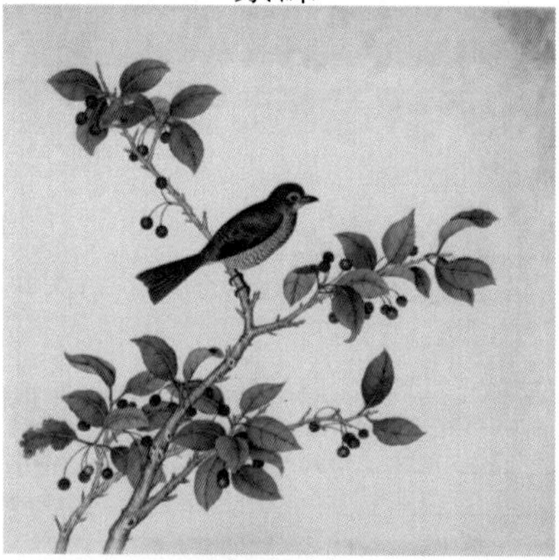

火不刺

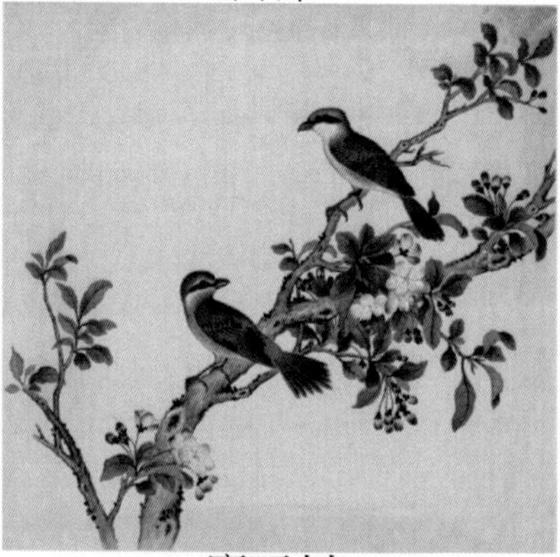

鷹不刺

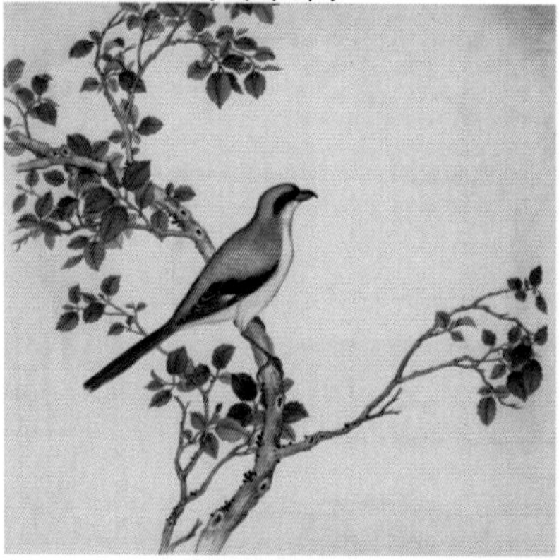

錦背不刺

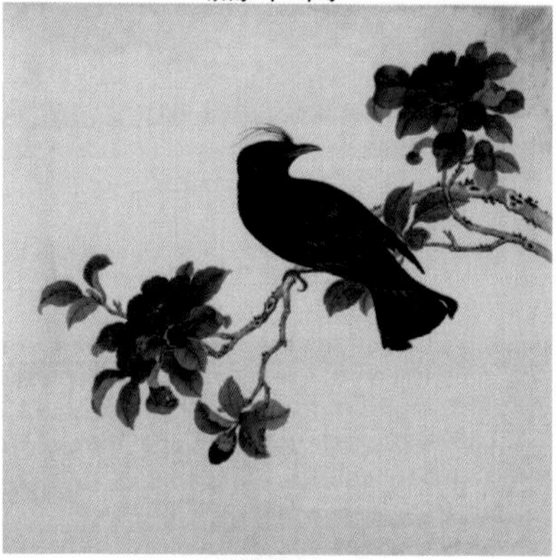

鷺雞

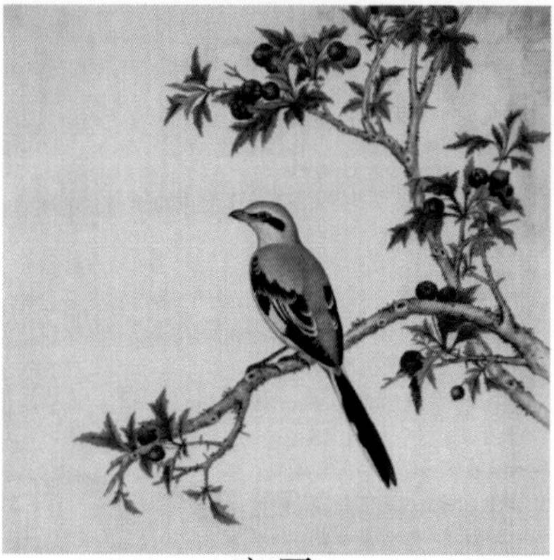
寒露

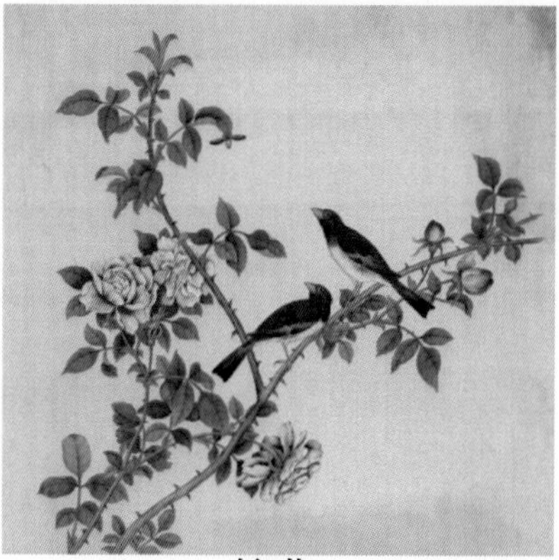
錦背

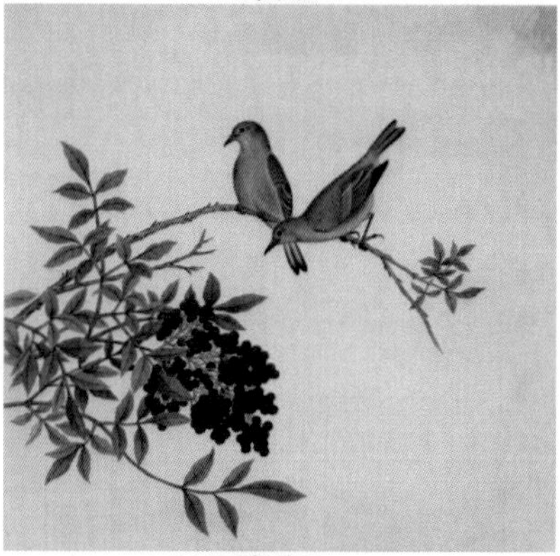
綠鳥

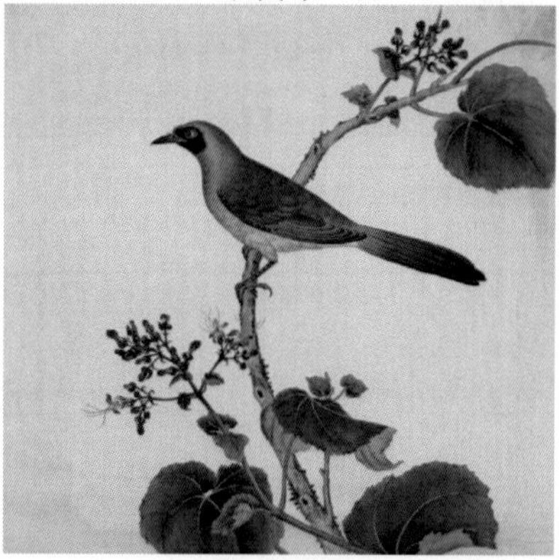
兆兆雀

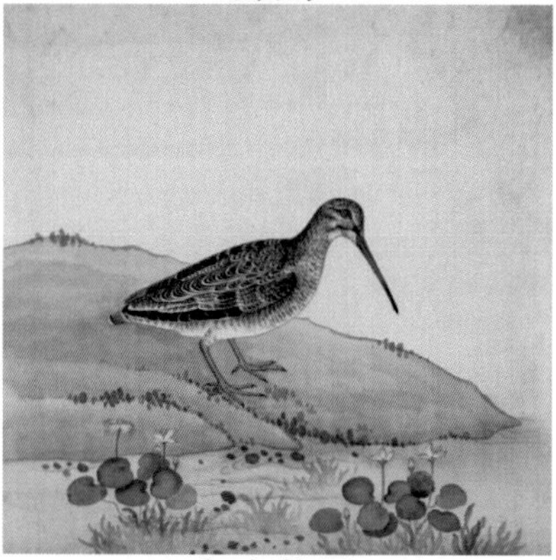
大水札子

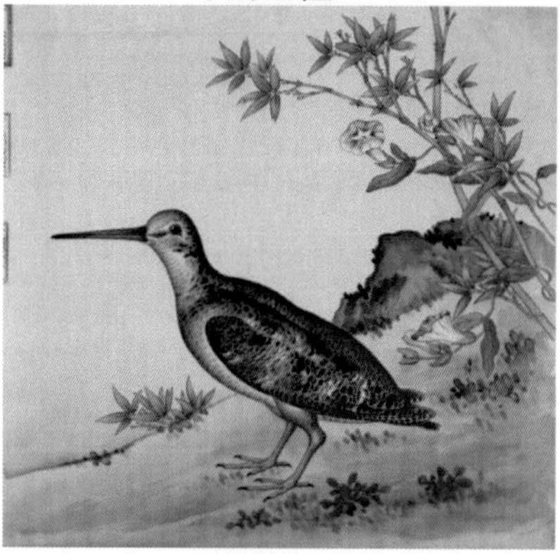
樹札子

鳥類漢滿名稱對照表（十）

順次	漢文	滿文	羅馬字轉寫	備註
1	翠鳥	ᡠᠯᡤᡳᠶᠠᠨ ᠴᡝᠴᡳᡴᡝ	ulgiyan cecike	
2	翡鳥	ᡥᠠᡳᠯᡠᠨ ᠴᡝᠴᡳᡴᡝ	hailun cecike	
3	南翠	ᠵᡠᠯᡝᡵᡤᡳᠩᡤᡝ ᡠᠯᡤᡳᠶᠠᠨ ᠴᡝᠴᡳᡴᡝ	julergingge ulgiyan cecike	
4	鴗	ᡠᠯᡤᡳᠶᠠᡵᡳ ᠴᡝᠴᡳᡴᡝ	ulgiyari cecike	
5	天狗	ᡧᠣᡶᠣᡵᠣ ᠴᡝᠴᡳᡴᡝ	šoforo cecike	
6	魚虎	ᠨᡳᠮᠠᡵᡤᠠᠨ	nimargan	
7	翠奴	ᠴᡠᠨᠣ ᡤᠠᠰᡥᠠ	cuno gasha	

順次	漢文	滿文	羅馬字轉寫	備註
8	翠碧鳥	ᠴᡠᡵᠪᡳ ᡤᠠᠰᡥᠠ ᠴᡝᠴᡳᡴᡝ	curbi gasha cecike	
9	北翠	ᠠᠮᠠᡵᡤᡳᠩᡤᡝ ᡠᠯᡤᡳᠶᠠᠨ ᠴᡝᠴᡳᡴᡝ	amargingge ulgiyan cecike	
10	魚狗	ᠪᡠᡥᡝᡵᡝ	buhere	
11	魚師	ᠨᡳᠮᠠᠰᡳ	nimasi	
12	翠鷸	ᠯᠠᠮᡠᠨ ᡠᠯᡤᡳᠶᠠᠨ ᠴᡝᠴᡳᡴᡝ	lamun ulgiyan cecike	
13	暹羅翠	ᠰᡳᠶᠠᠨ ᠯᠣ ᡤᡠᡵᡠᠨ ᡳ ᡠᠯᡤᡳᠶᠠᠨ ᠴᡝᠴᡳᡴᡝ	siyan lo gurun i ulgiyan cecike	

順次	漢文	滿文	羅馬字轉寫	備註
14	水喳子	ᡴᠠᡵᡴᠠ ᠴᡝᠴᡳᡴᡝ	karka cecike	
15	葦喳子	ᡠᡵᡴᠠ ᠴᡝᠴᡳᡴᡝ	urka cecike	
16	鳭鷯	ᡩᡳᡵᡴᠠ ᠴᡝᠴᡳᡴᡝ	dirka cecike	
17	鷦鷯	ᠵᡳᡵᡴᠠ ᠴᡝᠴᡳᡴᡝ	jirka cecike	
18	剖葦	ᡠᡴᡳᠶᠠᡴᠠ ᠴᡝᠴᡳᡴᡝ	ukiyaka cecike	
19	蘆虎	ᠯᡠᡥᡠ ᠴᡝᠴᡳᡴᡝ	luhu cecike	
20	桃蟲	ᡨᠣᠮᡳᡴᠠ ᠴᡝᠴᡳᡴᡝ	tomika cecike	
21	黃雀	ᠰᡠᠸᠠᠶᠠᠨ ᡤᠠᠰᡥᠠ	suwayan gasha	

順次	漢文	滿文	羅馬字轉寫	備註
22	鶻鵃	ᡳᡨᡠᡵᡳ ᡴᡝᡴᡠᡥᡝ	ituri kekuhe	
23	鳲鳩	ᡤᡠᠵᡝᡥᡝ	gujehe	
24	雕	ᡩᡠᠮᡳᠨ	dumin	
25	鳩	ᡩᡠᡩᡠ	dudu	
26	蘆葦鳥	ᡨᠠᡵᡥᠠ ᠴᡝᠴᡳᡴᡝ	tarha cecike	
27	鴱	ᠠᡳᠮᡳᡴᠠ ᠴᡝᠴᡳᡴᡝ	aimika cecike	
28	鳥[illegible]	ᠵᠣᡵᡥᠣ ᠴᡝᠴᡳᡴᡝ	jorho cecike	
29	巧婦	ᡶᠠᡴᠰᡳ ᠴᡝᠴᡳᡴᡝ	faksi cecike	
30	桑飛	ᠨᡳᠶᠠᡥᠠᡵᡳ ᠴᡝᠴᡳᡴᡝ	niyahari cecike	

順次	漢文	滿文	羅馬字轉寫	備註
31	鵖鷑	ᡤᡳᠶᠠᡥᡡᡥᠠ ᠴᡝᠴᡳᡴᡝ	giyahūha cecike	
32	工爵	ᡶᠠᡵᡥᠠ ᠴᡝᠴᡳᡴᡝ	farha cecike	
33	過嬴	ᡤᡝᠶᡝᠩᡤᡝ ᠴᡝᠴᡳᡴᡝ	geyengge cecike	
34	女鴎	ᠰᡳᡵᡤᠠᠵᡳ ᠴᡝᠴᡳᡴᡝ	sirgaji cecike	
35	襪爵	ᡶᠣᠮᠣᠨ ᠴᡝᠴᡳᡴᡝ	fomon cecike	
36	水喜鵲	ᠨᡳᠶᠣ ᠰᠠᡴᠰᠠᡥᠠ	niyo saksaha	

順次	漢文	滿文	羅馬字轉寫	備註
37	長脚娘	ᠰᡳᡵᠠᡨᠠ ᠰᠠᡴᠰᠠᡥᠠ	sirata saksaha	
38	鶺鴒	ᡳᠩᡤᠠᠯᡳ	inggali	
39	雝渠	ᠶᠣᠩᡴᡳᡵᡳ ᡳᠩᡤᠠᠯᡳ	yongkiri inggali	
40	點尾	ᡧᡝᡵᠰᡝᠨ ᡳᠩᡤᠠᠯᡳ	šersen inggali	
41	蘿蔔花	ᠶᠠᠩᡤᠠᠯᡳ	yanggali	
42	連錢	ᠵᡳᡥᠠᡵᡳ ᠶᠠᠩᡤᠠᠯᡳ	jihari yanggali	
43	雪姑	ᠨᡳᠮᠠᡵᡳ ᠶᠠᠩᡤᠠᠯᡳ	nimari yanggali	

順次	漢文	滿文	羅馬字轉寫	備註
44	黃蘿蔔花	ᠠᡳᠰᡳᠨ ᠶᠠᠩᡤᠠᠯᡳ	aisin yanggali	
45	青蘿蔔花	ᠶᠠᠴᡳᠨ ᠶᠠᠩᡤᠠᠯᡳ	yacin yanggali	
46	錢母	ᡨᠣᠪᡨᠣᡴᠣ ᠶᠠᠩᡤᠠᠯᡳ	tobtoko yanggali	
47	鵪雀	ᡝᠯᡥᡝᡵᡥᡝᠨ	elherhen	
48	白鶺鴒	ᡧᠠᠨᠶᠠᠨ ᠶᠠᠩᡤᠠᠯᡳ	šanyan yanggali	
49	黃鶺鴒	ᠰᡠᠸᠠᠶᠠᠨ ᡳᠩᡤᠠᠯᡳ	suwayan inggali	
50	青鶺鴒	ᠶᠠᠴᡳᠨ ᡳᠩᡤᠠᠯᡳ	yacin inggali	

順次	漢文	滿文	羅馬字轉寫	備註
51	慈烏	ᡥᠣᠯᠣᠨ ᡤᠠᡥᠠ	holon gaha	
52	烏鴉	ᡤᠠᡥᠠ	gaha	
53	孝烏	ᡥᡳᠶᠣᠣᡧᡠᡵᡳ ᡤᠠᡥᠠ	hiyoošuri gaha	
54	慈鴉	ᠵᡳᠯᠠᡵᡳ ᡤᠠᡥᠠ	jilari gaha	
55	賈鴉	ᡤᡳᠶᠠᠯᡳᠨ ᡤᠠᡥᠠ	giyalin gaha	
56	燕烏	ᠴᡳᠪᡳᡥᠠ	cibiha	
57	倉頭	ᠮᠠᡥᠠᠯᠠ ᡤᠠᡥᠠ	mahala gaha	
58	楚烏	ᠴᡠᠯᡳᠨ ᡤᠠᡥᠠ	culin gaha	
59	阿雛烏	ᡝᠪᡨᡝ ᡤᠠᡥᠠ	ebte gaha	
60	烏鵶	ᠶᠠᠯᡤᠠᠨ	yalgan	

順次	漢文	滿文	羅馬字轉寫	備註
61	秃拉氣	ᡨᡠᡵᠠᡴᡳ	turaki	
62	青鴉	ᠶᠠᠴᡳᠨ ᡤᠠᡥᠠ	yacin gaha	
63	蒼烏	ᠮᠠᠩᡴᠠᡵᠠ ᡤᠠᡥᠠ	mangkara gaha	
64	寒鴉	ᡨᠠᠩᡤᡡᡥᠠ	tanggūha	
65	白頸烏	ᠴᠠᡴᡡᠯᠣᠨ	cakūlon	
66	巨觜烏	ᠠᠮᠪᠠ ᡝᠩᡤᡝ ᡤᠠᡥᠠ	amba engge gaha	
67	赤觜烏	ᡶᡠᠯᡤᡳᠶᠠᠨ ᡝᠩᡤᡝ ᡤᠠᡥᠠ	fulgiyan engge gaha	
68	鸀	ᠴᠣᠣᠯᠣᠨ ᡤᠠᡥᠠ	coolon gaha	
69	朝暮	ᠶᠠᠮᠠᡵᡳ ᡤᠠᡥᠠ	yamari gaha	

順次	漢文	滿文	羅馬字轉寫	備註
70	林鴉	ᠮᠣᡨᠣᡵᠣ ᡤᠠᡥᠠ	motoro gaha	
71	陽烏	ᠶᠠᠩᡤᡡᡥᠠ	yanggūha	
72	陽鴉	ᠶᠠᠩᡤᠠᡥᠠ	yanggaha	
73	鴉	ᠶᠠᠯᡤᠠᠨ	yalgan	
74	青鴉	ᡴᠠᡵᠠᡴᡳ	karaki	
75	白鴉	ᡧᠠᠨᠶᠠᠨ ᡤᠠᡥᠠ	šanyan gaha	
76	元烏	ᡨᡠᡵᠠᡴᡳ	turaki	禿拉氣
77	鵶	ᠶᠠᠯᡤᠠᠨ	yalgan	
78	紅觜鴉	ᡶᡠᠯᡤᡳᠶᠠᠨ ᡝᠩᡤᡝᡨᡠ ᡴᡝᡵᡠ	fulgiyan enggetu keru	

順次	漢文	滿文	羅馬字轉寫	備註
79	山烏	ᠠᠯᡳᠨ ᡳ ᡤᠠᡥᠠ	alin i gaha	
80	鷁烏	ᠠᠯᡳᠨ ᡳ ᡤᠠᡥᠠ	alin i gaha	山烏
81	紫練	ᡧᡠᡧᡠ ᠪᠠᡳᠪᡠᠯᠠ	šušu baibula	
82	拖紅練	ᡤᠣᠯᠮᡳᠨ ᡠᠨᠴᡝᡥᡝᠩᡤᡝ ᡶᡠᠯᡤᡳᠶᠠᠨ ᠪᠠᡳᠪᡠᠯᠠ	golmin uncehengge fulgiyan baibula	
83	紅練	ᡶᡠᠯᡤᡳᠶᠠᠨ ᠪᠠᡳᠪᡠᠯᠠ	fulgiyan baibula	
84	紅鸓	ᡶᡠᠯᡤᡳᠶᠠᠨ ᡧᡠᠩᡴᡝᡵᡳ ᠪᠠᡳᠪᡠᠯᠠ	fulgiyan šungkeri baibula	

順次	漢文	滿文	羅馬字轉寫	備註
85	拖紫練	ᡤᠣᠯᠮᡳᠨ ᡠᠨᠴᡝᡥᡝᠩᡤᡝ ᡧᡠᡧᡠ ᠪᠠᡳᠪᡠᠯᠠ	golmin uncehengge šušu baibula	
86	白練	ᡧᠠᠨᠶᠠᠨ ᠪᠠᡳᠪᡠᠯᠠ	šanyan baibula	
87	練鵲	ᠪᠠᡳᠪᡠᠯᠠ	baibula	
88	拖白練	ᡤᠣᠯᠮᡳᠨ ᡠᠨᠴᡝᡥᡝᠩᡤᡝ ᡧᠠᠨᠶᠠᠨ ᠪᠠᡳᠪᡠᠯᠠ	golmin uncehengge šanyan baibula	
89	白鷴	ᡧᠠᠨᠶᠠᠨ ᡧᡠᠩᡴᡝᡵᡳ ᠪᠠᡳᠪᡠᠯᠠ	šanyan šungkeri baibula	
90	冠鳥	ᡶᠠᡶᡠᠩᡤᠠ ᠪᠠᡳᠪᡠᠯᠠ	fafungga baibula	

順次	漢文	滿文	羅馬字轉寫	備註
91	纓鳥	ᠰᡝᠪᠵᡝᠩᡤᡝ ᠪᠠᡳᠪᡠᠯᠠ ᡤᠠᠰᡥᠠ	sebjengge baibula gasha	
92	帶鳥	ᡥᠠᠵᡳᠩᡤᠠ ᠪᠠᡳᠪᡠᠯᠠ	hajingga baibula	
93	火不剌	ᠰᡠᠸᠠᠶᠠᠨ ᡤᡳᠶᠠᡥᡡᠨ ᠴᡝᠴᡳᡴᡝ	suwayan giyahūn cecike	
94	鷹不剌	ᡤᡳᠶᠠᡥᡡᠨ ᠴᡝᠴᡳᡴᡝ	giyahūn cecike	
95	錦背不剌	ᡳᠯᡥᡠᡵᡠ ᡤᡳᠶᠠᡥᡡᠨ ᠴᡝᠴᡳᡴᡝ	ilhuru giyahūn cecike	
96	寒露	ᠮᡝᡵᡤᡝᠨ ᠴᡝᠴᡳᡴᡝ	mergen cecike	

順次	漢文	滿文	羅馬字轉寫	備註
97	黧雞	ᡤᠠᡥᠠ ᠴᡝᠴᡳᡴᡝ	gaha cecike	
98	錦背	ᡳᠯᡥᡠᡵᡠ	ilhuru	
99	綠鳥	ᠨᡳᠣᠸᠠᡵᡳ ᠴᡝᠴᡳᡴᡝ	niowari cecike	
100	兟兟雀	ᡩᡠᡵᡩᡠ ᠴᡝᠴᡳᡴᡝ	durdu cecike	
101	吉吊	ᡤᡳᡵᡩᡠ ᠴᡝᠴᡳᡴᡝ	girdu cecike	
102	噪林鳥	ᠵᠠᡵᠵᡳ ᠴᡝᠴᡳᡴᡝ	jarji cecike	
103	鸜鴿	ᡴᡳᠣᠩᡤᡠᡥᡝ	kiongguhe	

順次	漢文	滿文	羅馬字轉寫	備註
104	大水札子	ᠶᠠᡴᠰᠠᡵᡤᠠᠨ	yaksargan	
105	樹札子	ᡳᡥᠠᠨ ᠶᠠᡴᠰᠠᡵᡤᠠᠨ	ihan yaksargan	
106	原鳥	ᠪᡳᡤᠠᠨ ᡳ ᡤᠠᠰᡥᠠ	bigan i gasha	

資料來源：《清宮鳥譜》，北京，故宮出版社，2014 年 10 月，第十冊。

《鳥譜》第十冊，共計三十幅，所標鳥類名稱，包括：翠鳥（ulgiyan cecike）、南翠（julergingge ulgiyan cecike）、北翠（amargingge ulgiyan cecike）、暹羅翠（siyan lo gurun i ulgiyan cecike）、水喳子（karka cecike）、蘆葦鳥（tarha cecike）、水喜鵲（niyo saksaha）、鸂鶒（inggali）、蘿蔔花（yanggali）、黃蘿蔔花（aisin yanggali）、青蘿蔔花（yacin yanggali）、慈烏（holon gaha）、烏鴉（gaha）、青鴉（yacin gaha）、白鴉（šanyan gaha）、元烏（turaki）、寒鴉（tanggūha）、紅觜鴉（fulgiyan enggetu keru）、紫練（šušu baibula）、白練（šanyan baibula）、火不剌（suwayan giyahūn cecike）、鷹不剌（giyahūn cecike）、錦背不剌（ilhuru giyahūn cecike）、鵶雛（gaha cecike）、寒露（mergen cecike）、錦背（ilhuru）、綠鳥（niowari cecike）、兠兠雀（durdu cecike）、大水札子（yaksargan）、樹札子（ihan yaksargan）等三十種鳥類名稱，此外還有各種別名，表十

所列鳥類名稱，多達一〇六種。

翡與翠本是二種，《鳥譜》中的「翡」，就是翡鳥（hailun cecike），「翠」，就是翠鳥（ulgiyan cecike）。赤羽者為翡鳥，青羽者為翠鳥。滿文“hailun”，意即「水獺」，“ulgiyan”，意即「猪」，“ulgiyan cecike”，似即「猪腸鳥」。翠鳥有數種，其中大而巨觜，毛翠碧者，稱為翠奴（cuno gasha），俗謂南翠（julergingge ulgiyan cecike）；其身小而喙尖者，稱為翠碧鳥（curbi gasha cecike），俗謂北翠（amargingge ulgiyan cecike）。南翠、北翠因其形狀大小不一，項、腹或白，或黃，或赤，或斑，彼此不同，而有種種別名。其中鴗（ulgiyari cecike），一名天狗（šoforo cecike），其喙紅，項下白，小者名魚狗（buhere），大者名翠奴（cuno gasha）。此外，還有魚虎（nimargan）、魚師（nimasi）等名稱。暹羅翠（siyan lo gurun i ulgiyan cecike）比南翠略小。

水喳子（karka cecike）常集於水際葦間，鳴聲喳喳，故名水喳子，亦名葦喳子（urka cecike），別名鷦鷯（jirka cecike），又作鳭鷯（dirka cecike），因其大小而名稱有別。鳭鷯好剖葦皮食其中蟲，又名剖葦（ukiyaka cecik），江東呼蘆虎（luhu cecike）。鷦鷯（jirka cecike）、桃雀（torho cecike）、巧婦（faksi cecike）、桑飛（niyahari cecike）等都是蘆葦鳥（tarha cecike）的別名。桃蟲（tomika cecike）是鷦鷯（jirka cecike）的別名，其雌者為鴱（aimika cecike）。鷦䳳（jorho cecike）是桃雀（torho cecike）的別名，俗呼為巧婦（faksi cecike）。桑飛（niyahari cecike）就是鷦鷯（jirka cecike）的別稱，又名鷦鸎（giyahūha cecike），自關而東，稱為工爵（farha cecike），或稱過贏（geyengge cecike），或稱女鴎（sirgaji cecike）。自關而西，稱為桑飛（niyahari cecike），或稱襪爵（fomon cecike）。

水喜鵲（niyo saksaha）屬於鸛類，常立沙渚淺水中，啄魚而食。因其翅色類似喜鵲，其聲唶唶，故名水喜鵲。又因足脛甚長，踵企淺水，故俗呼長脚娘（sirata saksaha）。鶺鴒（inggali）是一種水鳥，如雀而大，屬於雀類，高脛長尾，尾有白點，俗呼點尾（šersen inggali）。鶺鴒且飛且鳴，又名雝渠（yongkiri inggali）。鶺鴒胸有黑白文如錢者，稱為連錢（jihari yanggali），俗呼蘿蔔花（yanggali），又名雪姑（nimari yanggali）。鶺鴒黃頭者，俗呼黃蘿蔔花（aisin yanggali），其青黑毛多者，俗呼青蘿蔔花（yacin yanggali），又稱青鶺鴒（yacin inggali）。鶺鴒頸如錢文，又名錢母（tobtoko yanggali），又名白鶺鴒（šanyan inggali）。黃蘿蔔花（aisin yanggali），就是黃鶺鴒（suwayan inggali）。青蘿蔔花（yacin yanggali），就是青鶺鴒（yacin inggali）。

烏，滿文讀作"gaha"，鴉，滿文讀作"yalgan"。烏言其色，鴉象其聲。古人烏、鴉通用，習稱烏鴉（gaha），多巢於村墟林木中，晨則群飛而出，夕則飛翔而歸，故稱朝暮（yamari gaha），亦稱林鴉（motoro gaha）。烏鴉又作烏鵶（yalgan），一名陽烏（yanggūha），又作陽鵶（yanggaha）。慈烏（holon gaha）大於烏鴉，長則反哺其母，人以其為孝烏（hiyoošuri gaha），亦名慈鴉（jilari gaha）。烏鴉不反哺者，稱為賈鴉（giyalin gaha），其白項群飛者，稱為燕烏（cibiha）；大而白頭者，稱為倉頭（mahala gaha）；卑居者，稱為楚烏（culin gaha）；純黑而觜紅者，稱為阿雛烏（ebte gaha）。其身略小形異者，稱為元烏（turaki）；身帶青紅色者，稱為青鴉（karaki）；大而白頭者，稱為蒼烏（mangkara gaha）；項、腹純白者，稱為寒鴉（tanggūha）；通體純黑項下有白毛如環者，稱為白頸烏（cakūlon）；大而巨喙者，稱為巨觜烏（amba engge gaha）；純黑而觜紅者，稱為赤觜烏（fulgiyan engge gaha），亦稱鸀（coolon gaha）。此外，還有白鴉（šanyan gaha），大如烏鴉。赤鸄烏是紅鸄鴉（fulgiyan enggetu keru）的別名。一名鵶烏（alin i gaha），就是山烏。

山喜鵲，俗稱練鵲（baibula）。紫練（šušu baibula），一名拖紅練（golmin uncehengge fulgiyan baibula），意即「長尾紅練」，一名紅練（fulgiyan baibula），江南呼為紅䴉（fulgiyan šungkeri baibula），俗稱拖紫練（golmin uncehengge šušu baibula），意即「長尾紫練」。練鵲中背、翅、臆、腹俱白，尾垂極長二翎如拖練帶者，稱為白練（šanyan baibula），一名拖白練（golmin uncehengge šanyan baibula），意即「長尾白練」，又名白䴉（šanyan šungkeri baibula），是尾無二長翎的雌練。據《禽經》記載，冠鳥（fafungga baibula）性勇；纓鳥（sebjengge baibula gasha）性樂；帶鳥（hajingga baibula）性仁，都是屬於練鵲類。

火不刺，滿文讀作"suwayan giyahūn cecike"，意即「黃鷹鳥」。鷹不刺，滿文讀作"giyahūn cecike"，意即「鷹鳥」。錦背不刺，滿文讀作"ilhuru giyahūn cecike"，意即「錦背鷹鳥」，出自南方，與寒露（mergen cecike）相似。鵟雞，滿文讀作"gaha cecike"，意即「烏鳥」，因通身具黑而得名。綠鳥（niowari cecike），因頭、項、背、翅俱深綠色而得名。兜兜鳥，又作兜兜雀（durdu cecike），形如鸜鵒（kiongguhe），群飛鳴聒，如云吉吊（girdu cecike），俗呼噪林鳥（jarji cecike）。大水札子（yaksargan）是一種水鳥，常立於沙灘間啄小魚蝦而食。樹札子（ihan yaksargan），是一種原鳥（bigan i gasha），意即「野鳥」，常止宿沙軟地，性喜沙。

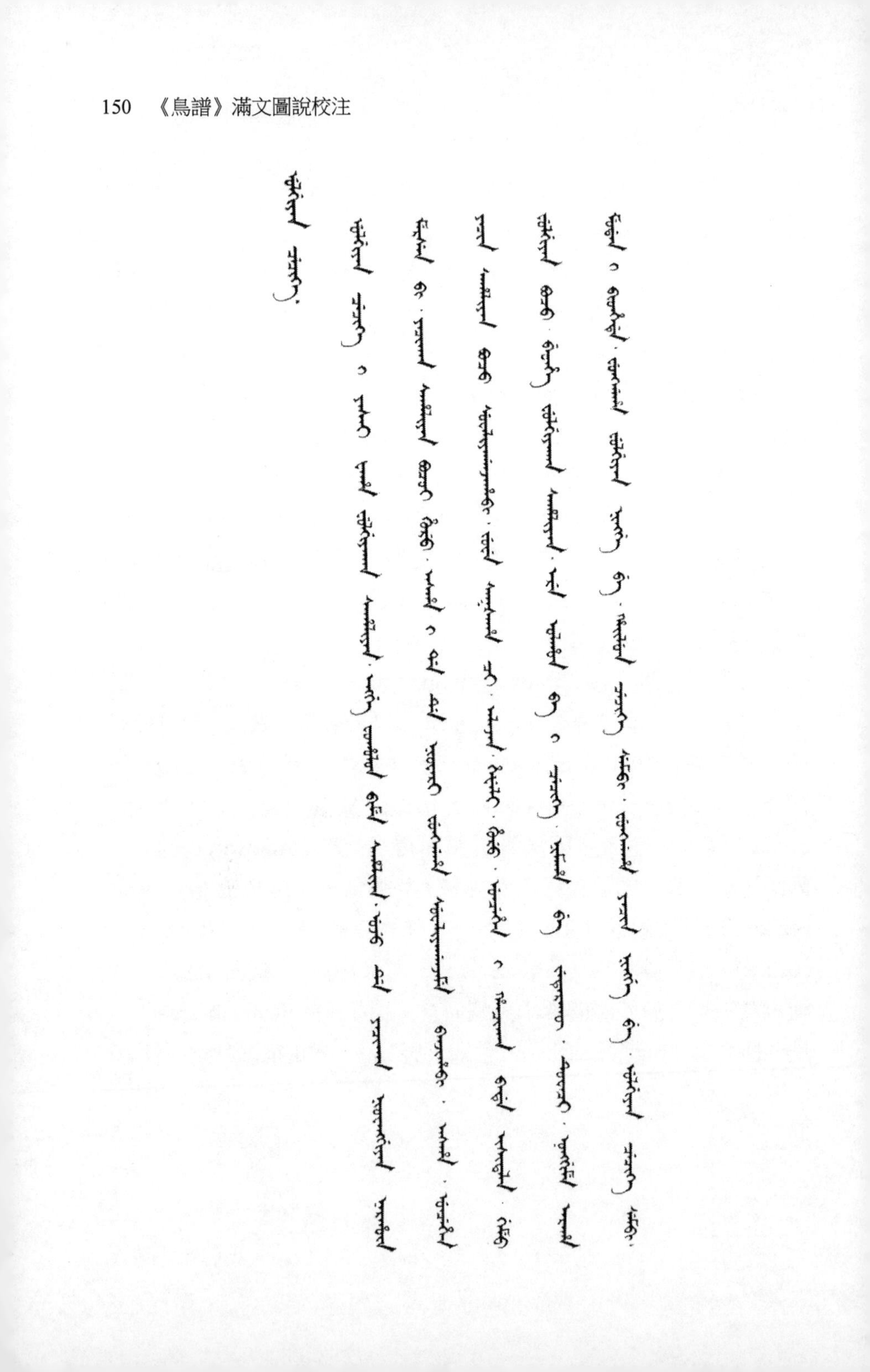

[illegible]

ulgiyan cecike.

ulgiyan cecike i yasai faha fulgiyakan sahaliyan, engge foholon bime sahaliyan, uju de yacikan niowanggiyan narhūn mersen bi, yacikan sahaliyan bocoi huru, asha i da de niowari funggaha suwaliyaganjame banjihabi, asha, uncehen yacin sahaliyan boco suwaliyaganjahabi, juwe šakšaha ci alajan, hefeli, huru, uncehen i hancikan bade isitala, gemu fulgiyan boco, bethe fulgiyakan sahaliyan, ere olhon ba i cecike, nimaha be jeterakū. tuwaci, nonggime araha mudan i bithede, funggaha fulgiyan ningge be, hailun cecike sembi, funggaha yacin ningge be, ulgiyan cecike sembi.

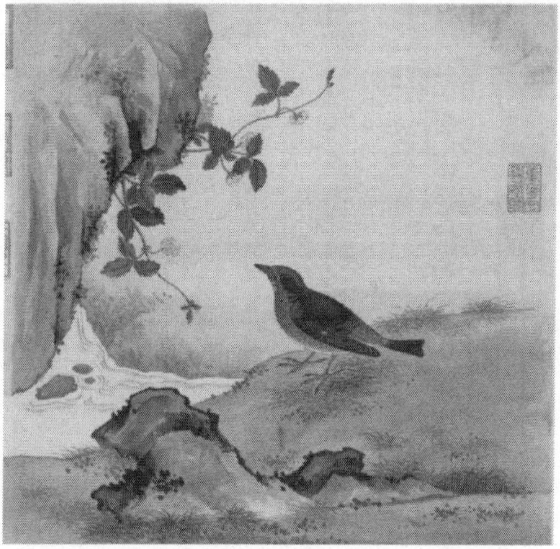

翠鳥

翠鳥，赤黑睛，觜短而黑，頭頂青碧細點，青黑背、膊上間有翠毛，翅、尾青黑相間，兩頰至臆、腹及背毛近尾處俱赤色，赤黑足，陸鳥也，不食魚。案《增韻》曰：赤羽曰翡，青羽曰翠。

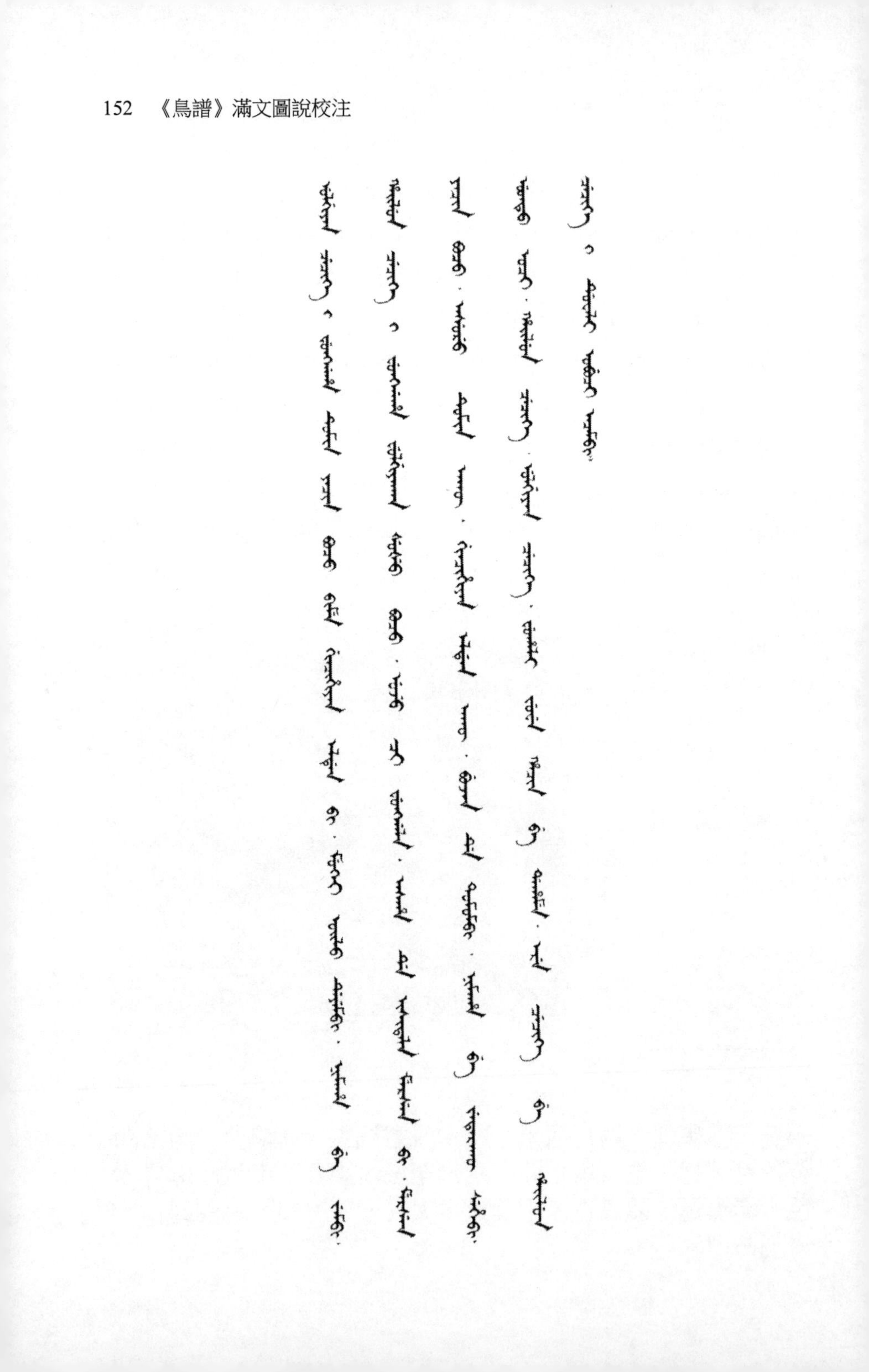

[illegible]

[illegible]

[illegible]

[illegible]

[illegible]

ulgiyan cecike i funggaha tumin yacin boco bime gincihiyan elden bi, mukei oilo deyembi. nimaha be jembi, hailun cecike i funggaha fulgiyakan šušu boco, uju ci funggala, asha de isitala mersen bi, mersen yacin boco, asuru tumin akū, gincihiyan elden akū, bujan de tomombi, nimaha be jeterakū sehebi. uttu oci, hailun cecike, ulgiyan cecike, fuhali juwe hacin be dahame, ere cecike be hailun cecike i duwali obuci acambi.

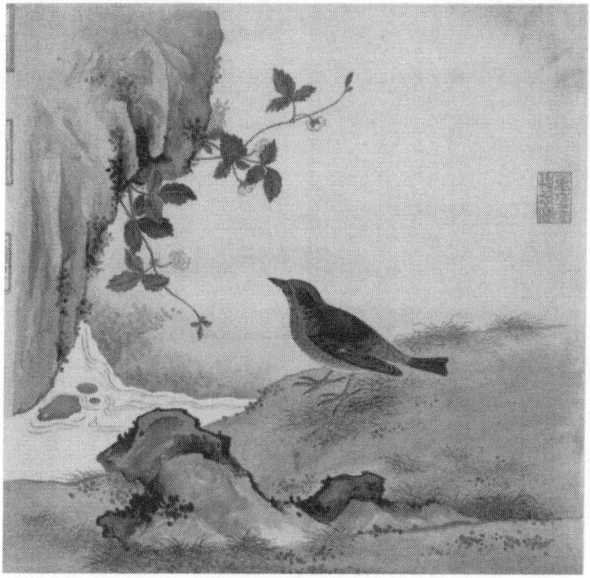

翠毛深青有光采，飛水上食魚；翡，毛紫赤，首上及翎、翅有點[62]，點青色不甚深，無光采，林棲，不食魚。是翡與翠本二種，此鳥應是翡類也。

62 首上及翎、翅有點，滿文讀作"uju ci funggala, asha de isitala mersen bi"，意即「自首至翎、翅有點」。

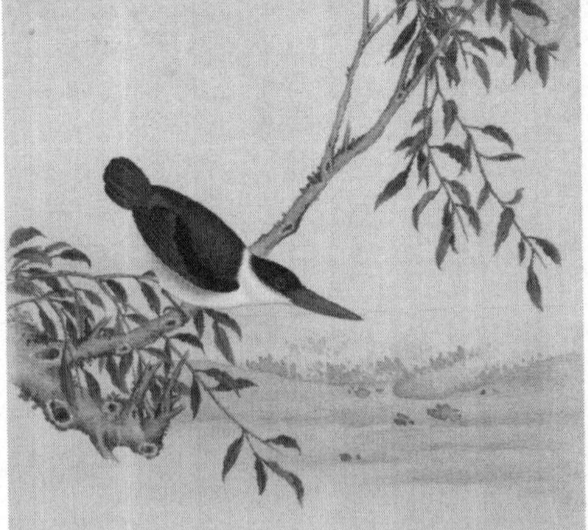

julergingge ulgiyan cecike, emu gebu ulgiyari cecike, emu gebu cuno gasha, emu gebu nimargan.

julergingge ulgiyan cecike i yasai faha fulgiyakan sahaliyan, engge amba bime umesi fulgiyan, uju sahaliyan, monggon ci sencehe, hefeli de isitala, gemu šanyan boco, huru, asha, uncehen gemu yacikan niowari boco bime gincihiyan elden bi, ashai da sahaliyan, ebci fejile i funggaha fulgiyakan suwayan boco bi, bethe fulgiyan, ošoho gelfiyen sahaliyan. hafu ejetun i šošohon de, ulgiyan cecike i encu emu hacin be ulgiyari cecike sembi sehebi. hancingga šunggiya i fisen de, ulgiyari cecike serengge šoforo cecike inu, terei engge fulgiyan, monggon i fejile šanyan boco, kemuni niyalmai booi omo de nimaha be hūlhame jembi, ajige ningge be nimargan sembi, amba ningge be cuno gasha sembi, inu šanyan bederi ningge bi, terei uncehen be inu miyamigan obuci ombi sehebi. ši lin i araha irgebun i

---

南翠，一名鴗，一名翠奴，一名魚虎

南翠，赤黑睛，鮮紅巨喙，黑頭，項至頷、腹俱白，背、翅、尾俱翠青色，有光彩，黑膊，脅下毛帶赤黃色，紅足，淺黑爪。《通志略》云：翠，別種曰鴗。《爾雅翼》云：鴗，天狗。其喙紅，項下白，常來人家陂池中竊魚食之，小者名魚狗[63]，大者名翠奴，亦有斑白者，其尾亦可為飾。《石林詩話》

---

63 魚狗，滿文讀作"nimargan"，意即「魚虎」，是一種魚鷹，滿漢文義不合。魚狗，滿文當讀作"buhere"。

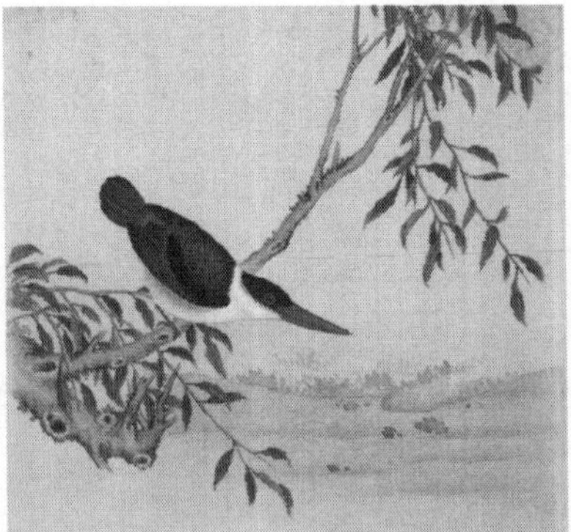

gisuren de, giyangnan, hūwai nan i bade bisire mukei gasha be nimargan sembi, funggaha niowari, engge fulgiyan, erei boco umesi buyecuke sehebi. tuwaci, ulgiyan cecike i dorgide ududu hacin bi, terei beye amba bime engge amba funggaha niowanggiyakan niowari, asha i funggaha tumin yacin ningge be cuno gasha sembi, ere uthai te i niyalmai julergingge ulgiyan cecike sehengge inu, terei beye ajige bime, engge šulihun ningge be curbi gasha cecike sembi, ere uthai te i niyalmai amargingge ulgiyan cecike sehengge inu. tuttu bime julergingge ulgiyan cecike, amargingge ulgiyan cecike i dorgi de, monggon, hefeli i boco, geli šanyan suwayan fulgiyan bederi bisirengge adali akū, jai beye arbun i amba ajige inu emu hacin i teile akū ofi, tuttu buhere, nimargan, nimasi sere hacin hacin i gebu bi, eiterecibe gemu hancingga šunggiya de, lamun ulgiyan cecike sehe, te i niyalmai ujui miyamigan arara ulgiyan cecike waka kai.

云：江淮間有水禽，號魚虎，翠羽紅喙，顏色可愛。案翠鳥有數種：其大而巨觜，毛翠碧，翅毛揚青者[64]，謂之翠奴，今人所謂南翠也；其身小而喙尖者，謂之翠碧鳥，今人所謂北翠也。而南北翠之中，其項、腹又有或白、或黃、或赤、或斑之異，形狀大小亦不盡一，故有魚狗、魚虎、魚師種種稱名，然總非《爾雅》所謂翠鷸，今人為首飾之翠也。

---

64 揚青，滿文讀作“tumin yacin”，意即「深青」。

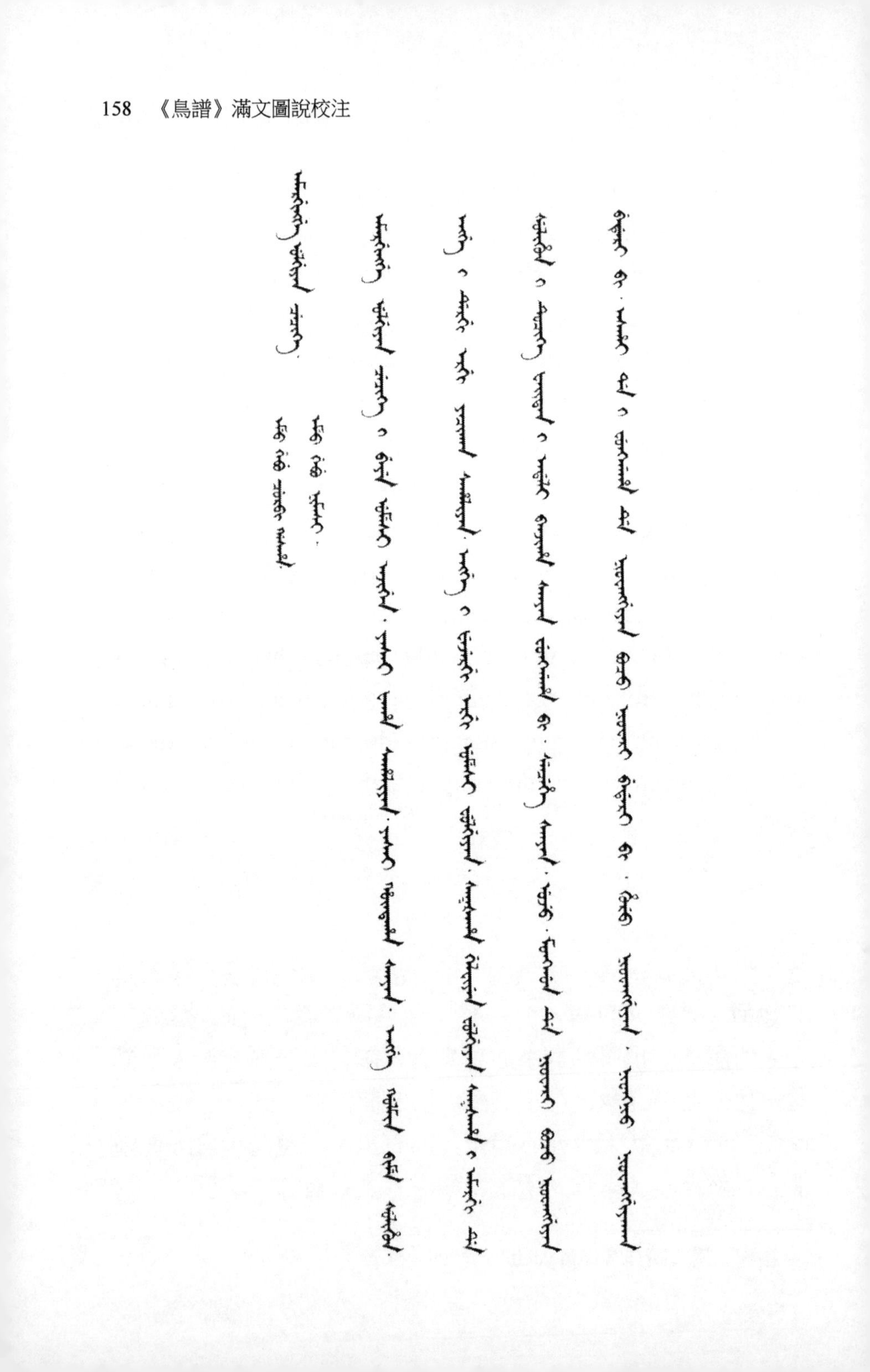

amargingge ulgiyan cecike, emu gebu curbi gasha, emu gebu nimasi.

amargingge ulgiyan cecike i beye umesi ajigen, yasai faha sahaliyan, yasai hūntahan šanyan, engge golmin bime šulihun, engge i dergi ergi yacikan sahaliyan, engge i fejergi ergi umesi fulgiyan, šakšaha gelfiyen fulgiyan, šakšaha i amargi de šulihun i tucike faitan i adali banjiha šanyan funggaha bi, sencehe šanyan, uju, monggon de niowari boco niowanggiyan bederi bi, ashai da i funggaha de niowanggiyan boco niowari bederi bi, huru niowanggiyan, niongnio niowanggiyakan

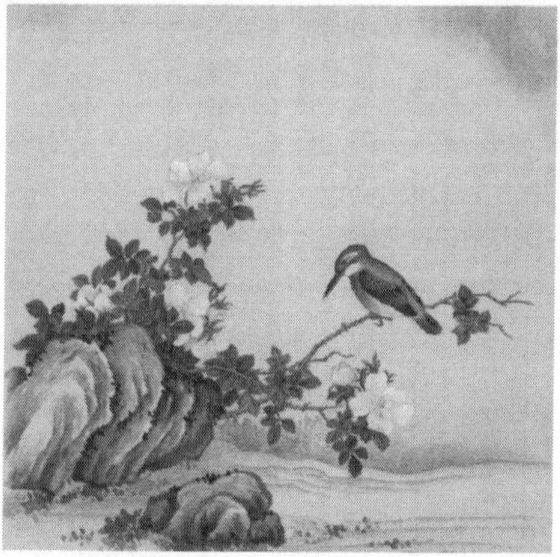

北翠，一名翠碧鳥，一名魚師

北翠，身甚小，黑睛，白眶，長尖喙，上咮青黑[65]，下咮殷紅[66]，淺赤頰，頰後白毛尖出如眉，白頷，頂、項翠質綠斑，膊毛綠質翠斑，綠背，綠翅[67]，

65 上咮，滿文讀作“engge i dergi ergi”，意即「嘴的上邊」。

66 殷紅，滿文讀作“umesi fulgiyan”，意即「很紅」。

67 綠翅，滿文讀作“niongnio niowanggiyan”，意即「綠翮」，滿漢文義不合。綠翅，滿文當作“asha niowanggiyan”。

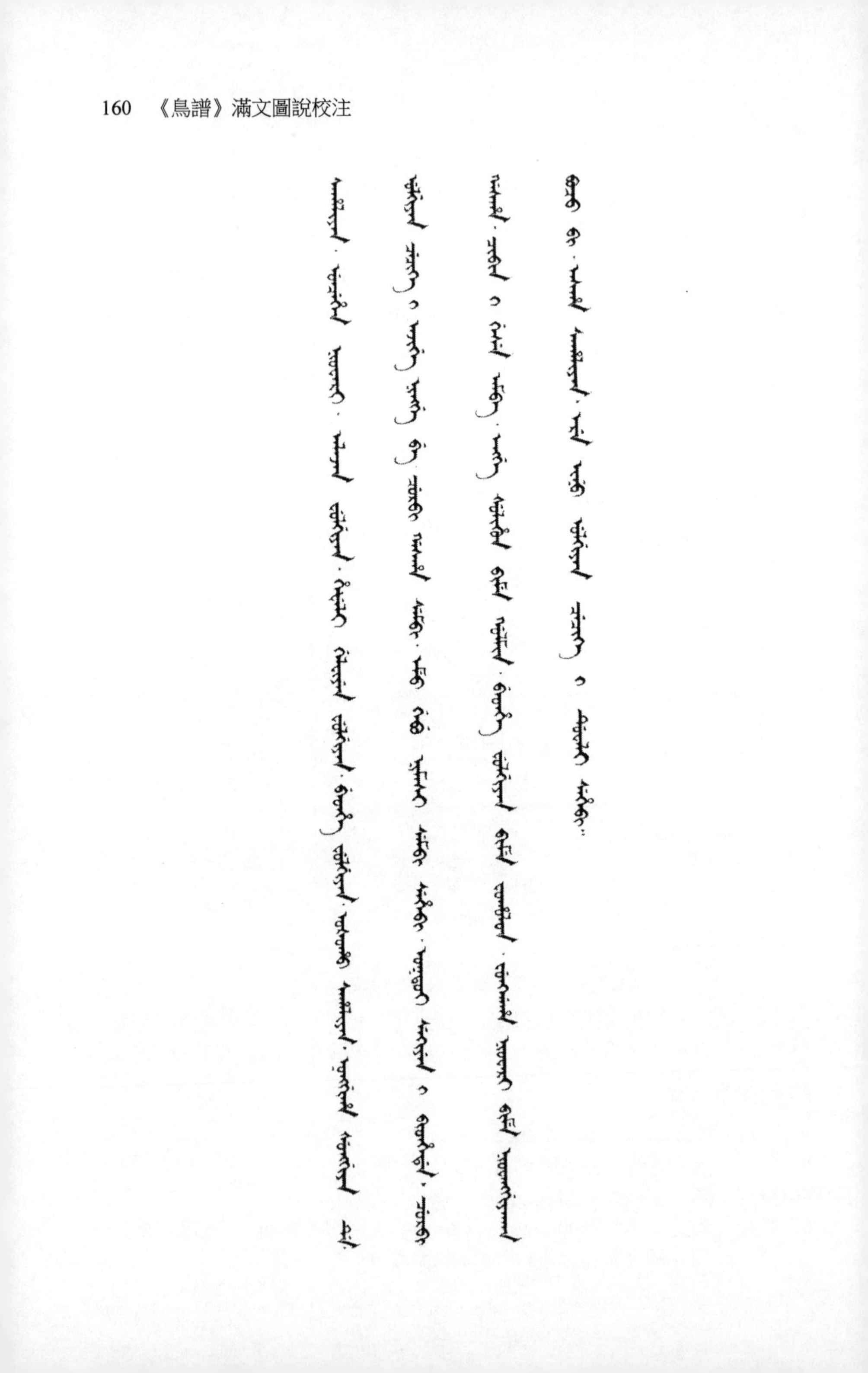

sahaliyan, uncehen niowari, alajan fulgiyan, hefeli gelfiyen fulgiyan, bethe fulgiyan, ošoho sahaliyan. nonggiha šunggiya de, ulgiyan cecike i ajige ningge be curbi gasha sembi, emu gebu nimasi sembi sehebi. oktoi sekiyen i bithede, curbi gasha, cibin i gese amba, engge šulihun bime golmin, bethe fulgiyan bime foholon, funggaha niowari bime niowanggiyakan boco bi, asha sahaliyan, ere inu ulgiyan cecike i duwali sehebi.

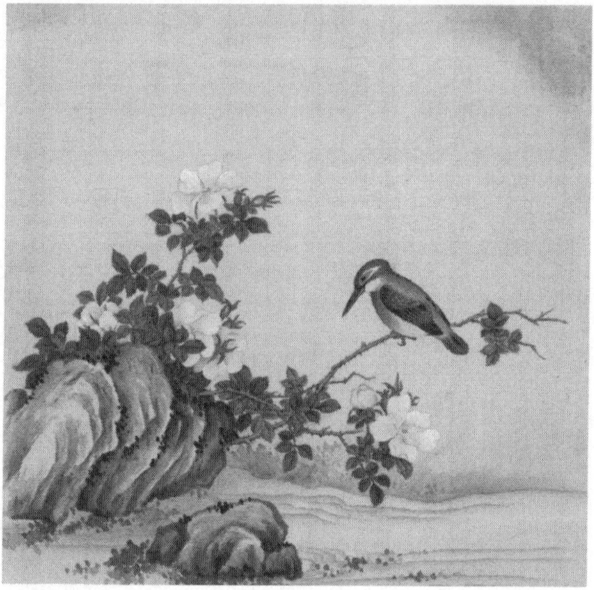

黑翮[68]，翠尾，赤臆，淺赤腹，紅足，黑爪。《埤雅》云：翠小者，謂之翠碧鳥，一名魚師。《本草綱目》云：翠碧大如燕，喙尖而長，足紅而短，翠色帶綠，黑翅，亦翡翠類也。

68 黑翮，滿文讀作"sahaliyan"，意即「黑」，滿漢文義不合。漢文「翮」，滿文讀作"niongnio"。「黑翮」，滿文當作"niongnio sahaliyan"。

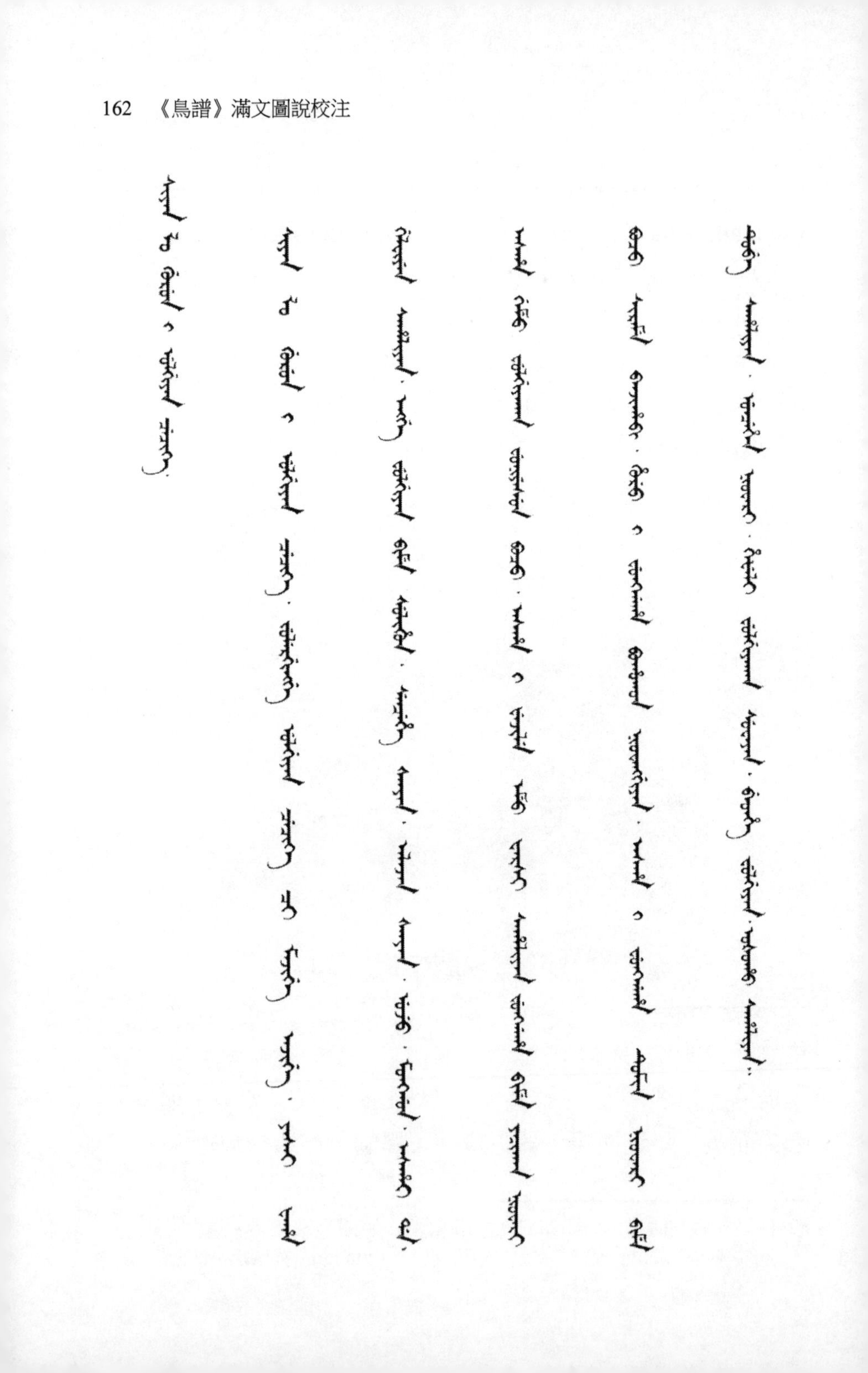

[illegible]

[illegible]

[illegible]

[illegible]

[illegible]

[illegible]

siyan lo gurun i ulgiyan cecike.

siyan lo gurun i ulgiyan cecike, julergingge ulgiyan cecike ci majige ajige, yasai faha gelfiyen sahaliyan, engge fulgiyan bime šulihun, sencehe šanyan, alajan šanyan, uju, monggon, ashai da, asha gemu fulgiyakan funiyesun boco, asha i fejile emu farsi sahaliyan funggaha bime yacikan niowari boco sirame banjihabi, huru i funggaha bohokon niowanggiyan, asha i funggaha tumin niowari bime dube sahaliyan, uncehen niowari, hefeli fulgiyakan suwayan, bethe fulgiyan, ošoho sahaliyan.

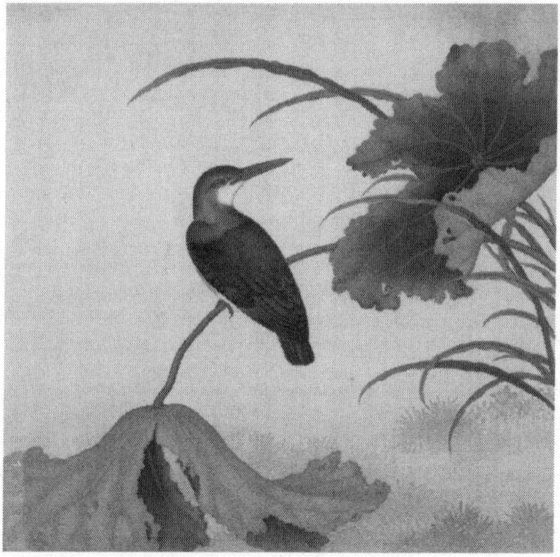

暹羅翠

暹羅翠，比南翠略小，淺黑睛，紅尖喙。白頷，白臆，頂、項、膊、肩紅褐色。肩下黑毛一片，接以青翠，背毛暗綠，翅色深翠黑尖[69]，翠尾，赤黃腹，紅足，黑爪。

69 青翠、深翠，句中「翠」，滿文讀作“niowari”，意即「嫩綠的」、「艷綠的」。

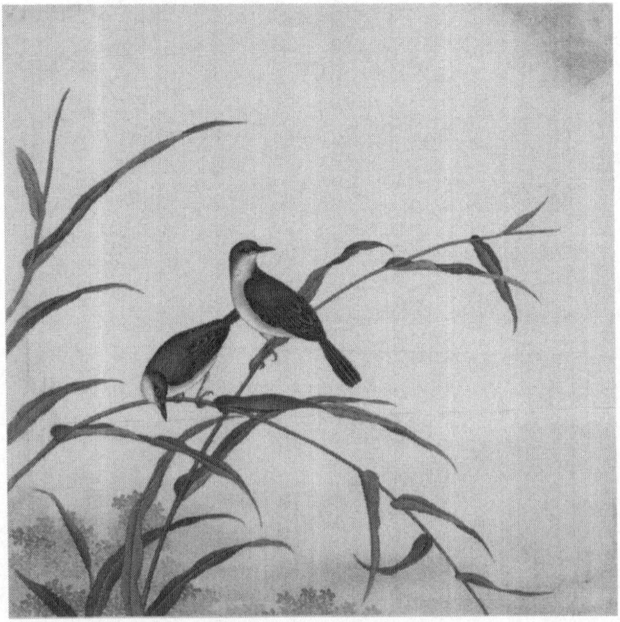

karka cecike, emu gebu urka cecike, emu gebu ukiyaka cecike, emu gebu dirka cecike, emu gebu luhu cecike.

karka cecike i engge sahaliyan, yasai faha fulgiyan, yasai hūntahan de šanyan mersen bi, uju, monggon, huru, uncehen gemu yacikan funiyesun boco, sencehe, hefeli šanyan, bethe, ošoho yacin, urui ulhū bisire niyo i bade doombi, terei jilgan jar jar seme guwendeme ofi, tuttu karka cecike seme gebulehebi, inu urka cecike seme gebulehebi. hancingga šunggiya de, dirka cecike sembi sehebi. irgebun i nomun i suhen de, jirka cecike sembi, feye arara mangga, orho be ašufi feye arara de, olo i suwaliyaganjame weilehengge jodoho adali, feye arame šanggafi umgan bilefi uthai dudu de ejelebufi, terei umgan be hūwalafi waliyambi, erei feye de dudu umgan bilembi, jirka cecike dudu i tucike be tuwame, elemangga dudu i umgan be funde gidambi, deberen tucike amala, inu dudu i tucike be tuwame, be be ašufi erin akū, dudu i deberen de ulebumbi, deberen asha banjifi deyehe manggi, teni

---

水喳子，一名葦喳子，一名鳭鷯，一名剖葦，一名蘆虎水喳子，黑觜，赤睛，眶有白點，頂、項、背、尾俱青褐色，白頷、腹，青足、爪。常集於水際葦間。其聲喳喳然，故名水喳子，亦名葦喳子。《爾雅》謂之鳭鷯，《毛詩疏》謂之鷦鷯，巧於作巢，取茅為之，雜以綀麻，若紡織而成，巢成生卵，輒為鳩所奪，啄其卵而棄之，自生卵於中。鷦鷯伺鳩偶出反為之伏，雛生亦時銜食，伺鳩出而哺之，雛成羽翼飛去而後已，

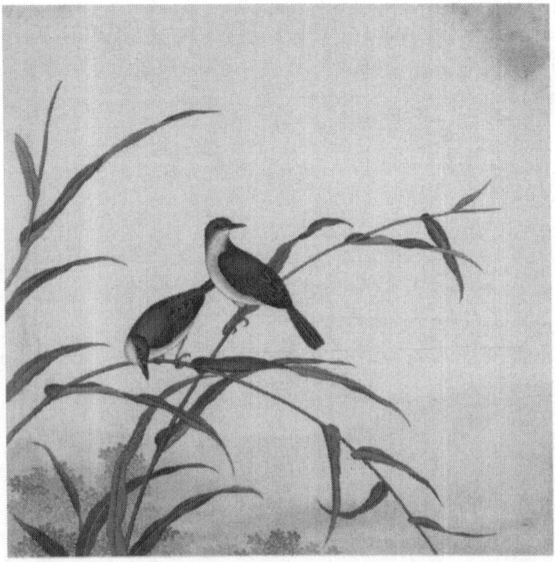

nakambi, tuttu ofi gasha i nomun de, dudu moco bime elhe, jirka faksi bicibe, tuksicuke sehengge cohome dudu moco feye arame bahanarakū bime, kemuni gūwa gasha i feye be ejelefi tomombi, jirka banitai faksi feye arame bahanacibe, beye bahafi tomome muterakū be henduhebikai sehebi. hancingga šunggiya de, dirka cecike ukiyaka cecike sehe be suhe bade, ulhū i notho be hūwalafi terei dorgi umiyaha be jetere de amuran ofi, tuttu gebulehebi, giyang dung ba i niyalma luhu cecike seme hūlambi, cecike de adali boco yacin uncehen golmin sehebi, giyangnaha bade, dirka cecike, emu gebu ukiyaka cecike sembi sehebi. gisuren i baktambun de, jirka cecike sain orho be ašufi feye arara de, olo i suwaliyaganjame hūwaitarangge, ulha i anggatu i adali, tuttu seme hacingga gasha i durugan de, jirka cecike sere, dirka cecike sere cecike emu duwali sehe bime, hancingga šunggiya de faksalafi juwe hacin obuhangge, ainci amba ajige be tuwame ilgabuhangge dere sehebi. tuwaci, jeo gurun i tukiyecun i siyoo mi fiyelen de, tuktan de tere be tomika cecike sehe bihe, mukdefi deyeme gasha oho sehe, ulabun de, tomika cecike serengge jirka

---

故《禽經》曰：鳩拙而安，鷦巧而危。言鳩鳥拙不能營巢，常取他巢居之。鷦性巧，善為巢，而不能居也。《爾雅》：鳭鷯。剖葦。注云：好剖葦皮，食其中蟲，因名云。江東呼蘆虎似雀，青色長尾，疏云：鳭鷯，一名剖葦。《說苑》云：鷦鷯取秀茅為巢，以麻紩之，如刺韈然。《羽族譜》云：鷦鷯、鳭鷯一物也，而《爾雅》分而為二，蓋因其大小而別也。案《周頌・小毖》云：肇允彼桃蟲，拚飛維鳥。《傳》云：

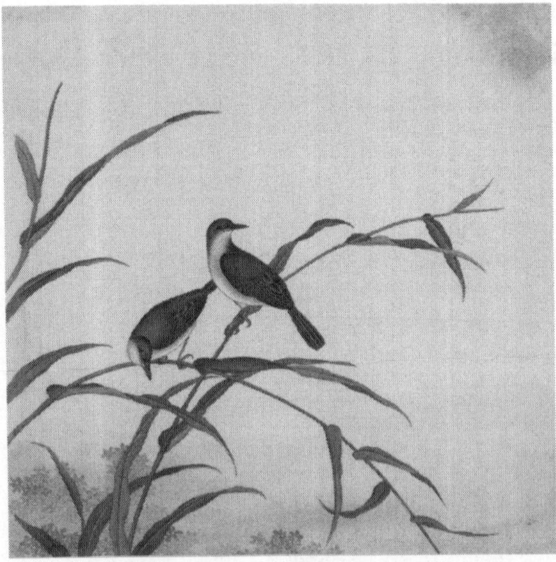

inu, gasha i tuktan de ajigen dubede amba ningge sehebi. giyangnaha bade, te i jirka cecike inu, suwayan gasha ci majige ajige, terei deberen kūbulifi dumin ombi sehebi. tuttu ofi niyalmai hendure gisun jirka cecike dumin be banjimbi sembi, amaga niyalma dumin be ai jaka ojoro be sarkū ofi, fuhali giyahūn damin sere damin obuha bime, nememe jirka cecike be yargiyan i damin be banjime mutembi seme gisurembi, dule dumin sehengge uthai dudu ojoro be umai sahakūbi. gu i fiyelen de, diyoo sere hergen be suhe bade, ding giyoo sere mudan i acabume hūlaci diyoo ombi, ere ituri kekuhe inu, gujehe serengge dudu inu sehebi. sonjoho šu fiyelen i dergi gemun i fujurun i suhen de, g'o pu i araha hancingga šunggiya i suhen de, jirgio itulhen serengge damin duwali sehe gisun be yarume ofi, fuhali erebe damin obuhabi, nikan hergen i tere diyoo sere hergen, ere diyoo sere hergen i mudan i adali bime hergen i gūnin geli adališara be dahame, dudu ojorongge kenehunjere ba akū, jalan i niyalma i jirka cecike dumin be banjimbi sehengge, cohome jirka cecike i feye de dudu be

---

桃蟲，鷦也，鳥之始小終大者。疏云：今鷦鷯是也，微小於黃雀，其雛化而為鵰，故俗語鷦鷯生鵰，後人不知鵰為何物，競〔竟〕指為鷹鵰之鵰，且謂鷦鷯實能生鵰，不知所云鵰者即鳩也。《玉篇》鵃字注云：丁交切，讀鵰，鶻鵃也。鶻鵃，鳲鳩也。《文選．東京賦》注，引郭璞《爾雅注》云：睢鶻，鵰類，則竟作鵰字，鵰與鳩同音而字通，其為鳲鳩無疑，俗語所云鷦鷯生鵰者，言鷦鷯之巢

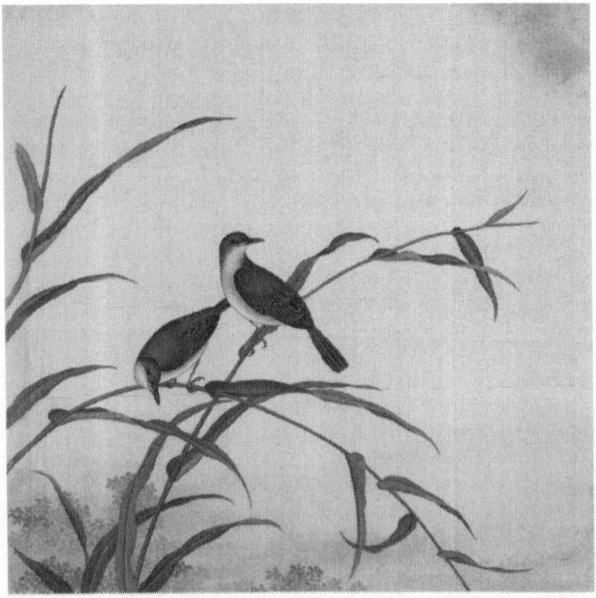

banjime mutembi sere turgun, dudu jirka cecike ci ududu ubu amba ofi, tuttu tuktan de ajige bime dubede amba ombi sembi. siyoo mi fiyelen serengge, ceng wang ni guwan šu, ts'ai šu i baita de isefi arahangge, tere cohome jirka cecike i feye de nememe mukdeme deyere dudu bisirengge, uthai guwan šu, ts'ai šu u wang ni deo bime, elemangga yen gurun de aisilame ubašahangge, emu booi dolo ere gese gusherakū duwali be banjiha adali sehe gūnin. tuttu terei sirame booi amba jobolon de hamirakū sehebi, irgebun i gūnin umesi getuken bime, gisurere urse jirka cecike dumin be banjiha turgun be sarkū bime, damu ser sere babe olhošombi sehe babe jafafi suhengge, inu giyan de acanahakū kai.

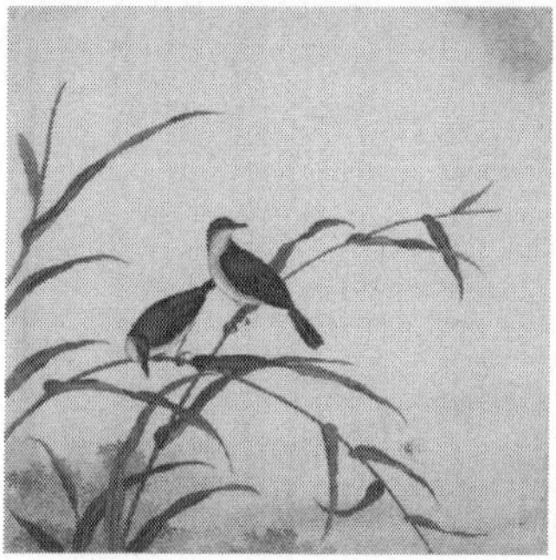

能生鳩耳，鳩大於鷦鷯數倍，故云始小而終大也。〈小毖〉是成王懲管蔡之事而作[70]，其意謂鷦鷯之巢乃有拚飛之鳩，猶管蔡本武王之弟而反以殷叛[71]，一家之中養育此異類耳。故下文云：未堪家多難，詩意甚明，說者不知鷦鷯生雕之故，特以謹小釋之，亦未當也。

70　管蔡，滿文讀作“guwan šu, ts'ai šu”，意即「管叔、蔡叔」，皆武王之弟。

71　反以殷叛，滿文讀作“elemangga yen gurun de aisilame ubašahangge”，意即「反而幫助殷朝叛亂」。

[illegible]

[illegible]

[illegible]

tarha cecike, emu gebu torho cecike, emu gebu jirka cecike, emu gebu faksi cecike, emu gebu niyahari cecike.

tarha cecike i yasai faha suwayan, engge suwayan, amila ningge, yasai dalbade emu farsi sahaliyan funggaha bifi, faitan i adali, wasihūn i ici tuhebume banjihabi, uju, monggon, alajan, hefeli i funggaha fahala fulenggi boco, huru, ashai da, asha, uncehen suwayakan funiyesun boco, ashai da, asha de gemu sahaliyan šanyan funggaha suwaliyaganjahabi, bethe, ošoho yacikan sahaliyan. hancingga šunggiya de, ere cecike be, jirka cecike sembi, karka cecike be dirka cecike sembi sehebi. irgebun i nomun i suhen de, emu hacin obuhabi sehebi. ere juwe hacin i cecike daci emu duwali bihe, amba ajige adali akū bime, funggaha dethe i boco inu meimeni encu ofi, tuttu hancingga šunggiya de, juwe

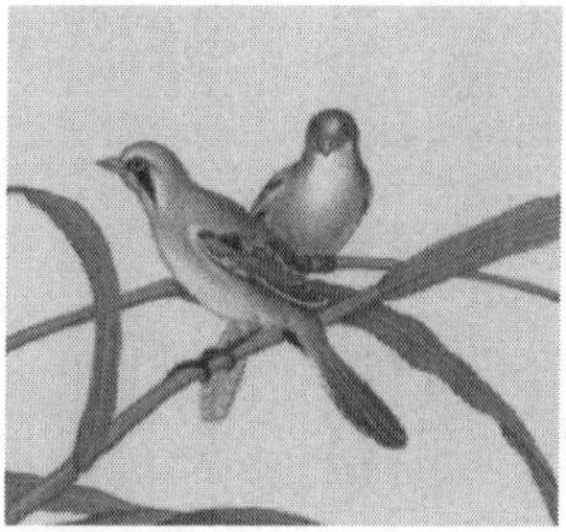

蘆葦鳥，一名桃雀，一名鷦鷯，一名巧婦，一名桑飛

蘆葦鳥，黃睛，黃觜，雄者目旁有黑毛一片，如眉而下向，頭、項、臆、腹藕灰色[72]，背、膊、翅、尾黃褐色，膊、翅俱有黑白毛相間，青黑足、爪。《爾雅》以此為鷦鷯，水喳子為鳭鷯。《詩疏》合為一，二鳥本是一類，以其有大小之別，毛羽亦不同，故《爾雅》分而為二。

---

72 頭、項、臆、腹藕灰色，滿文讀作"uju, monggon, alajan, hefeli i funggaha fahala fulenggi boco"，意即「頭、項、臆、腹毛藕灰色」，此脫「毛」字。

[illegible]

[illegible]

[illegible]

[illegible]

[illegible]

[illegible]

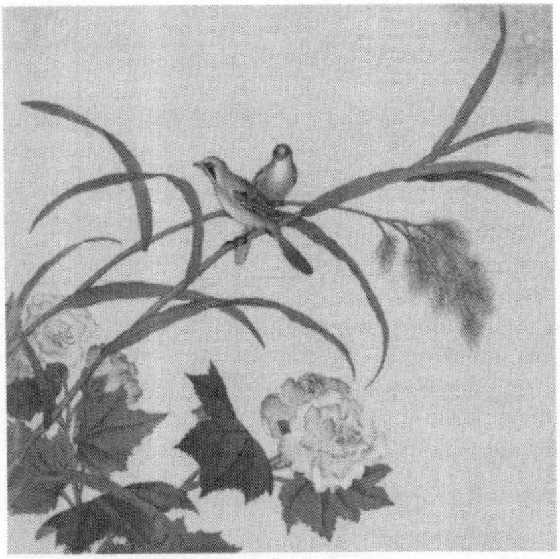

hacin obume faksalahabi. hancingga šunggiya de, jirka cecike serengge, tomika cecike inu, terei emile ningge be aimika cecike sembi sehe be suhe bade, jorho cecike serengge, tomika cecike inu sehebi, jalan i niyalma faksi cecike seme hūlambi. ba i gisun, niyahari cecike serengge, uthai jirka cecike inu, geli giyahūha cecike seme hūlambi, furdan i dergi ergide, farha cecike sembi, ememu geyengge cecike sembi, ememu sirgaji cecike sembi, furdan i wargi ergide, niyahari cecike sembi, embici fomon cecike sembi sehebi. oktoi sekiyen i bithede, niyahari cecike, babade gemu bi, fulenggi bocoi funggaha de bederi bi, jilgan fulgiyere adali, ulhūi nemeri ningge be ašufi, coko umgan i gese amba feye arambi, olo funiyehe i holbome weilehengge umesi narhūn fisin.

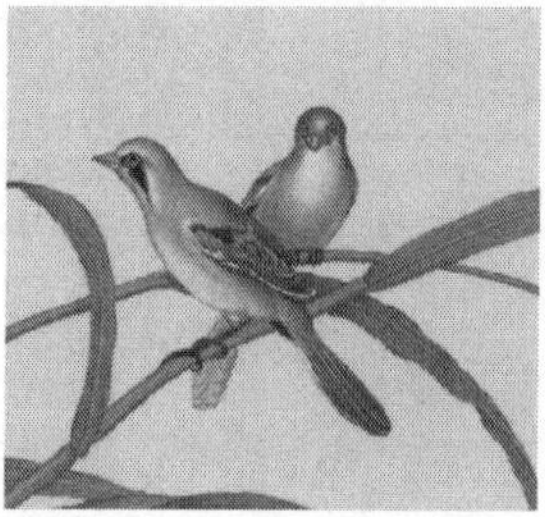

《爾雅》：桃蟲，鷦；其雌，鴱。注云：鷦鷯，桃雀也，俗呼為巧婦。《方言》云：桑飛，鷦鶵也，又名鷦鸎。自關而東，謂之工爵，或謂之過鸁，或謂之女鷗；自關而西，謂之桑飛，或謂之襪爵。《本草綱目》云：桑飛處處有之，灰色有斑[73]，聲如吹嘘，取茅葦毛毳為窠，大如雞卵，而繫之以麻髮，至為精密。

73 灰色有斑，滿文讀作“fulenggi bocoi funggaha de bederi bi”，意即「灰色毛有斑」。

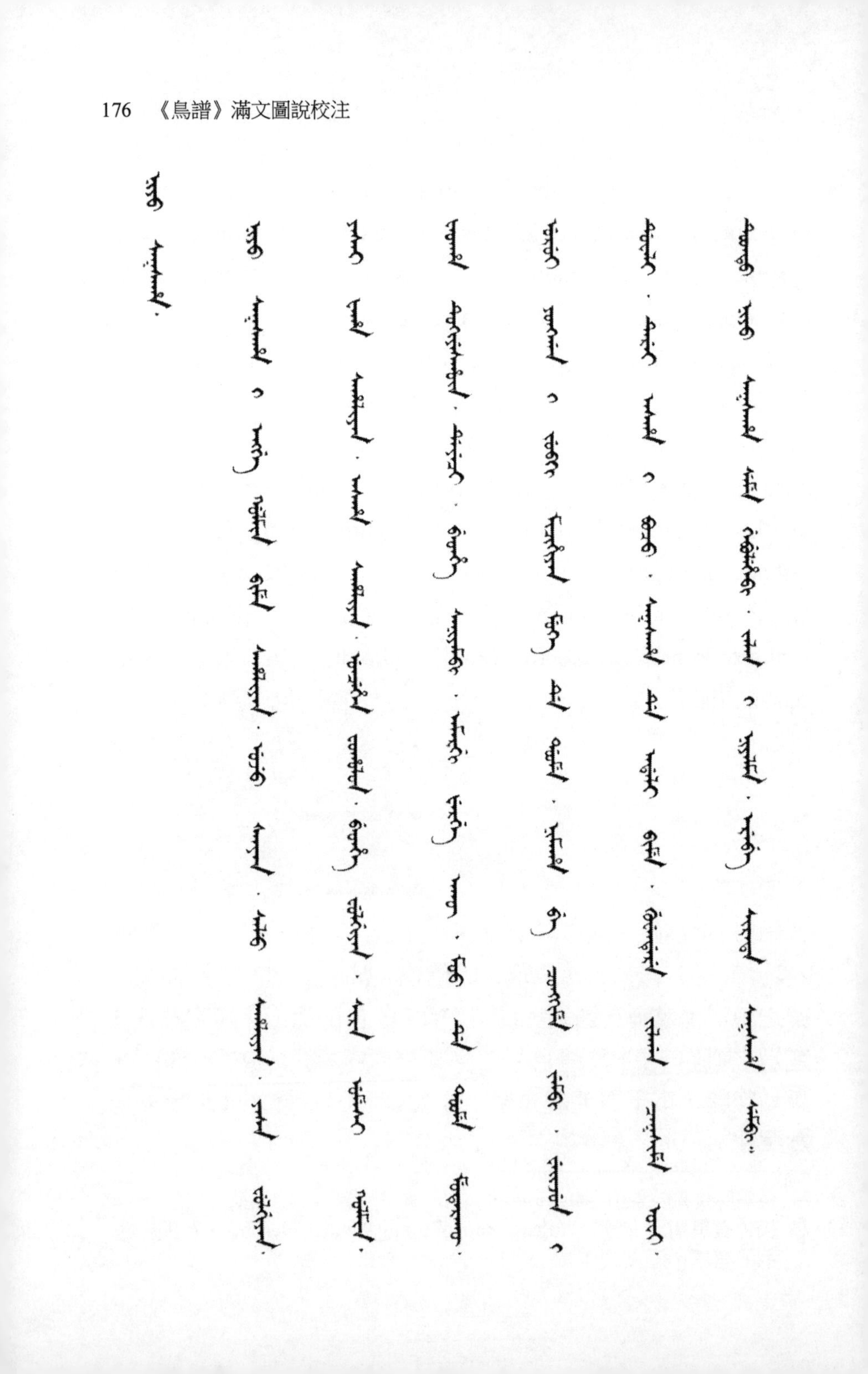

[illegible]

[illegible]

[illegible]

[illegible]

[illegible]

[illegible]

[illegible]

niyo saksaha.

niyo saksaha i engge golmin bime sahaliyan, uju šanyan, salu sahaliyan, yasa fulgiyan, yasai faha sahaliyan, asha sahaliyan, uncehen foholon, bethe fulgiyan, sira umesi golmin, fatha tukiyeshūn, deyeci bethe saniyambi, amargi ferge akū, moo de doome muterakū, urui yonggan i jubki micihiyan muke de doome, nimaha be congkime jembi, weijun i duwali, terei asha i boco, saksaha de adali bime, guwendere jilgan caksime ofi, tuttu niyo saksaha seme gebulehebi. jalan i niyalma, erebe sirata saksaha sembi.

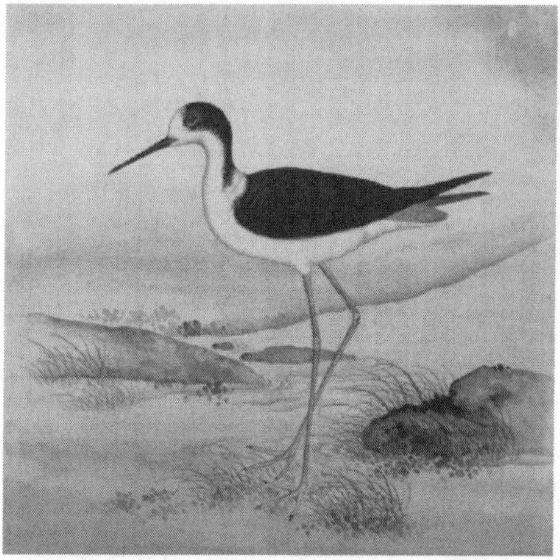

水喜鵲

水喜鵲，長黑咮[74]，白頂，黑鬚，紅眼，黑睛，黑翅，短尾，紅足，其脛甚長，其踵企，飛則伸其脚，無後趾，不能登木[75]，恆立沙渚淺水中，啄魚而食之，鸛類也，以其翅色有似乎鵲，其聲亦唶唶然，故名水喜鵲，俗呼長脚娘。

74 長黑咮，滿文讀作“engge golmin bime sahaliyan”，意即「長黑喙」，或「長黑觜」。

75 不能登木，滿文讀作“moo de doome muterakū”，意即「不能棲木」。

[illegible]

[illegible]

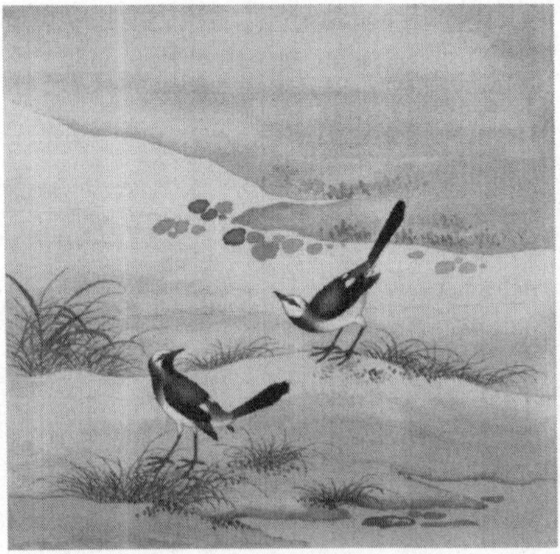

inggali, emu gebu yongkiri inggali, emu gebu šersen inggali.

inggali, cecike de adali bime amba, engge sahaliyan, uju, sencehe šanyan, yasa fulgiyan, yasai faha sahaliyan, golmin sahaliyan šaksaha faitan i adali, sencehe sahaliyan, tunggen šušu boco, hefeli šanyan, huru yacikan fulenggi boco, asha yacikan sahaliyan, asha de juwe da šanyan dethe banjihabi, bethe, ošoho yacikan fulenggi boco, sira den, uncehen golmin bime šanyan mersen bi, tuttu inu šersen inggali seme hūlambi, ere cecike niyo gasha inu, terei emile ningge oci sencehe sahaliyan. hancingga šunggiya de, inggali serengge, yongkiri inggali inu sehebi. gashai nomun i suhe hergen de, inggali serengge, cecike i duwali, uncehen šulihun, engge golmin, meifen sahaliyan, hefeli yacikan fulenggi boco bime, hefeli i fejile buljin šanyan, deyeci guwendembi, yabuci aššambi sehebi. nonggiha šunggiya de, inggali guwendere de, beye beyei gebu be hūlambi sehebi. ememungge uju, uncehen ishunde acabumbi, deyembime guwendeme ofi, tuttu yongkiri inggali sembi, yongkiri inggali sehengge,

---

鶺鴒，一名雝渠，一名點尾

鶺鴒，如雀而大，黑喙，白頭、頷，紅眼，黑睛，黑頰長如眉，黑頦，紫胸，白腹，青灰色背，青黑翅，翅有兩白毛，青灰足、爪，高脛，長尾，尾有白點，故亦呼點尾，水鳥也。其雌者頷黑。《爾雅》云：鶺鴒，雝渠。《禽經》注云：鶺鴒，雀屬也，尖尾長喙，頸黑青灰色[76]，腹下正白，飛則鳴，行則搖。《埤雅》云：鶺鴒，其名自呼，或曰首尾相應，飛且鳴者，故謂之雝渠，

---

76 頸黑青灰色，滿文讀作“meifen sahaliyan, hefeli yacikan fulenggi boco”，意即「黑項，腹青灰色」，滿漢文義不合。

[illegible]

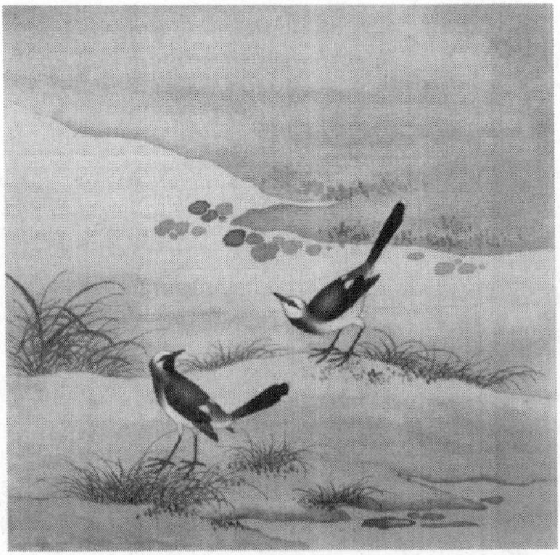

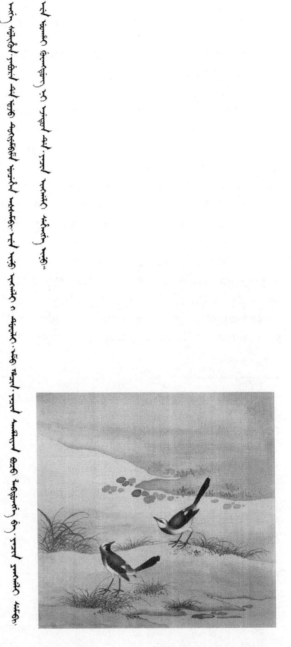

tere aššara be gisurehebi. tuwaci, inggali i dorgide duin hacin bi, emu hacin yasa de sahaliyan faitan bi, tunggen šušu boco, uncehen de šanyan mersen bisirengge be, šersen inggali sembi, ere uthai hancingga šunggiya de, yongkiri inggali sehengge inu. emu hacin, uju, sencehe šanyan, hefeli, asha šanyan, tunggen de jiha i adali sahaliyan šanyan alha bisirengge be, te i niyalma yanggali sembi, ere uthai irgebun i nomun i suhen de, jihari yanggali sehe, jaka hacin i acinggiyandure ejetun de, nimari yanggali sehengge inu. emu hacin, uju, hefeli suwayan, huru yacikan fulenggi boco, asha de šanyan jerin bisirengge be, te i niyalma aisin yanggali sembi, urui jubki ulhū bisire bade tomombi, engge šulihun, yabure de uju tukiyembime uncehen aššambi, ere inu inggali i duwali. emu hacin, yacin sahaliyan boco labdungge be, yacin yanggali sembi, ere uthai guwangdung ni ejetun de, yacin inggali sehengge inu.

渠之言勤也[77]。案鶺鴒有四種：一種眼有黑眉，紫胸，尾有白點者，名點尾，《爾雅》所謂雝渠也；一種白頭、頷，白腹、白翅，胸有黑白文如錢，今俗謂之蘿蔔花，即《詩疏》所謂連錢，《物類相感志》所謂雪姑也；一種黃頭、腹，青灰背，翅有白邊者，今俗謂之黃蘿蔔花，多栖止於水渚茭蘆間，尖喙，翹尾，行則首動尾應[78]，亦其屬也；一種青黑毛多者，名青蘿蔔花，《粵志》所謂青鶺鴒也。

---

77 渠之言勤也，滿文讀作“tere aššara be gisurehebi”，意即「言其動也」。

78 翹尾，行則首動尾應，滿文讀作“yabure de uju tukiyembime uncehen aššambi”，意即「行則首翹尾動」，滿漢文義頗有出入。

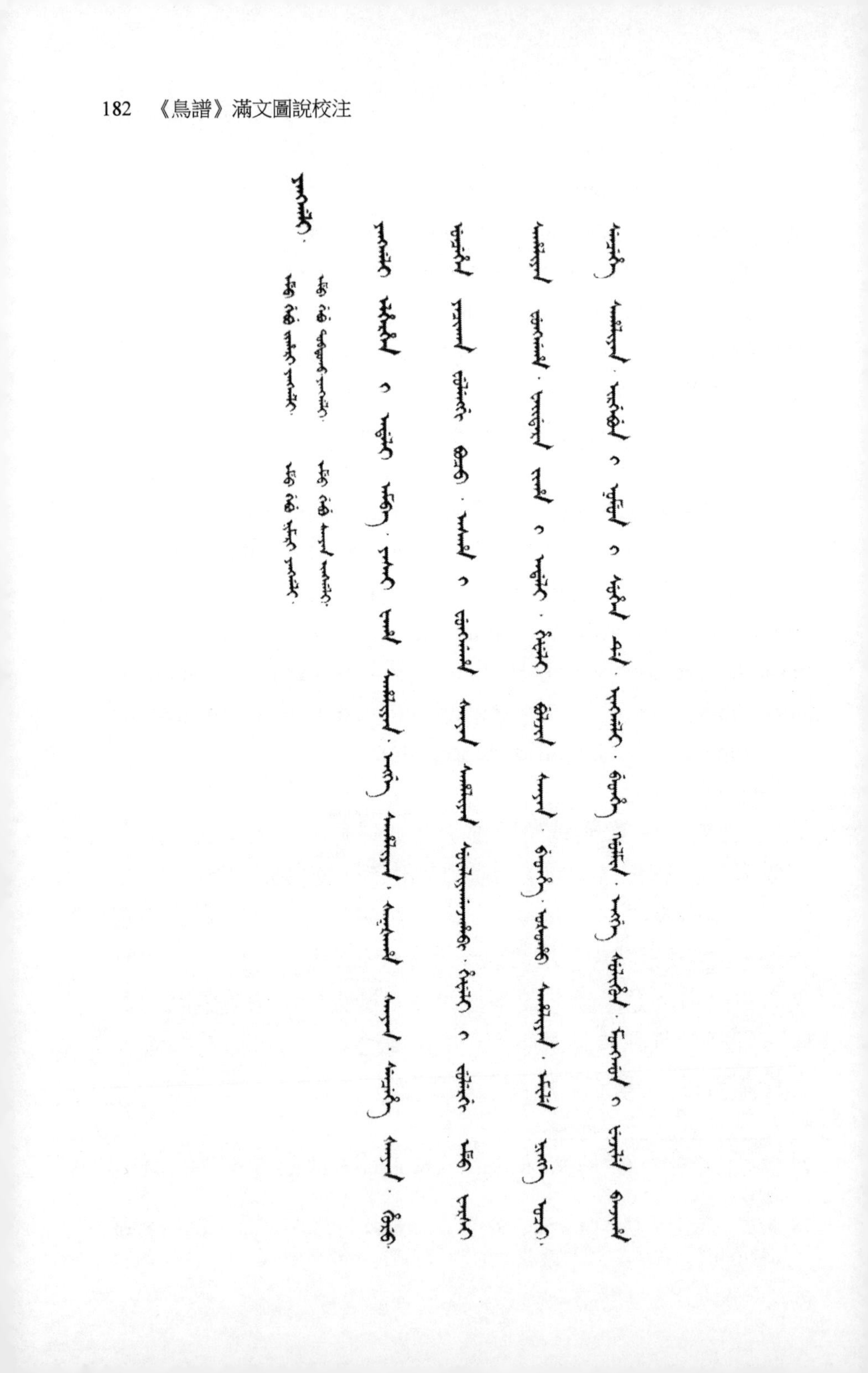

yanggali, emu gebu jihari yanggali, emu gebu nimari yanggali, emu gebu tobtoko yanggali, emu gebu šanyan inggali.

yanggali elherhen i adali amba, yasai faha sahaliyan, engge sahaliyan, šakšaha šanyan, sencehe šanyan, huru, uncehen yacikan fulenggi boco, asha i funggaha šanyan sahaliyan suwaliyaganjahabi, hefeli i julergi emu farsi sahaliyan funggaha, faidara jiha i adali, hefeli buljin šanyan, bethe, ošoho sahaliyan, emile ningge oci, sencehe sahaliyan. irgebun i nomun i suhen de, inggali, bethe golmin, engge šulihun, monggon i fejile banjiha

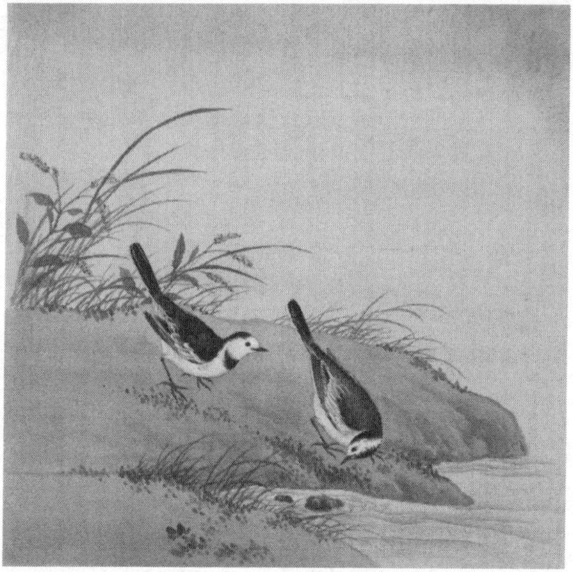

蘿蔔花，一名連錢，一名雪姑，一名錢母，一名白鶺鴒

蘿蔔花，大如鴳雀，黑睛，黑觜，白頰，白頷，背、尾青灰色，翅毛白黑相間，腹前黑毛一片有如連錢，腹純白，黑足、爪。雌者黑頷。《詩疏》云：鶺鴒，長脚，尖喙，

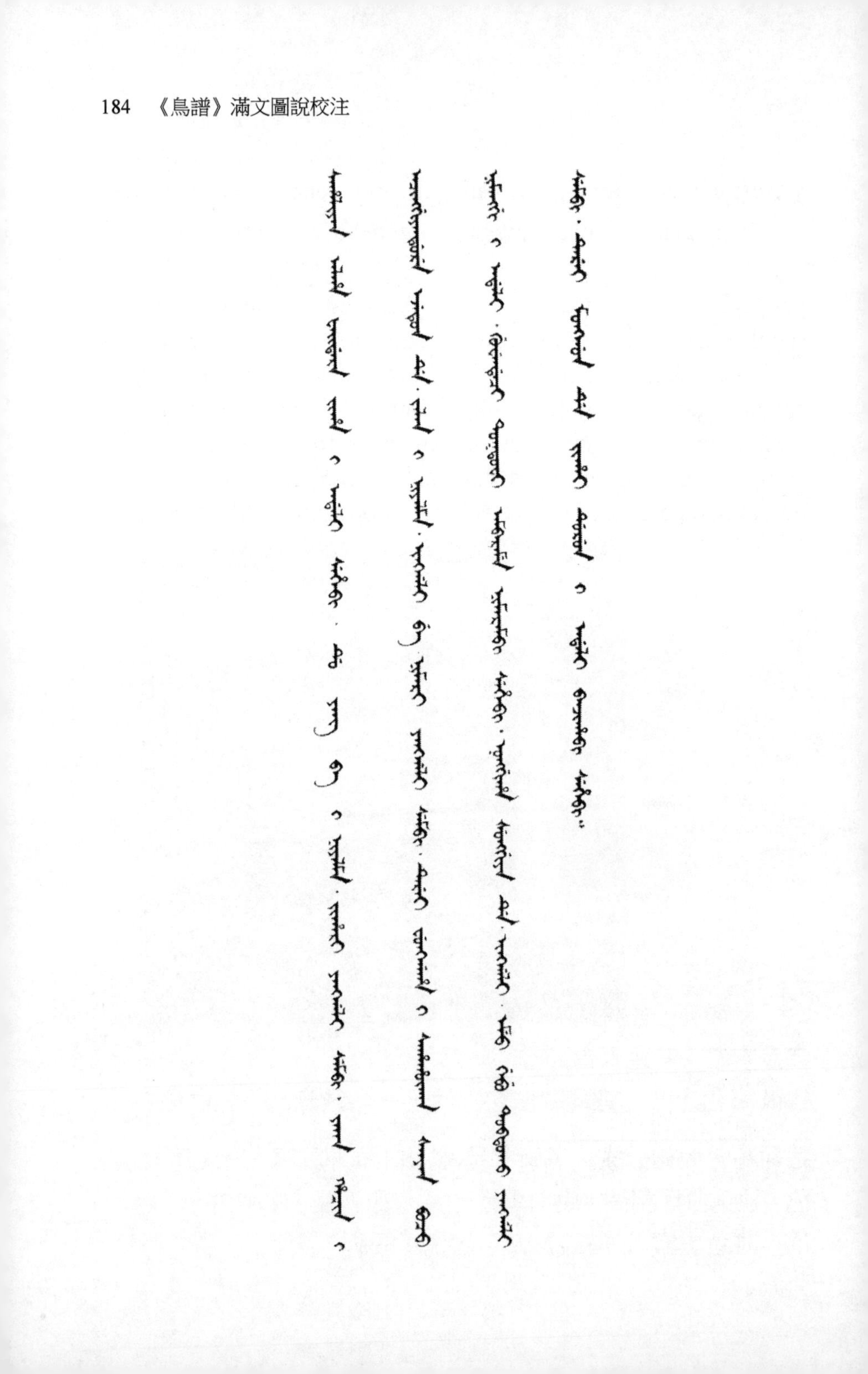

[illegible]

sahaliyan alha faidara jiha i adali sehebi, du yang ba i niyalma, jihari yanggali sembi. jaka hacin i acinggiyandure ejetun de, jalan i niyalma, inggali be nimari yanggali sembi, terei funggaha i sahahūkan šanyan boco nimanggi i adali, guwendeci toktofi ambarame nimarambi sehebi. nonggiha šunggiya de, inggali emu gebu tobtoko yanggali sembi, terei monggon de jihai durun i adali banjihabi sehebi.

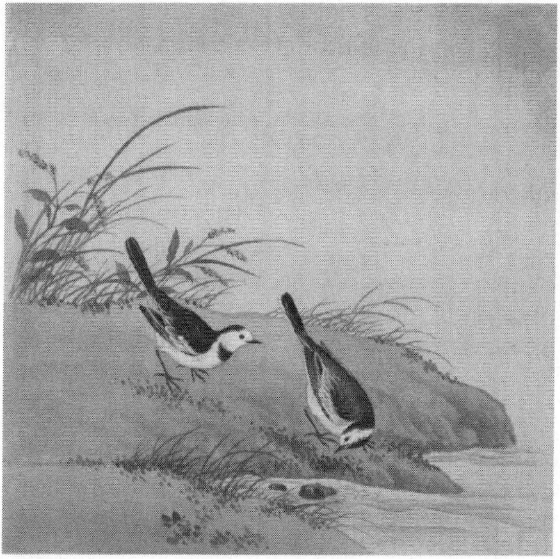

頸下黑如連錢[79]，杜陽人謂之連錢。《物類相感志》云：鶺鴒，俗呼雪姑。其色蒼白如雪[80]，鳴則天當大雪。《埤雅》云：鶺鴒，一名錢母，其頸如錢文。

79 頸下黑如連錢，滿文讀作"monggon i fejile banjiha sahaliyan alha faidara jiha i adali sehebi"，意即「頸下有黑紋如連錢」。

80 其色蒼白如雪，滿文讀作"terei funggaha i sahahūkan šanyan boco nimanggi i adali"，意即「其毛色蒼白如雪」。

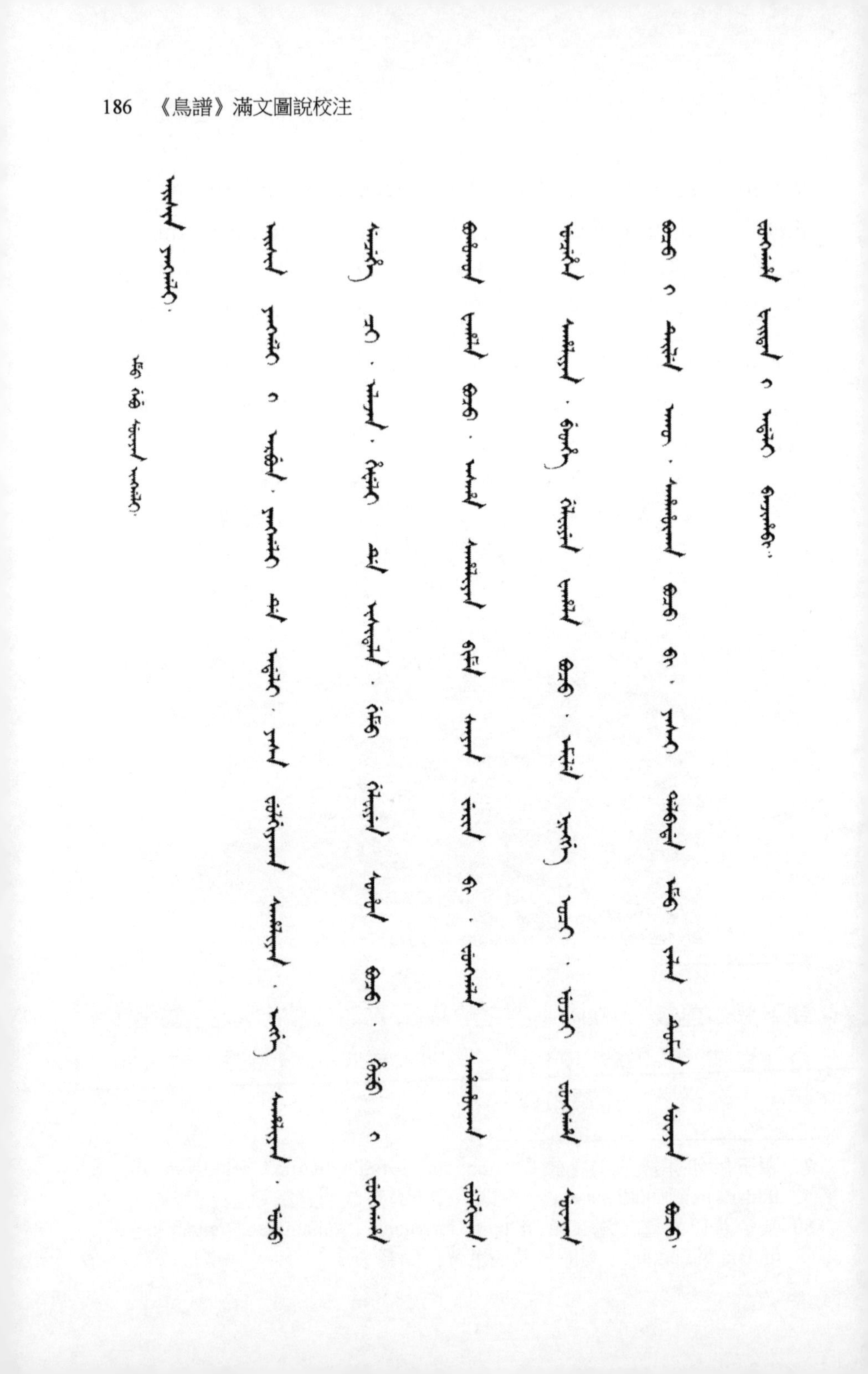

[illegible]

aisin yanggali, emu gebu suwayan inggali.

aisin yanggali i arbun, yanggali de adali, yasa fulgiyakan sahaliyan, engge sahaliyan, uju, sencehe ci alajan, hefeli de isitala, gemu gelfiyen sohon boco, huru i funggaha bohokon fahala boco, asha sahaliyan bime šanyan jerin bi, funggala sahahūkan fulgiyan, uncehen sahaliyan, bethe gelfiyen fahala boco, emile ningge oci, ujui funggaha suwayan boco i teile akū, sahahūkan boco bi, yasai dalbade emu jalan tumin suwayan boco, funggaha faitan i adali banjihabi.

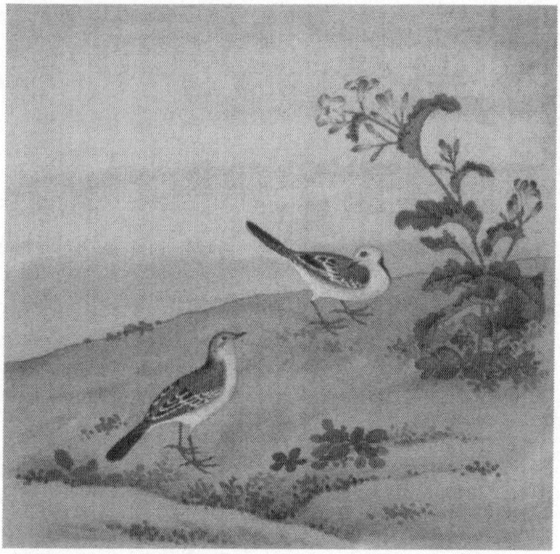

黃蘿蔔花，一名黃鶺鴒

黃蘿蔔花，狀與蘿蔔花同，赤黑眼，黑觜，頂、頷至臆、腹，俱薑黃色[81]，背毛慘藕色，黑翅白邊，翮毛蒼赤，黑尾，藕色足[82]。雌者，頂不純黃[83]，帶蒼色，眼旁深黃毛一道如眉。

81 薑黃色，滿文讀作"gelfiyen sohon boco"，意即「淺黃色」。
82 藕色足，滿文讀作"bethe gelfiyen fahala boco"，意即「淺藕色足」。
83 頂不純黃，滿文讀作"ujui funggaha suwayan boco i teile akū"，意即「頂毛不只黃色」。

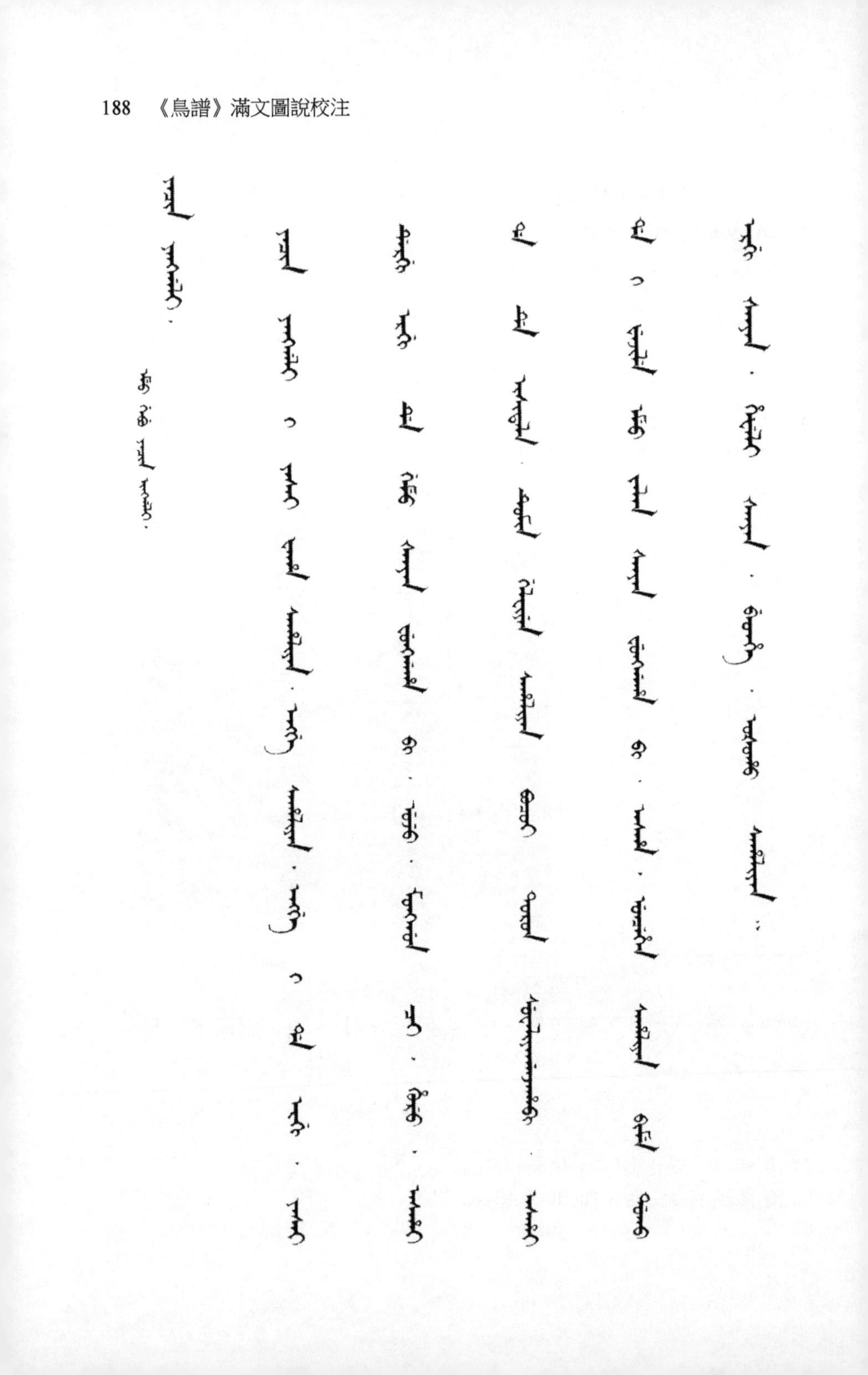

[illegible]

yacin yanggali, emu gebu yacin inggali.

yacin yanggali i yasai faha sahaliyan, engge sahaliyan, engge i da ergi, yasai dergi ergi de gemu šanyan funggaha bi, uju, monggon ci huru, ashai da de isitala, tumin gelfiyen sahaliyan bocoi toron suwaliyaganjahabi, ashai da i fejile emu jalan šanyan funggaha bi, asha, uncehen sahaliyan bime doko ergi šanyan, hefeli šanyan, bethe, ošoho sahaliyan.

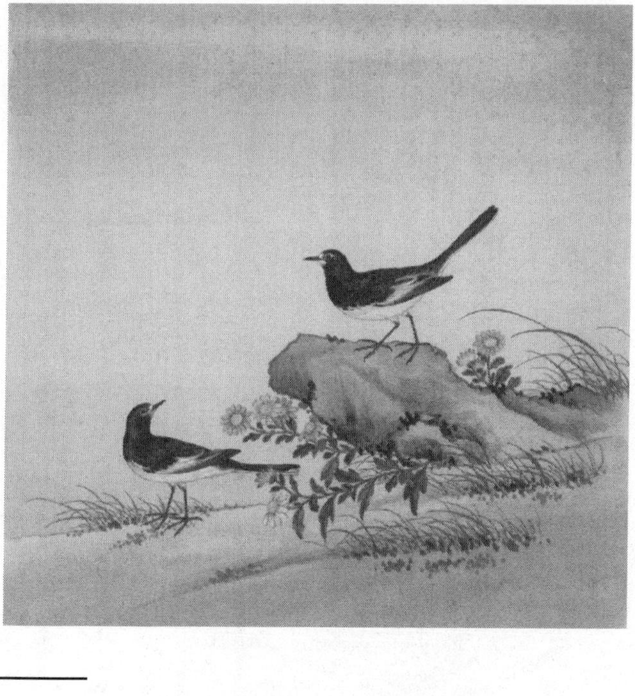

青蘿蔔花，一名青鶺鴒

青蘿蔔花，黑睛，黑觜，觜根、目上皆有白毛，頭、頸至背、膊黑暈淺深相雜，膊下白毛一節，黑翅、尾白裏，白腹，黑足、爪。

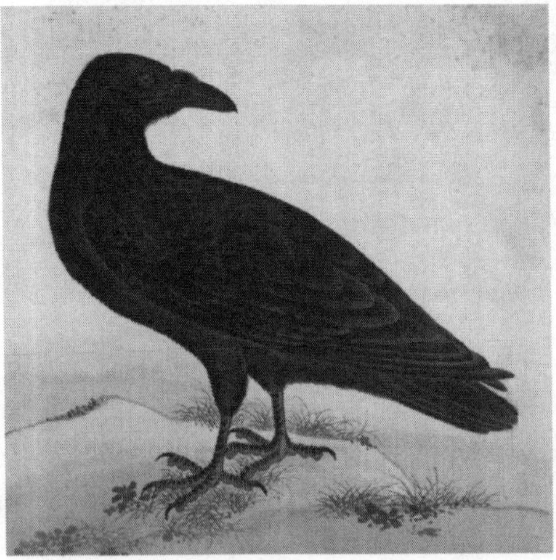

holon gaha, emu gebu hiyoošuri gaha, emu gebu jilari gaha.

holon gaha, gaha ci amba, yasai faha sahaliyan, engge sahaliyan, engge i da ergide funggaha bi, beyei gubci buljin sahaliyan, bethe, ošoho sahahūri, terei asha geren gaha ci dembei golmin, te šansi jecen i biturame jasei tule gobi i ba de labdu bi, gemun hecen i hanci šurdeme bigan tala de kemuni sabumbi, deyere de feniyelerakū bicibe, inu emteli deyerakū, toktofi juru juru dahalame deyembi, deyerengge hahi bime den, buthašara de umesi mangga, niyalma hiyoošuri gaha seme ofi, inu tanggilara gabtarangge akū. gasha i nomun de, holon gaha karu ulebumbi sehebe suhe bade, holon gaha be hiyoošuri gaha sembi, mutuha manggi, terei eme de karu ulebumbi sehebi. dulimbai gurun i julge te i suhen de, holon gaha, emu gebu

---

慈烏，一名孝烏[84]，一名慈鴉

慈烏比烏鴉而大，黑睛，黑觜，觜根有毛，通身純黑，蒼黑足、爪，其翅特長於諸鴉。今陝西沿邊及口外郭畢地方多有[85]，近京曠野處間或見之，其飛不群亦不單，必兩兩相逐，翔轉疾而高，捕之最難。人以其為孝烏，亦無有彈射之者。《禽經》：慈烏反哺。注云：慈烏曰孝烏，長則反哺其母。《中華古今注》云：慈烏，一名

---

84 孝烏，滿文讀作"hiyoošuri gaha"，意即「孝烏」，此「鳥」，當作「烏」。
85 郭畢，滿文讀作"gobi"，意即「沙漠」，此音譯作「郭畢」。

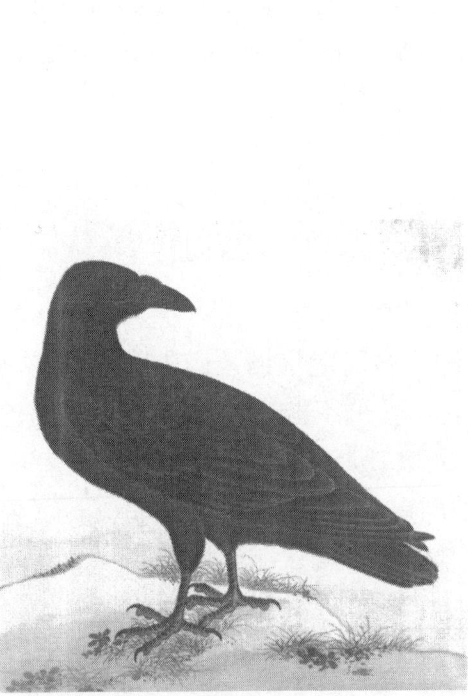

hiyoošuri gaha sembi sehebi. eiten jakai jurgan be suhe bithede, gaha banjime jaka, ini eme ninju inenggi ulebumbi, mutuha manggi, ninju inenggi karu ulebure be tuwaci, jilan hiyoošun seci ombi, inu jilari gaha seme gebulehebi sehebi. fisembuhe eiten jakai ejetun de, gaha i karu uleburengge be holon gaha sembi, hefeli i fejile šanyan, karu ulebu rakūngge be giyalin gaha sembi, monggon šanyan, feniyeleme deyerengge be cibiha sembi, amba bime uju šanyan ningge be mahala gaha sembi, fangkala bade tomorongge be culin gaha sembi, buljin sahaliyan bime engge fulgiyan ningge be ebte gaha sembi sehebi. tuwaci, gaha i duwali, umesi labdu, buljin sahaliyan bime beye amba, asha golmin ningge be holon gaha sembi, inu hiyoošuri gaha seme gebulehebi, erde yamji feniyeleme deyere buljin sahaliyan ningge be gaha sembi, inu yanggūha seme gebulehebi, yali fengsan jeci ojorakū, erei dorgide emu hacin i jeci ojorongge, beye

---

孝烏[86]。《庶物釋義》云：烏初生，母哺六十日，長則反哺六十日，可謂慈孝矣，亦名慈鴉。《續博物志》云：烏鴉反哺，為慈烏；腹下白，不反哺，為賈鴉；白項群飛，為燕烏；大而白頭為倉頭；卑居為楚烏；純黑而觜紅者，曰阿雛烏。案：烏類甚多，純黑而身大翅長者，謂之慈烏，亦名孝烏。朝夕群飛而純黑者，謂之烏鴉，亦名陽烏，肉羶不可食[87]。內有一種可食者，

---

86 孝鳥，滿文讀作"hiyoošuri gaha"，意即「孝烏」，此「鳥」，當作「烏」。
87 肉羶，滿文讀作"yali fengsan"，句中"fengsan"，當作"fungsan"。

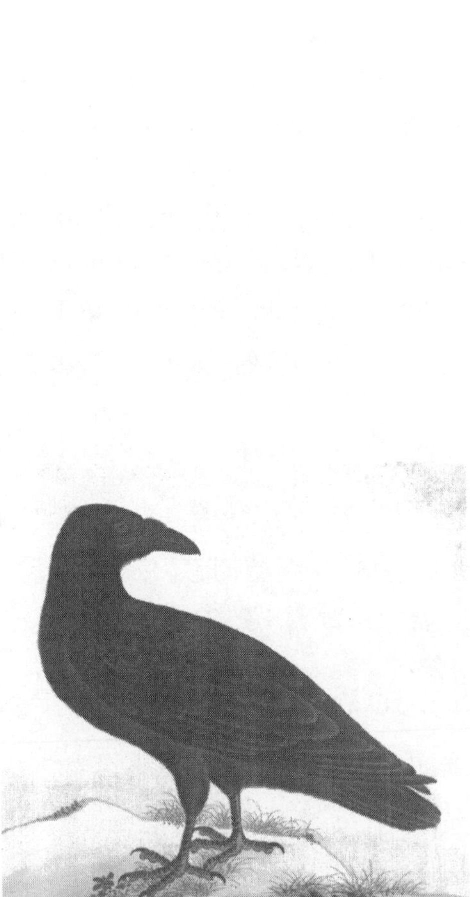

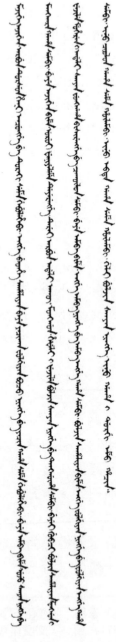

majige ajigen, arbun dursun heni encungge be turaki seme gebulehebi. engge, bethe sahaliyan, beye yacikan fulgiyan boco ningge be yacin gaha seme gebulehebi. beye amba bime uju šanyan ningge be mangkara gaha sembi, beye ajigen bime, urui feniyeleme deyerengge, terei arbun adali akū, monggon, hefeli i fejile buljin šanyan ningge be tanggūha sembi, beyei gubci buljin sahaliyan, monggon i fejile muheren i adali, šanyan funggaha bisirengge be cakūlon sembi, beye amba bime, engge amba ningge be amba engge gaha sembi, buljin sahaliyan bime, engge fulgiyan ningge be fulgiyan engge gaha sembi, inu coolon gaha seme hūlambi, inu ebte gaha seme hūlambi, geli buljin šanyan ningge, inu gaha i dorgi emu hacin.

身略小，形狀稍異，名禿拉氣[88]；黑足[89]，身帶青紅色者，名青鴉；大而白頭者，謂之蒼烏。小而多群[90]，其狀不一，項、腹下純白者，謂之寒鴉；通體純黑，項下有白毛如環者，謂之白頸烏[91]；大而巨喙者，謂之巨觜烏；純黑而觜紅者，謂之赤觜烏，亦名鸀，亦名阿雛烏。又有純白者，亦烏之一種。

88 禿拉氣，滿文讀作“turaki”，亦即「元烏」，此音譯作「禿拉氣」。
89 黑足，滿文讀作“engge, bethe sahaliyan”，意即「黑觜、足」，此脫「觜」字。
90 小而多群，滿文讀作“beye ajigen bime, urui feniyeleme deyerengge”，意即「身小而屢群飛者」，滿漢文義，詳略頗有出入。
91 白頸烏，滿文讀作“cakūlun”，此作“cakūlon”，異。

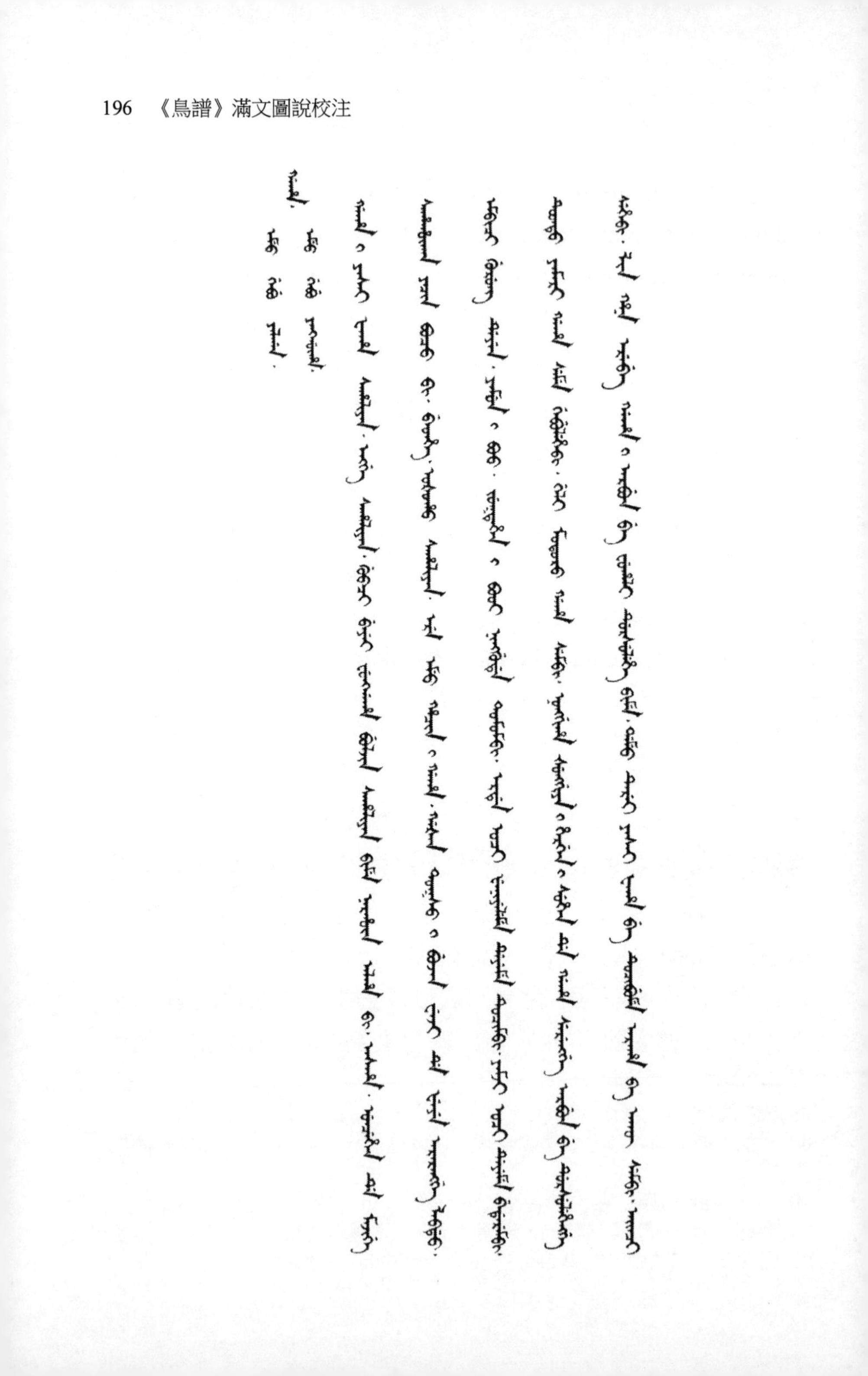

gaha, emu gebu yalgan, emu gebu yanggūha.

gaha i yasai faha sahaliyan, engge sahaliyan, gubci beyei funggaha buljin sahaliyan bime narhūn alha bi, asha, uncehen de majige sahahūkan yacin boco bi, bethe, ošoho sahaliyan, ere emu hacin i gaha, gašan tokso i bujan weji de feye ararangge labdu, embici gurung deyn, yamun i boo, juktehen i booi ninggude tomombi, erde oci feniyeleme deyeme tucimbi, yamji oci deyeme bederembi, tuttu yamari gaha seme gebulehebi. geli motoro gaha sembi, nonggiha šunggiya i hergen i suhen de, gaha serengge arbun be dursulehengge sehebi. lin han erebe gaha i arbun be fuhali dursulehe bime, damu terei yasai faha be tucibume araha ba akū sembi, ainci

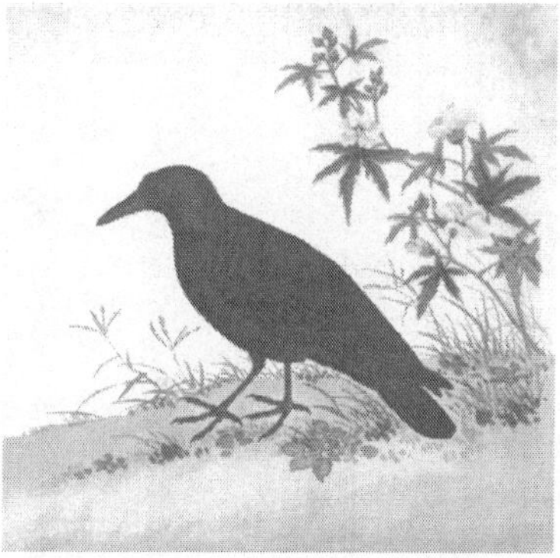

烏鴉，亦作烏鵶，一名陽烏

烏鴉，黑睛，黑觜，通身毛純黑，有細白紋[92]，翅、尾間略帶青蒼色，黑足、爪。此種多巢於村墟林木中，或棲於宮殿、官舍、廟宇屋上。晨則群飛而出，夕則飛翔而歸，故有朝暮之稱，亦曰林鴉。《埤雅》：《說文》曰烏，象形，林罕以為全象烏形，但不注其目睛，

92 有細白紋，滿文讀作“narhūn alha bi”，意即「有細紋」，滿漢文義不合。

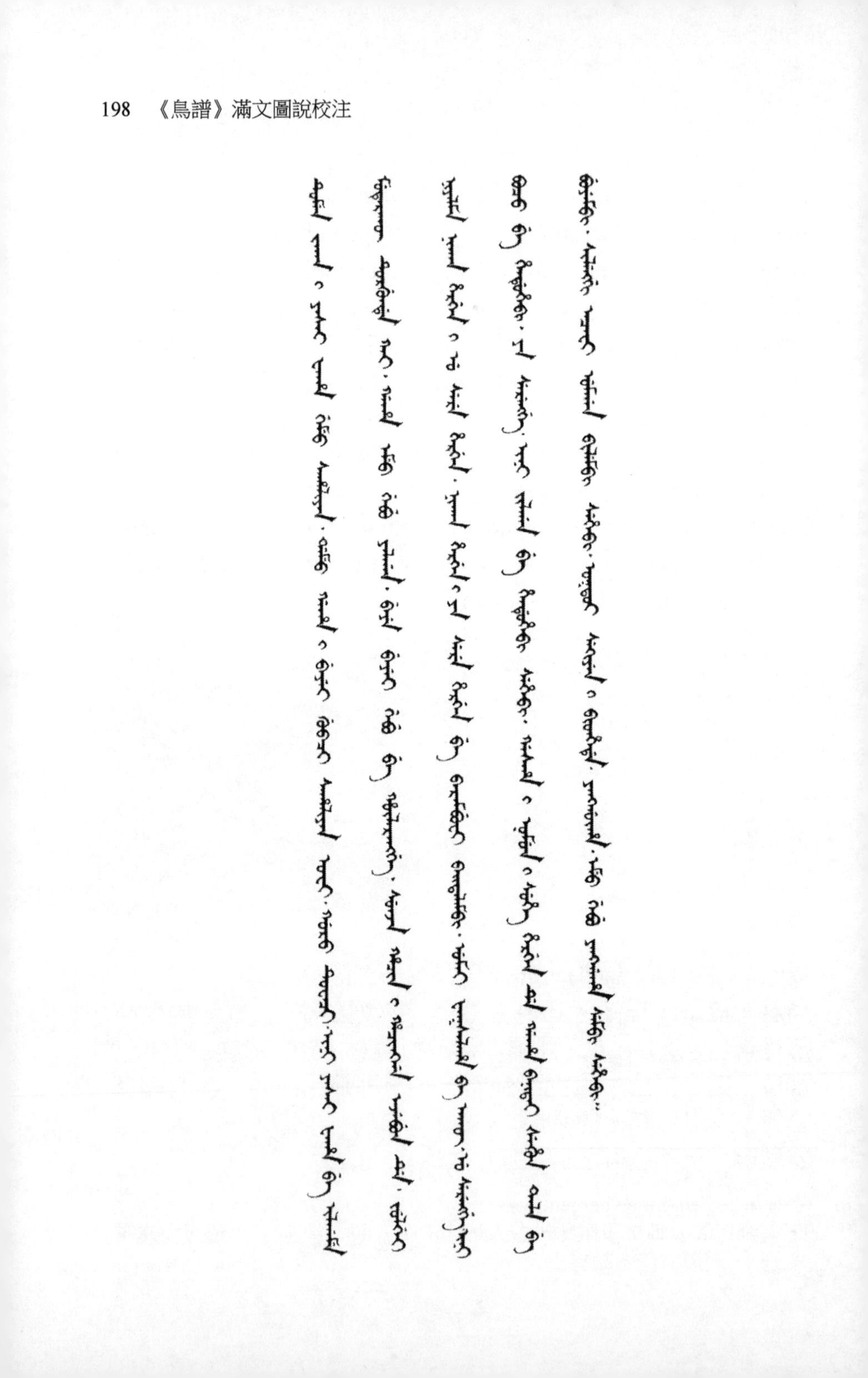

[illegible]

[illegible]

[illegible]

[illegible]

[illegible]

tumen jaka i yasai faha gemu sahaliyan, damu gaha i beyei gubci sahaliyan ofi, goro tuwaci, ini yasai faha be ilgame muterakū turgunde kai, gaha emu gebu yalgan, beye beyei gebu be hūlarangge. sunja hacin i hacingga ejebun de, julgei niyalma nikan hergen i u sere hergen, nikan hergen i ya sere hergen be barambufi baitalambi, umai faksalaha ba akū, u serengge ini boco be henduhebi, ya serengge, ini jilgan be henduhebi sehebi. gasha i nomun i suhe hergen de, gaha banitai šehun tala be buyembi, silenggi acafi umgan bilembi sehebi. oktoi sekiyen i bithede, yanggūha, emu gebu yanggaha sembi sehebi.

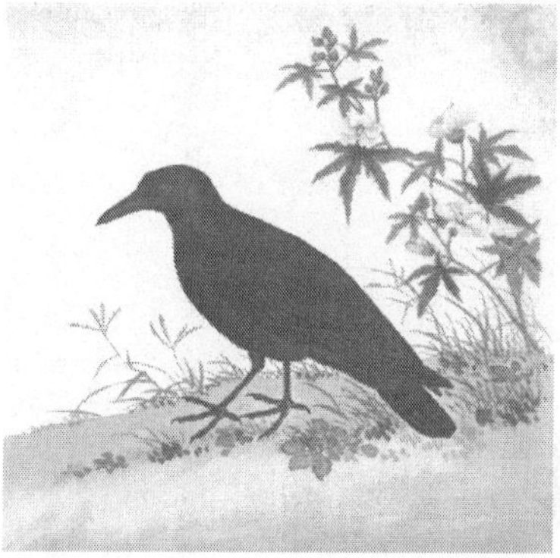

萬類目睛皆黑，烏體全黑，遠而不分別其睛也。烏，一名鴉，其名自呼。《五雜組》云：古人烏、鴉通用，未有分者[93]，烏言其色，鴉象其聲也。《禽經》注云：鴉性樂空曠，傳涎而孕。《本草綱目》云：陽烏，一名陽鴉。

93 古人烏、鴉通用，未有分者，滿文讀作“julgei niyalma nikan hergen i u sere hergen, nikan hergen i ya sere hergen be barambufi baitalambi, umai faksalaha ba akū”，意即「古人漢字『烏』、漢字『鴉』混用，並無分別」，滿漢文義，頗有出入。

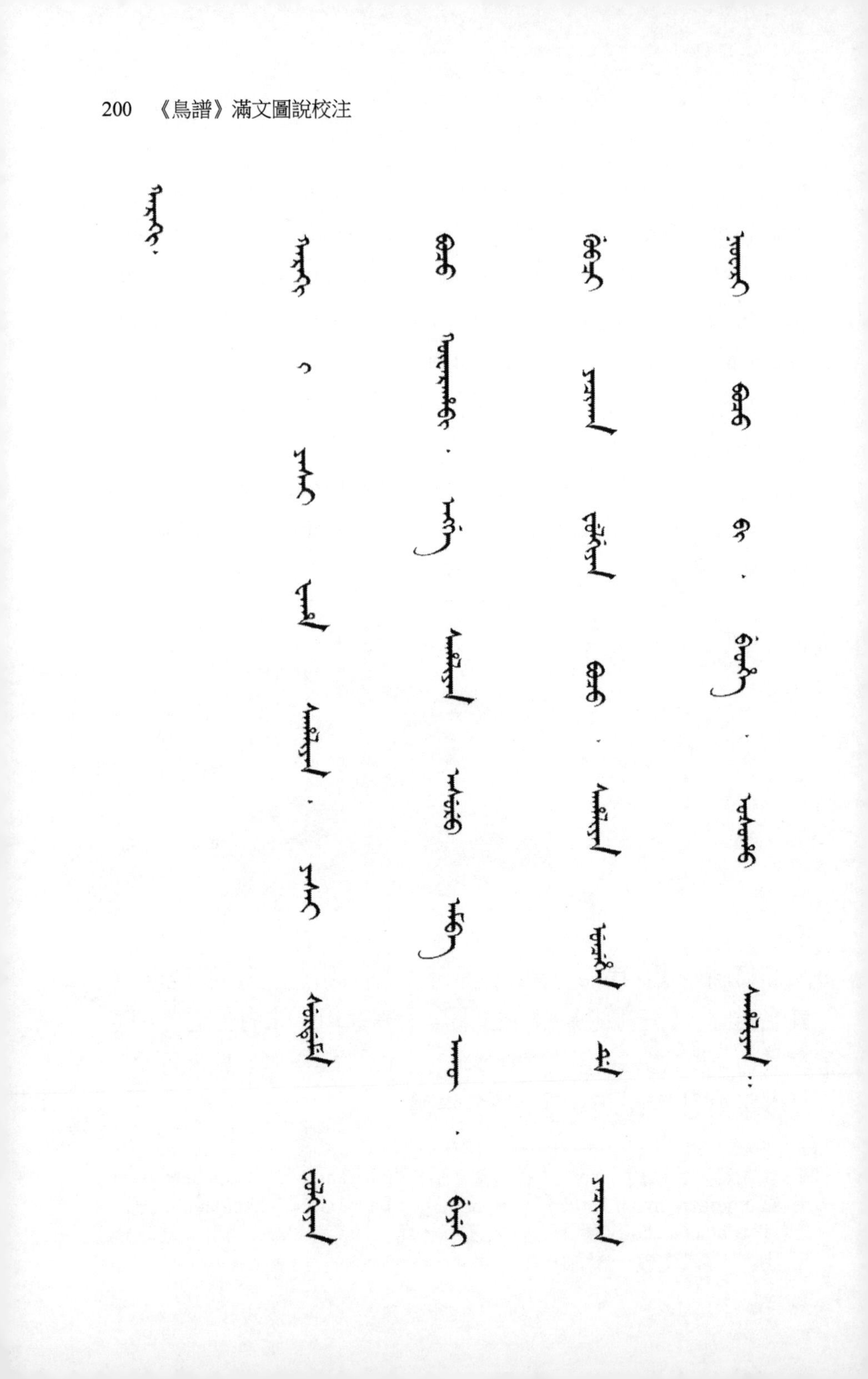

[illegible] [illegible] ᠪᡝ . [illegible] . [illegible] [illegible] :
[illegible] [illegible] [illegible] [illegible] . [illegible] [illegible] [illegible] [illegible]
[illegible] [illegible] . [illegible] [illegible] [illegible] [illegible] [illegible] . [illegible]
[illegible] ᡳ [illegible] [illegible] [illegible] . [illegible] [illegible] [illegible]
ᠨᡳᠩᡤᡝ .

karaki.

karaki i yasai faha sahaliyan, yasai šurdeme fulgiyan boco kūwarahabi, engge sahaliyan asuru amba akū, beyei gubci yacikan fulgiyan boco, sahaliyan uncehen de yacikan niowari boco bi, bethe, ošoho sahaliyan.

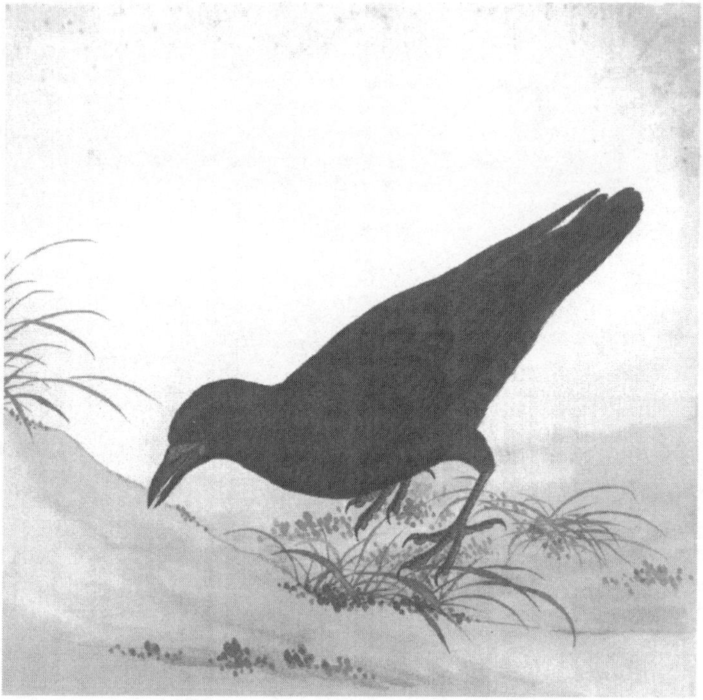

青鴉

青鴉，黑睛，紅暈，黑觜，觜不甚巨。通身作青紅色，黑尾有青翠，黑足、爪。

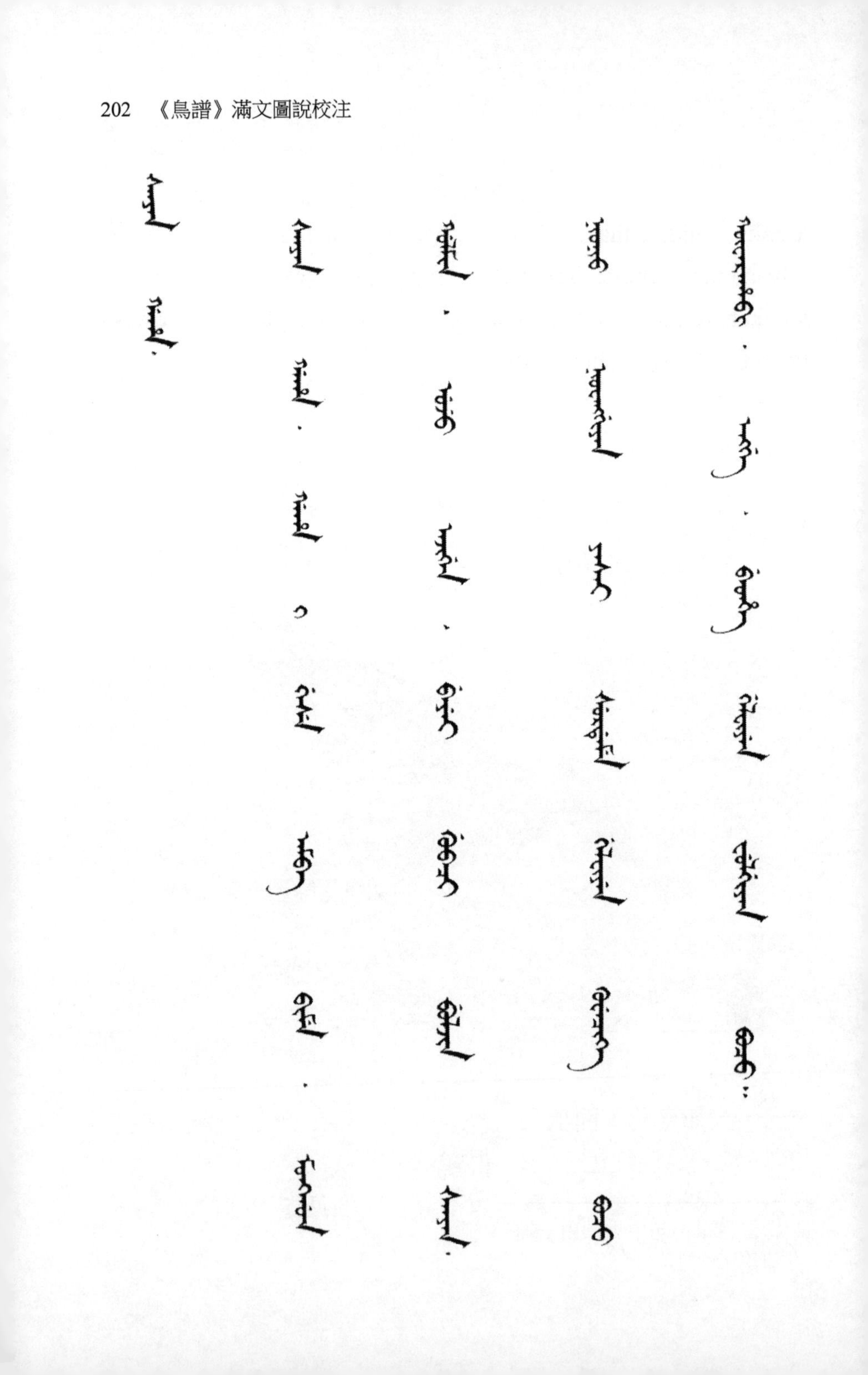

šanyan gaha.

šanyan gaha, gaha i gese amba bime, monggon golmin, uju ajigen, beyei gubci buljin šanyan, nionio niowanggiyan, yasai šurdeme gelfiyen kuwecike boco kūwarahabi, engge, bethe gelfiyen fulgiyan boco.

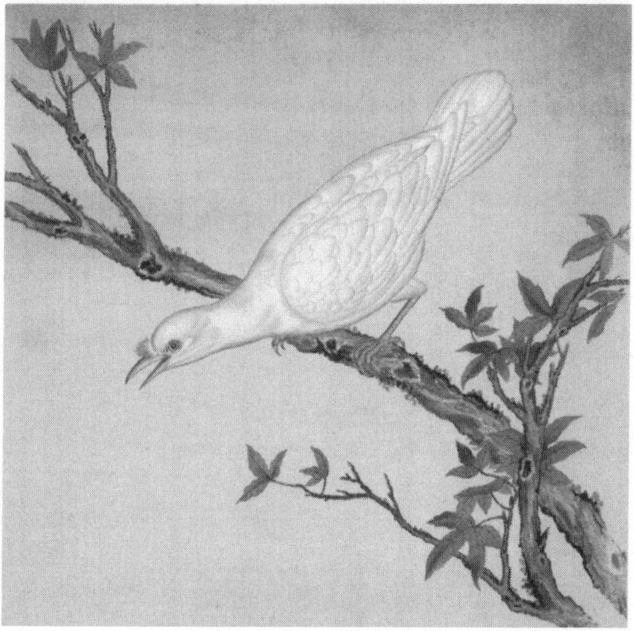

白鴉

白鴉，大如烏鴉，而項長，頭小，通身純白，綠瞳，縹白目暈[94]，觜、足淡紅色。

94 縹白目暈，句中「縹白」，滿文讀作"gelfiyen kuwecike"，意即「淡月白色」。

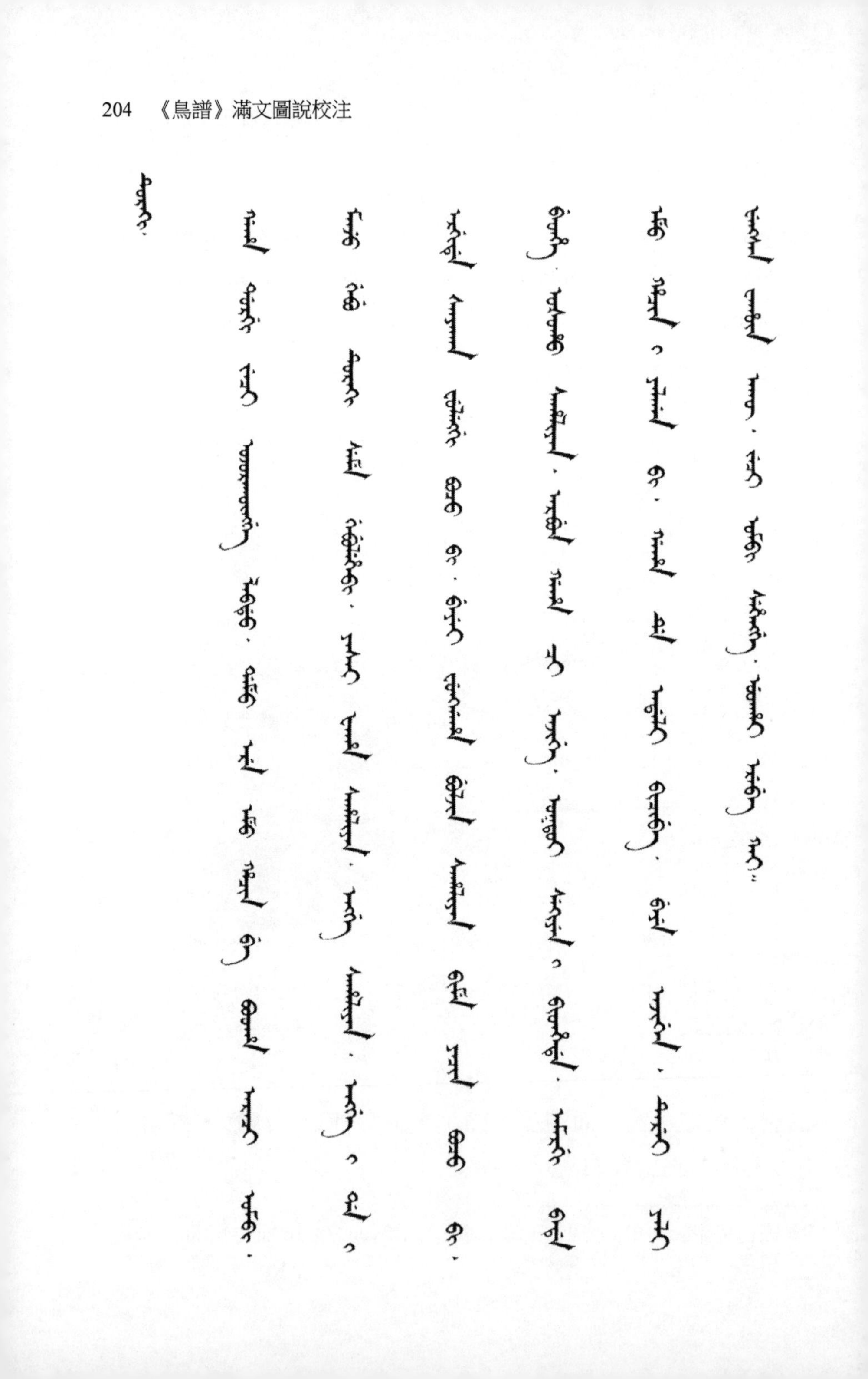

turaki.

gaha dorgi jeci ojorakūngge labdu, damu ere emu hacin be booha araci ombi, manju gebu turaki seme gebulehebi. yasai faha sahaliyan, engge sahaliyan, engge i da i ergide šanyakan fulenggi boco bi, beyei funggaha buljin sahaliyan bime yacin boco bi, bethe, ošoho sahaliyan, arbun gaha ci ajige. oktoi sekiyen i bithede, amargi bade emu hacin i yalgan bi, gaha de adali bicibe, beye ajigen, terei yali fengsan wahūn akū, jeci ombi sehengge, uthai erebe kai.

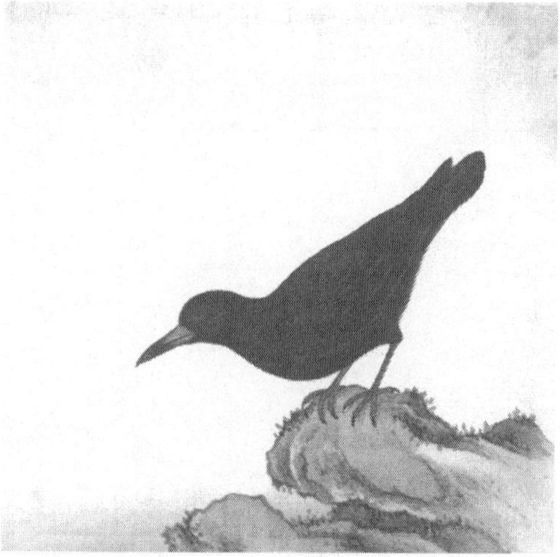

元烏

元烏多不可食[95]，獨此種可充庖饌，滿洲名禿拉氣，黑睛，黑觜，觜根帶灰白色，身毛純黑帶青，黑足、爪，形狀小於烏鴉。《本草綱目》云：北方有一種鴉，似烏鴉而小，其肉不羶臭[96]，可食，即此。

95 元烏多不可食，句中「元烏」，滿文讀作"gaha"，意即「烏鴉」，此作「元烏」（turaki），滿漢文義不合。

96 羶臭，句中「羶」，滿文當讀作"fungsan"，此作"fengsan"，誤。

ᡠᠵᡠ ᡧᠠᠨᠶᠠᠨ ᠰᠠᡥᠠᡥᡡᠨ· ᠰᠠᡥᠠᠯᡳᠶᠠᠨ ᠪᡝ ᠈ ᡤᡳᠯᡨᠠᡵᡳ ᠰᡠᠸᠠᠶᠠᠨ ᡶᡠᠯᡤᡳᠶᠠᠨ ᠰᠠᡥᠠᡥᡡᠨ· ᡶᡠᠩᡤᠠᡥᠠ· ᠰᡠᠸᠠᠶᠠᠨ ᠈ ᠰᡠᠸᠠᠶᠠᡴᠠᠨ ᠈ ᠪᡝᠶᡝ

ᡨᡠᠸᠠᡵᡳ ᠈ ᠪᡠᡵᡤᡳᠶᠠᠨ· ᡧᠠᠨᠶᠠᠨ ᠪᡝ· ᡠᠵᡠ ᡧᠠᠨᠶᠠᠨ ᠰᠠᡥᠠᡥᡡᠨ ᠰᠠᡥᠠᠯᡳᠶᠠᠨ· ᠰᡠᡥᡠᠨ ᠪᠣᠴᠣ ᠰᡠ· ᡧᠠᠨᠶᠠᠨ ᠠᠯᠠ ᠠᠯᠠ ᡤᡳᠯᡨᠠᡵᡳ ᡤᡳᠯᡨᠠᡵᡳ ᠰᡠᠸᠠᡥᠠᠨ·

ᡨᡠᠸᠠᠮᡝ ᠪᠣᡳᠮᡝ ᠰᠠᡥᠠᠨ· ᠪᡝᠶᡝ ᠰᠠᡥᠠᠯᡳᠶᠠᠨ ᡧᠠᠨᠶᠠᠨ ᠪᠣᠴᠣ· ᠰᡠᠸᠠᠶᠠᠨ ᡶᡠᠩᡤᠠᡥᠠ· ᠪᠣᡩᠣ· ᠠᡧᠠᡥᠠ ᠰᡠᡥᡠᠨ· ᡠᠨᠴᡝᡥᡝᠨ

ᡨᡠᠸᠠᡵᡳ ᠰᠠᡳᠨ ᡝᠮᡠ· ᠮᡠᡵᡠ ᠰᡠᠸᠠᠶᠠᠨ ᠈ ᡶᡠᠯᡤᡳᠶᠠᠨ ᠪᡠᡥᡳ ᠰᠠᡥᠠᡥᡡᠨ ᠰᡠᠸᠠᠶᠠᠨ ᠪᠣᡩᠣ ᠰᡠᠸᠠᠶᠠᡴᠠᠨᡩᡠ ᠈ ᡶᠣᠯᡤᡳᠶᠠᠨ·

ᡨᠣᠮᠣᡵᡳ ᠈ ᠠᠮᠪᠠ ᠰᠠᡥᠠᠯᡳᠶᠠᠨ ᠰᠠᡥᠠᠯᡳᠶᠠᠨ· ᡠᠵᡠ· ᠰᠠᡥᠠᠯᡳᠶᠠᠨ ᠈ ᡠᠵᡠ ᠈ ᡠᠨᠴᡝᡥᡝᠨ ᠈ ᡶᡠᠩᡤᠠᡥᠠ ᠪᠠ ᠰᠠᡥᠠᠯᡳᠶᠠᠨ ᡨᡠᠸᠠᡵᡳ ᠪᡳ

ᡨᠣᠮᠣᠰᡥᠣᠨ᠉

tanggūha.

tanggūha i yasai faha sahaliyan, engge sahaliyan, uju i dergi, sencehe i fejergi de banjiha sahaliyan funggaha de tumin yacin alha bi, yasai amargi meifen i hancikan bade sahaliyan šanyan boco suwaliyaganjahabi, monggon, hefeli buljin šanyan, huru, asha yacikan sahaliyan boco, uncehen sahaliyan, bethe, ošoho sahaliyan. oktoi sekiyen i bithede, gaha be inu yalgan sembi sehebi. gashai nomun de, yalgan ya ya seme garime ofi, tuttu yalgan sembi, amargi ba i niyalma tanggūha sembi sehebi. tuwaci, tanggūha i funggaha i boco

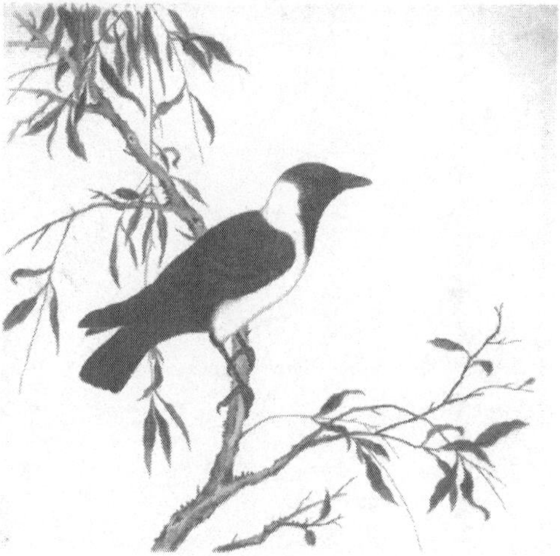

寒鴉

寒鴉，黑睛，黑觜，頂上、頷下黑毛帶深青紋，眼後近項處雜黑白色，項、腹純白，背、翅青黑色，黑尾，黑足、爪。《本草綱目》云：鴉亦作鵶。《禽經》：鵶，鳴啞啞，故謂之鵶，北人謂之寒鴉。案：寒鴉毛色

ᡩᠣᠨᠵᡳᠴᡳ ᠪᠠᠨᡳᠨ ᠪᠠᡳ ᡩᡝ ᡩᠣᠪᠣᡵᡳ᠈ ᠠᠩᡤᠠ᠈ ᠠᠩᡤᠠ ᠰᡝᠮᡝ ᡥᡡᠯᠠᠮᡝ ᡤᡠᠸᡝᠨᡩᡝᠮᠪᡳ᠉

adali akū, uju sahaliyan, monggon šanyan, sencehe šanyan ningge bi, huru alha ningge bi, asha de šanyan alha banjirengge bi, beyei gubci sahaliyan šanyan boco suwaliyaganjahangge bi, terei hefeli gemu buljin šanyan boco, gaha ci encungge ede kai, ere hacin i gaha, alin i hada, šumin tunggu, wehei yeru de feye arahangge labdu, inenggi šun de minggan tanggū feniyeleme deyeme bigan tala de doombi, šansi, sansi bade umesi labdu.

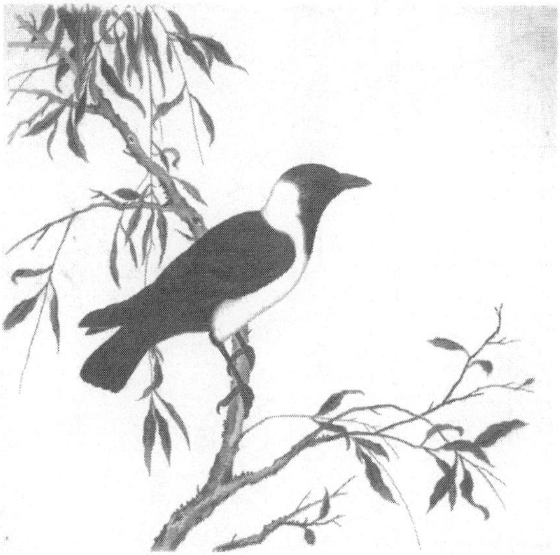

不一，有黑頭、白項、白頷者，有花背者，有花白翅者，有通身黑白相間者，而其腹則皆純白，此其所以異於烏鴉也。此種多巢於山巖深洞石穴中，日則飛集於曠野，千百成群，秦晉之地最多[97]。

97 秦晉，滿文讀作“šansi, sansi”，意即「陝西、山西」。

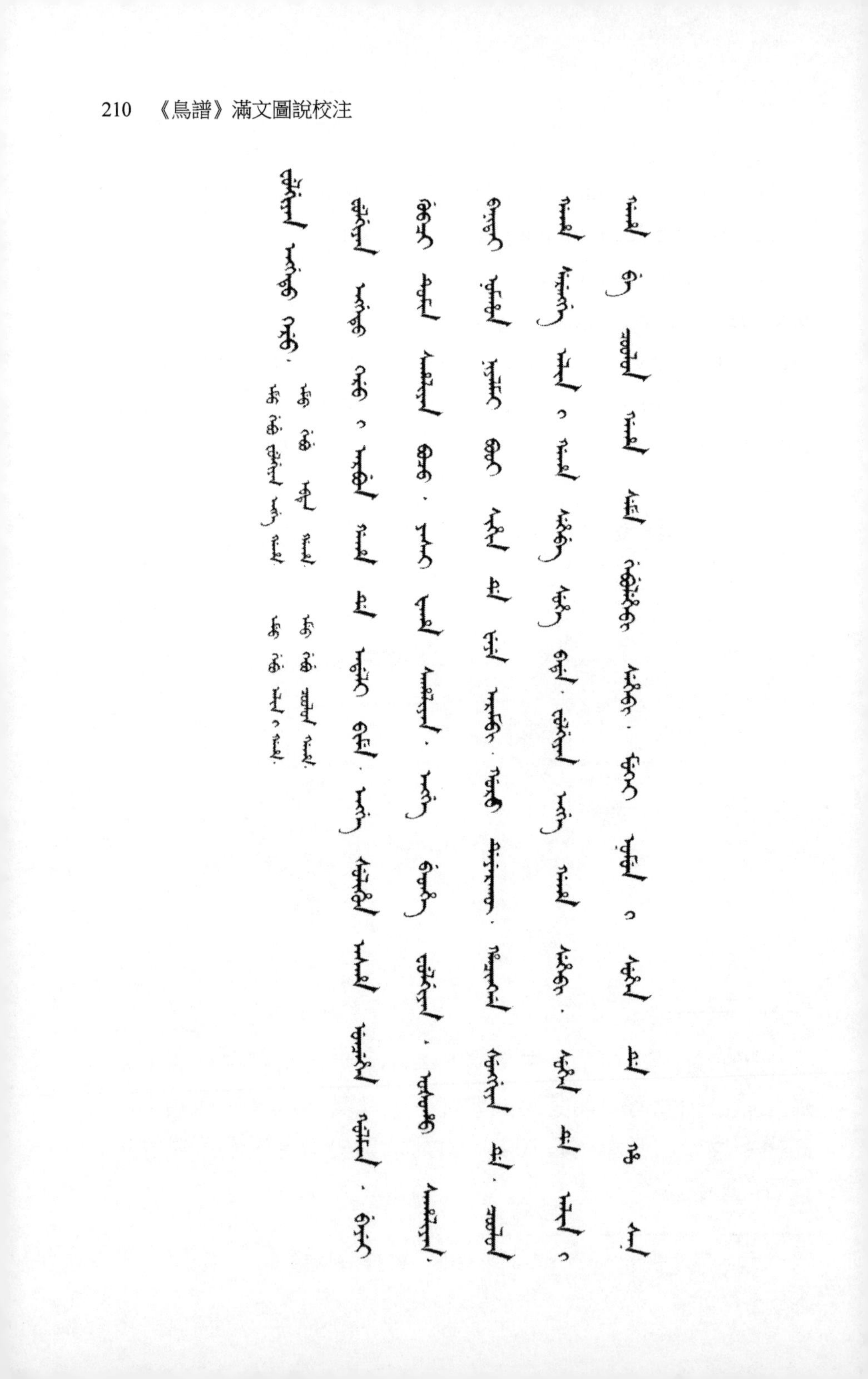

[illegible]

[illegible]

[illegible]

[illegible]

[illegible]

[illegible]

[illegible]

[illegible]

fulgiyan enggetu keru, emu gebu fulgiyan engge gaha, emu gebu alin i gaha, emu gebu ebte gaha, emu gebu coolon gaha. fulgiyan enggetu keru i arbun gaha de adali bime, engge šulihun, asha, uncehen golmin, beyei gubci tumin sahaliyan boco, yasai faha sahaliyan, engge, bethe fulgiyan, ošoho sahaliyan, banitai nomhon, niyalmai booi sihin de feye arambi, goro deyerakū. hancingga šunggiya de, coolon gaha serengge alin i gaha sehebe suhe bade, fulgiyan engge gaha sehebi. suhen de alin i gaha be coolon gaha seme gebulehebi sehebi. mukei nomun i suhen de ho šan

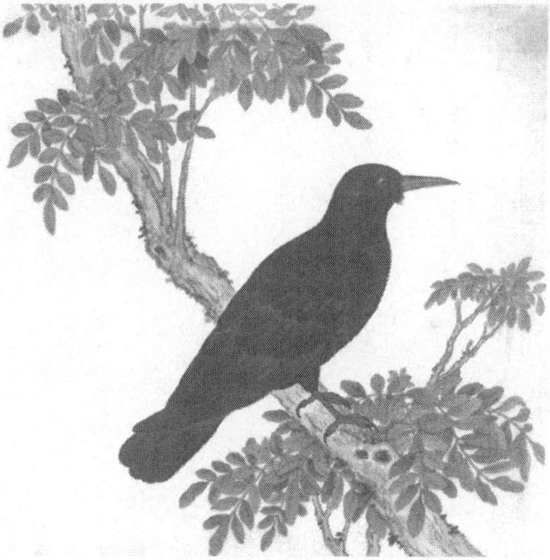

紅觜鴉，一名赤觜烏，一名鷀烏，一名阿雛烏，一名鸀紅觜鴉，狀如烏鴉而尖喙，長翅、尾，通身深黑，黑睛，紅觜、足，黑爪，其性馴擾，作巢於人家屋簷上，不遠去也。《爾雅》：鸀，山烏。注云：赤觜烏。疏云：山烏，名鸀。《水經注》云：火山

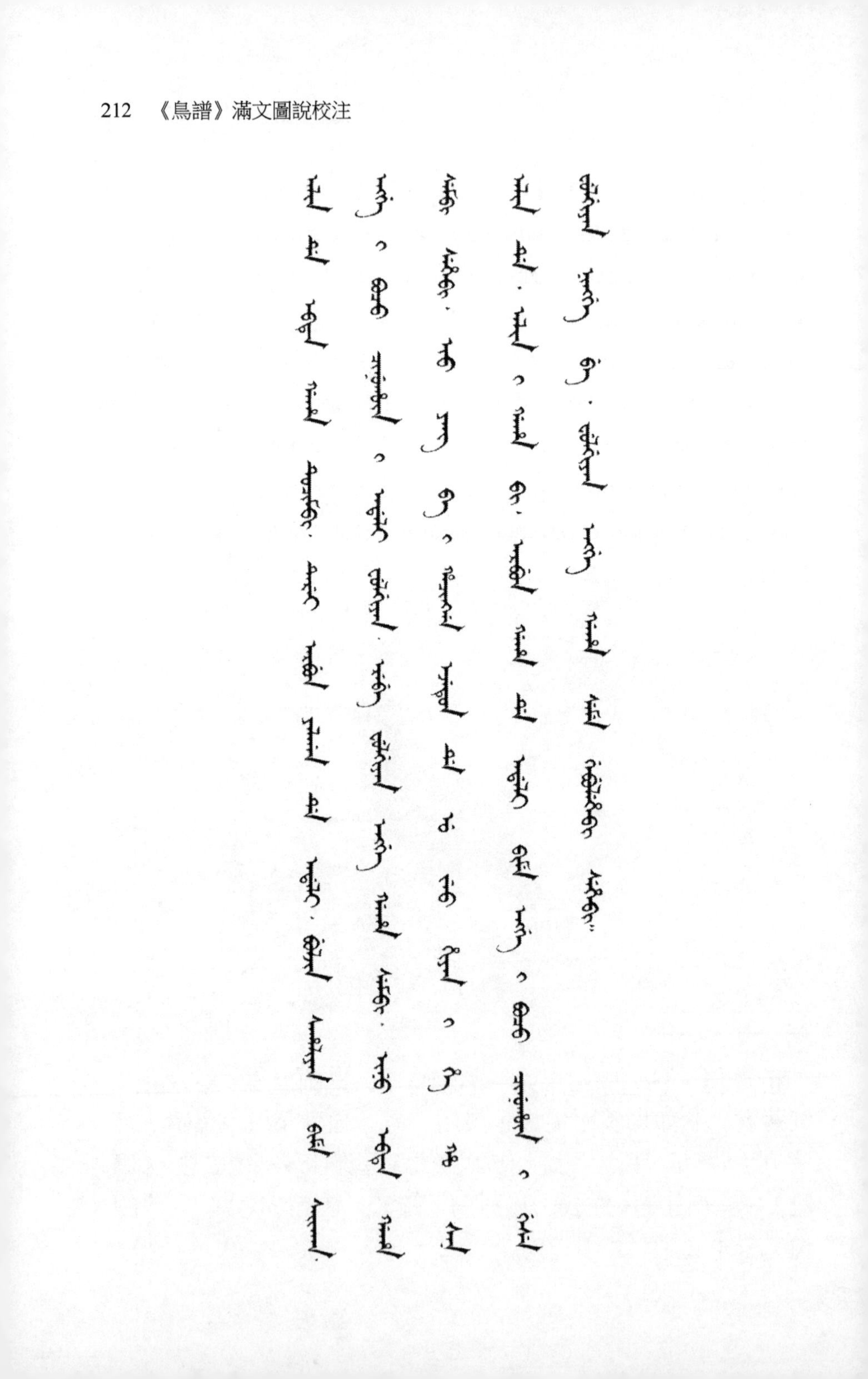

alin de ebte gaha tucimbi, terei arbun yalgan de adali, buljin sahaliyan bime saikan, engge i boco cinuhūn i adali fulgiyan, erebe fulgiyan engge gaha sembi, inu ebte gaha sembi sehebi. io yang ba i hacingga ejetun de, u jeo hiyan i he ho šan alin de, alin i gaha bi, arbun gaha de adali bime engge i boco cinuhūn i gese fulgiyan ningge be, fulgiyan engge gaha seme gebulehebi sehebi.

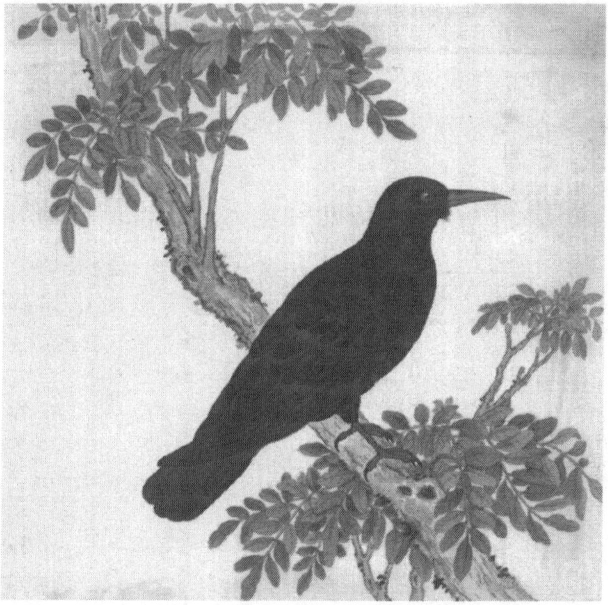

出雛烏，形類雅烏，純黑而姣好，觜若丹砂，曰赤觜烏，亦曰阿雛烏。《酉陽雜俎》云：武州縣合火山上有鶵鳥，形如烏而觜赤如丹[98]，名赤觜烏。

98 赤如丹，滿文讀作"cinuhūn i gese fulgiyan"，意即「赤如丹砂」，此脫落「砂」字。

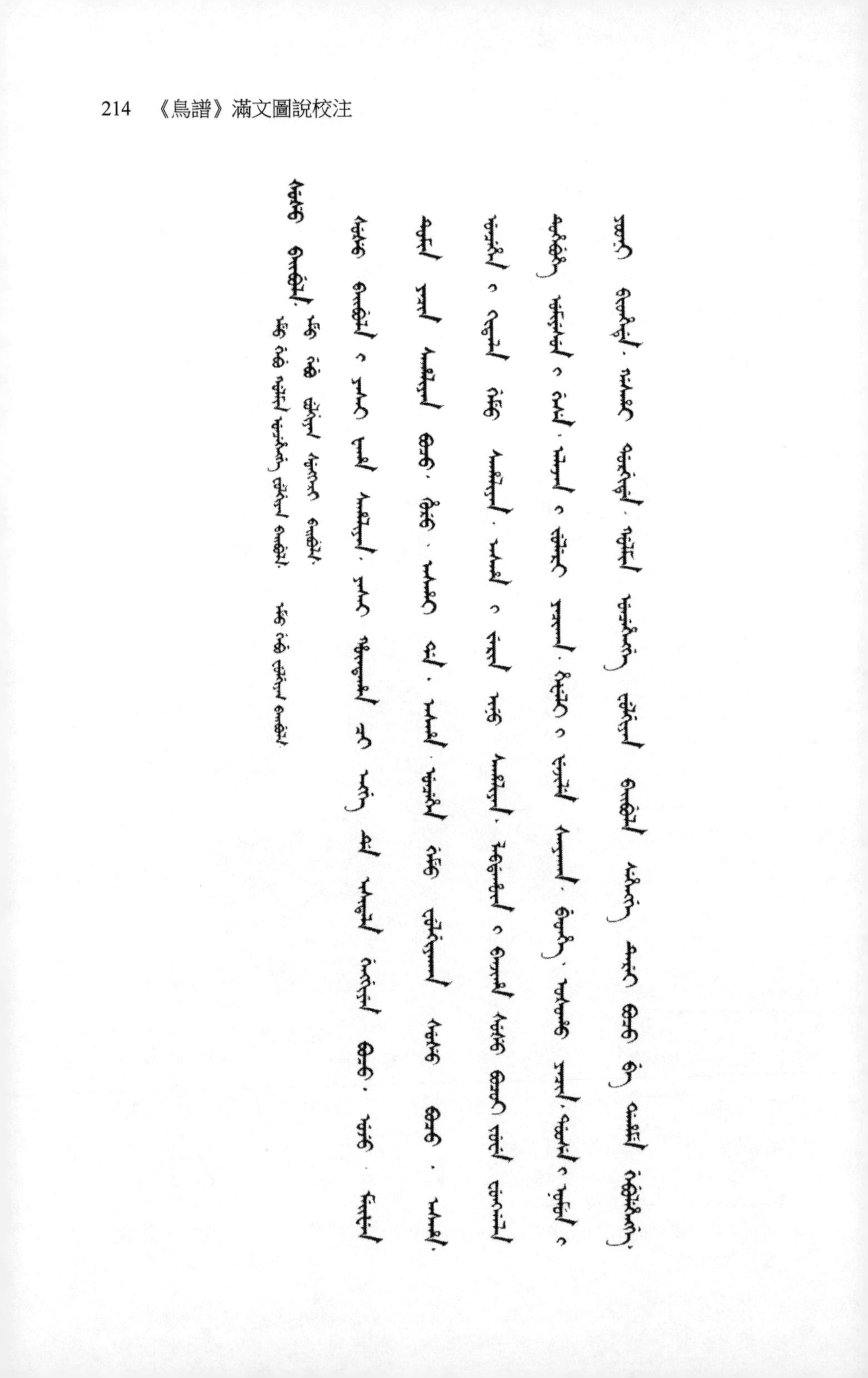

[illegible]

[illegible]

[illegible]

[illegible]

[illegible]

[illegible]

šušu baibula, emu gebu golmin uncehengge fulgiyan baibula, emu gebu fulgiyan baibula, emu gebu fulgiyan šungkeri baibula.

šušu baibula i yasai faha sahaliyan, yasai hūntahan ci engge de isitala genggiyen boco, uju, meifen tumin yacin sahaliyan boco, huru, ashai da, asha, uncehen gemu fulgiyakan šušu boco, asha, uncehen i kitala gemu sahaliyan, asha i jerin inu sahaliyan, labdahūn i banjiha šušu bocoi juwe funggala tuhebuhe umiyesun i gese, alajan i juleri yacikan, hefeli i fejile šanyakan, bethe, ošoho yacin. doose i nomun i yooni bithede, gashai dorgide, golmin uncehengge fulgiyan baibula sehengge, terei boco be dahame gebulehengge.

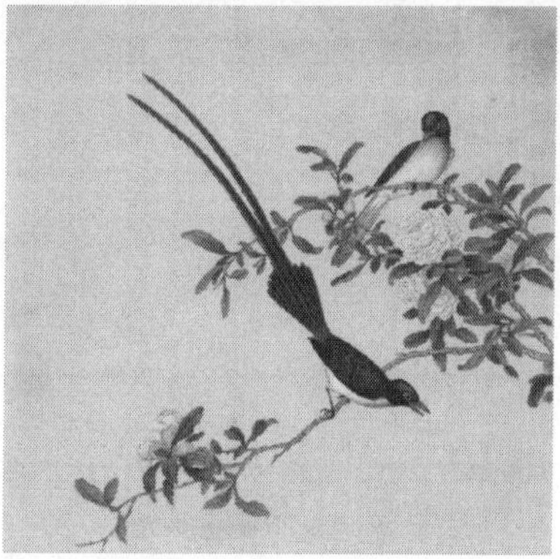

紫練，一名拖紅練[99]，一名紅練，一名紅鷚

紫練，黑睛，目眶及觜天青色，頭、頸深青黑色，背、膊、翅、尾俱作紫紅色，翅、尾毛皆有黑莖，翅邊亦黑，垂下二翎如紫帶，臆前微青，腹下較白，青足、爪。《道藏》書云[100]：鳥有拖紅練，以色名也。

99 拖紅練，滿文讀作"golmin uncehengge fulgiyan baibula"，意即「長尾紅練」。

100 《道藏》書，滿文讀作"doose i nomun i yooni bithe"，意即「道經全書」。

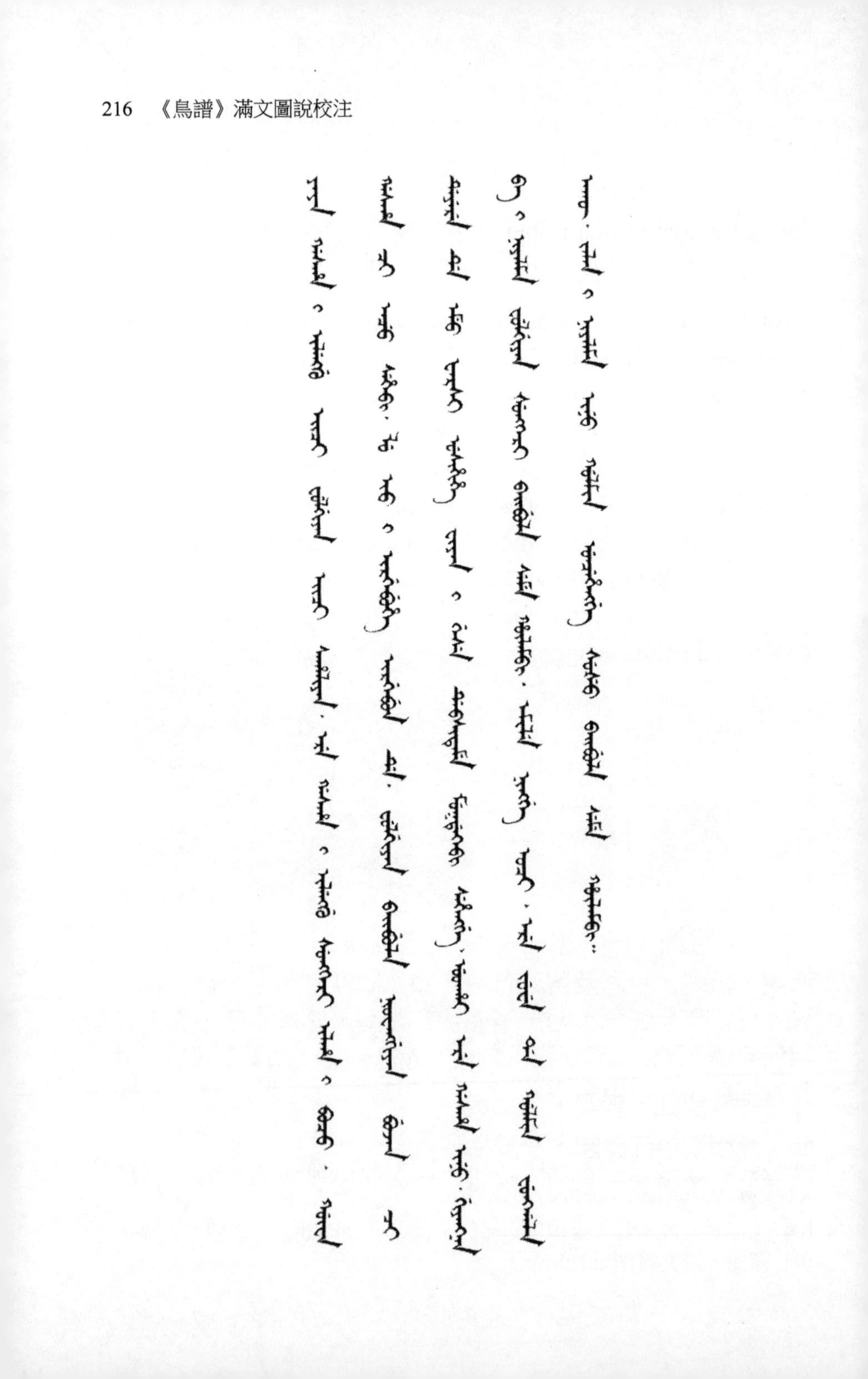

[illegible]

[illegible]

[illegible]

[illegible]

[illegible]

yaya gasha i ilenggu eici fulgiyan eici sahaliyan, ere gasha i ilenggu šungkeri ilha i boco, gūwa gasha ci encu sehebi. lu io i irgebuhe irgebun de, fulgiyan baibula niowanggiyan bujan ci deyere de, emu farsi usihihe fiyan i gese debsiteme mukdekebi sehengge. uthai ere gasha inu, giyangnan ba i niyalma fulgiyan šungkeri baibula seme hūlambi, emile ningge oci, ere juwe da golmin funggala akū, jalan i niyalma inu golmin uncehengge šušu baibula seme hūlambi.

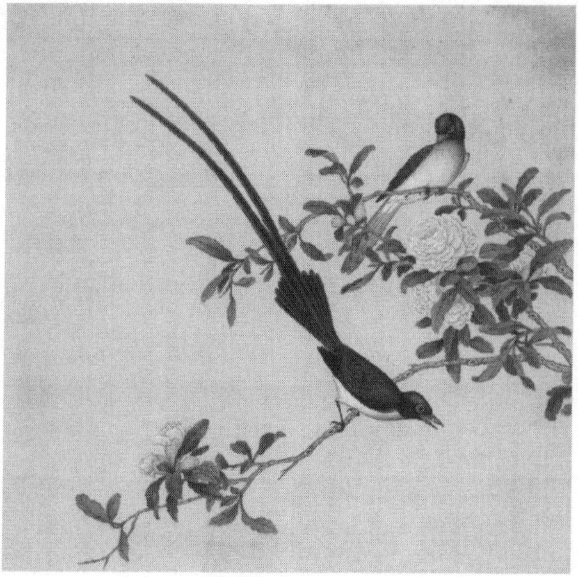

凡鳥舌皆或紅、或黑，此鳥舌作蘭花色，與他禽異。陸游詩云：綠樹陰中紅綀起，一團零亂濕胭脂，即此[101]。江南人呼為紅鸛，雌者無二長翎，俗亦呼拖紫綀。

101 即此，滿文讀作"uthai ere gasha inu"，意即「即此鳥也」。

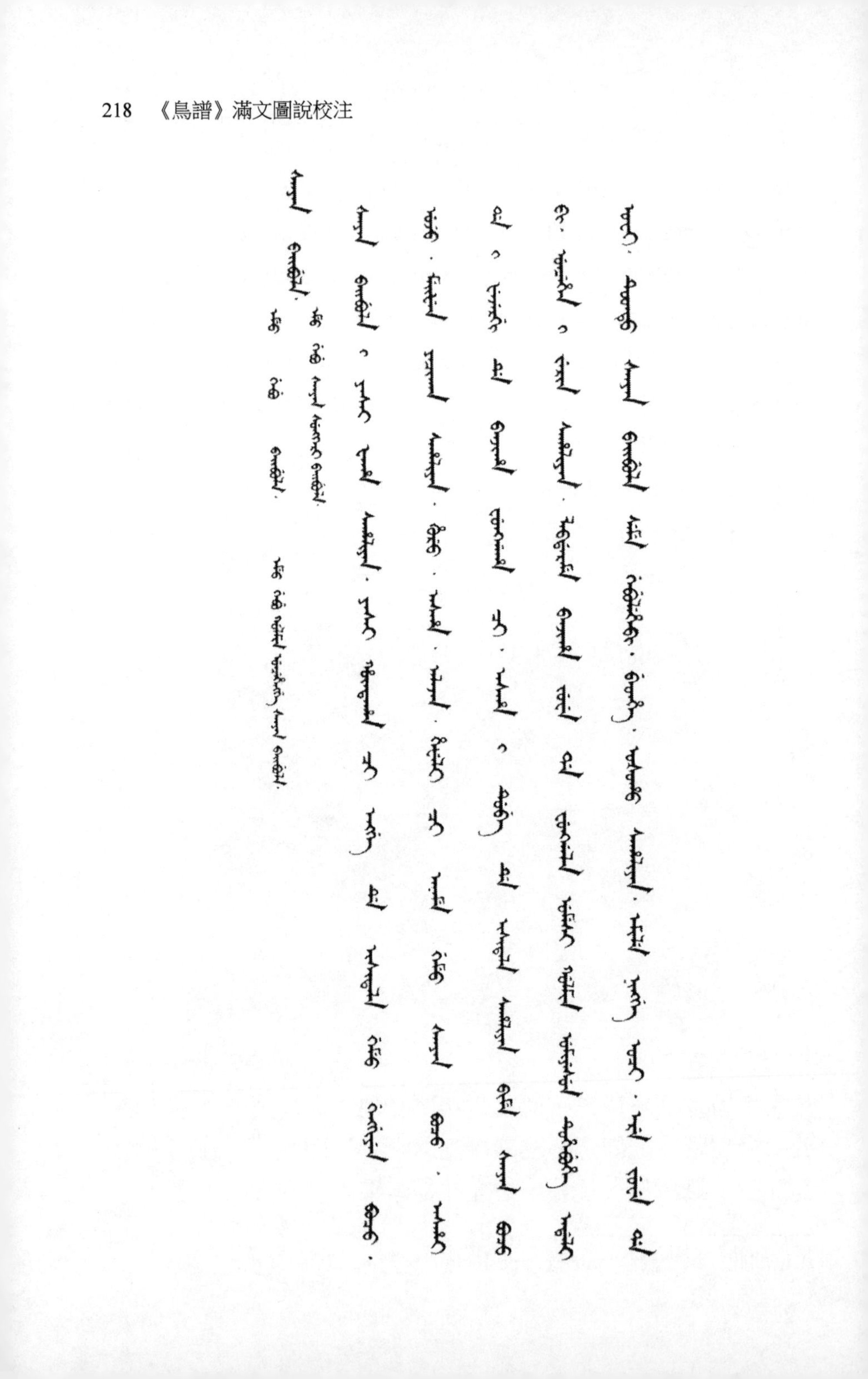

šanyan baibula, emu gebu baibula, emu gebu golmin uncehengge šanyan baibula, emu gebu šanyan šungkeri baibula. šanyan baibula i yasai faha sahaliyan, yasai hūntahan ci engge de isitala gemu genggiyen boco, uju, meifen yacikan sahaliyan, huru, asha, alajan, hefeli ci aname gemu šanyan boco, ashai da i fejergi de banjiha funggaha ci, asha i dube de isitala sahaliyan bime šanyan boco bi, uncehen i jerin sahaliyan, labdarame banjiha juwe da funggala umesi golmin umiyesun, tuhebuhe adali ofi, tuttu šanyan baibula seme gebulehebi. bethe, ošoho sahaliyan, emile ningge oci, ere juwe da

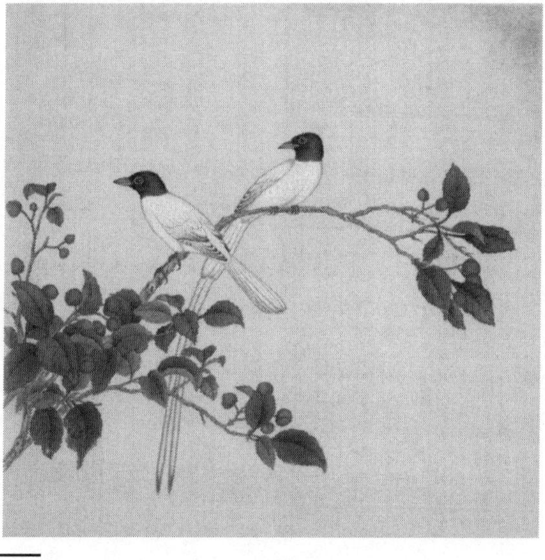

白練，一名練鵲，一名拖白練，一名白鷀

白練，黑睛，目眶及觜俱天青色，頭、頸青黑，背、翅、臆、腹皆白，膊下毛及翅尖帶黑白，尾黑邊，垂下二翎極長，如拖練帶，故名白練，黑足、爪，雌者

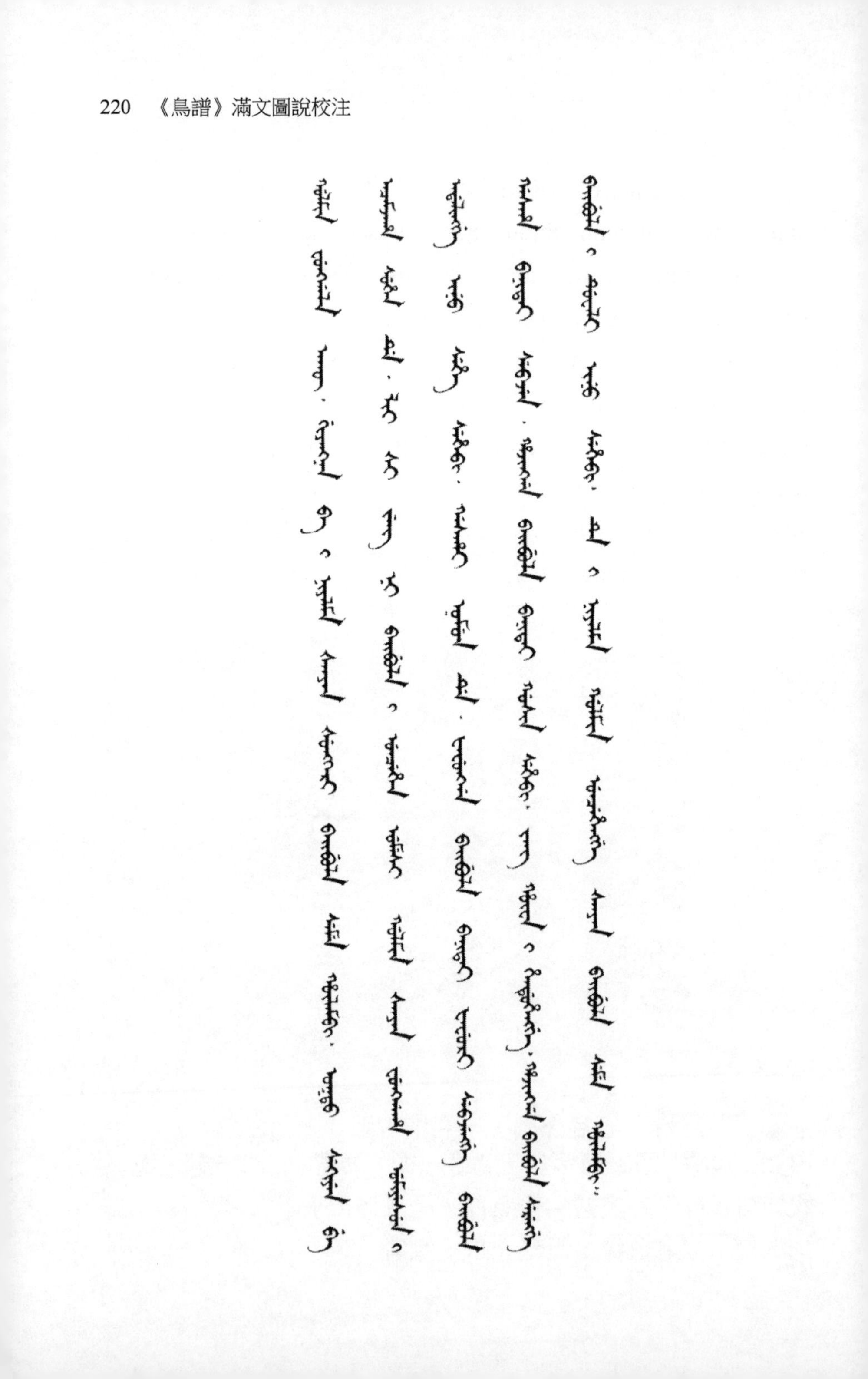

[illegible]

[illegible]

[illegible]

[illegible]

[illegible]

golmin funggala akū, giyangnan ba i niyalma šanyan šungkeri baibula seme hūlambi. okto sekiyen be acamjaha suhen de, lii ši jeng ni baibula i uncehen umesi golmin, šanyan funggaha umiyesun i adalingge inu sehe sehebi. gashai nomun de, fafungga baibula banitai fafuri, sebjengge baibula gasha banitai sebjen, hajingga baibula banitai gosin sehebi. jang hūwa i henduhengge, hajingga baibula serengge baibula i duwali inu sehebi, te i niyalma golmin uncehengge šanyan baibula seme hūlambi.

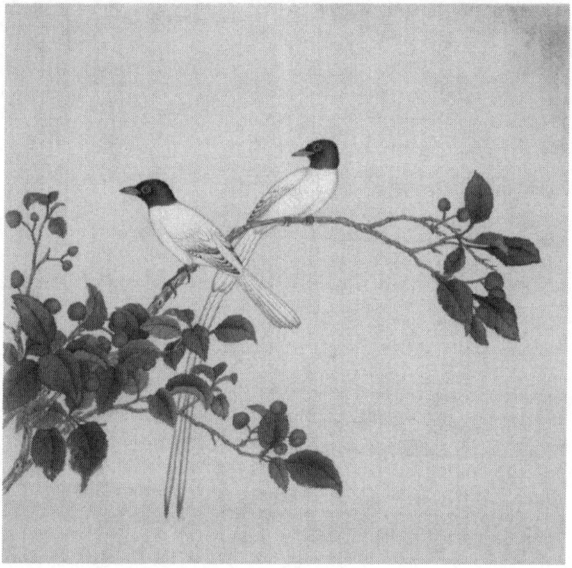

無二長翎，江南人呼為白鷀。《本草集解》李時珍曰[102]：練鵲，其尾最長，白毛如練帶者是也。《禽經》云：冠鳥性勇，纓鳥性樂，帶鳥性仁。張華云：帶鳥，練鵲之類是也，今俗呼為拖白練。

102 李時珍，滿文當讀作“lii ši jen̲”，此作“lii ši jeng”，異。

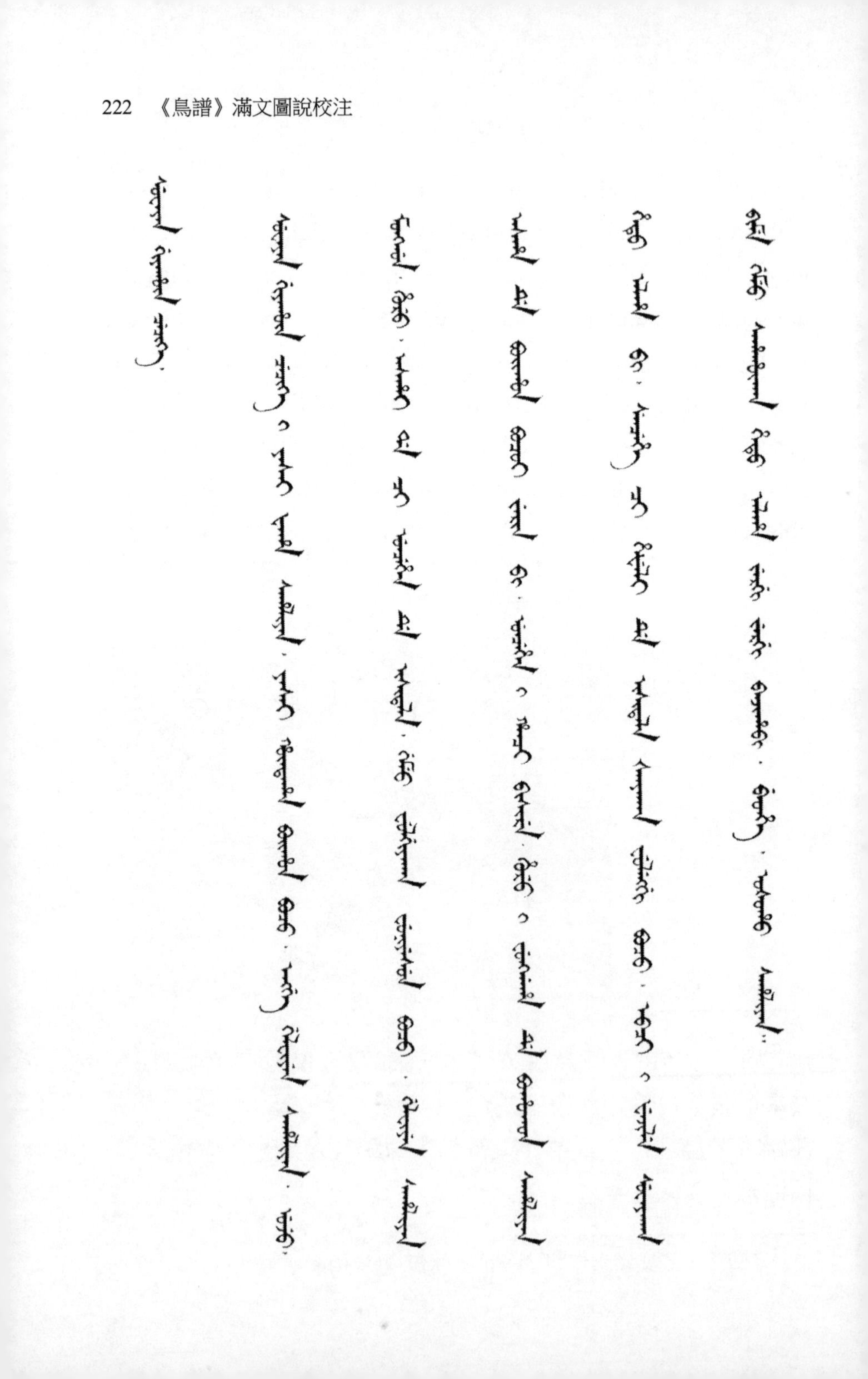

[illegible]

[illegible]

[illegible]

[illegible]

[illegible]

[illegible]

suwayan giyahūn cecike.

suwayan giyahūn cecike i yasai faha sahaliyan, yasai hūntahan boihon boco, engge gelfiyen sahaliyan, uju, monggon, huru, ashai da ci uncehen de isitala, gemu fulgiyakan funiyesun boco, gelfiyen sahaliyan asha de boihon bocoi jerin bi, uncehen i hanci bisire, huru i funggaha de bohokon sahaliyan hetu alha bi, sencehe ci hefeli de isitala šanyakan fulenggi boco, ebci i fejile suwayakan bime gemu sahahūkan hetu alha jergi jergi banjihabi, bethe, ošoho sahaliyan.

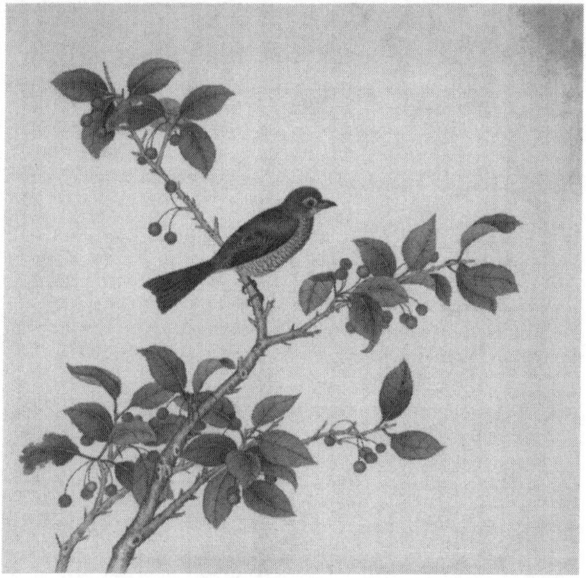

火不剌

火不剌，黑睛，土黃眶，淺黑觜，頭、項、背、膊至尾俱紅褐色，淺黑翅土黃邊，近尾背毛有暗黑橫紋，頷至腹灰白質，脅下微黃，俱有蒼橫紋相次，黑足、爪。

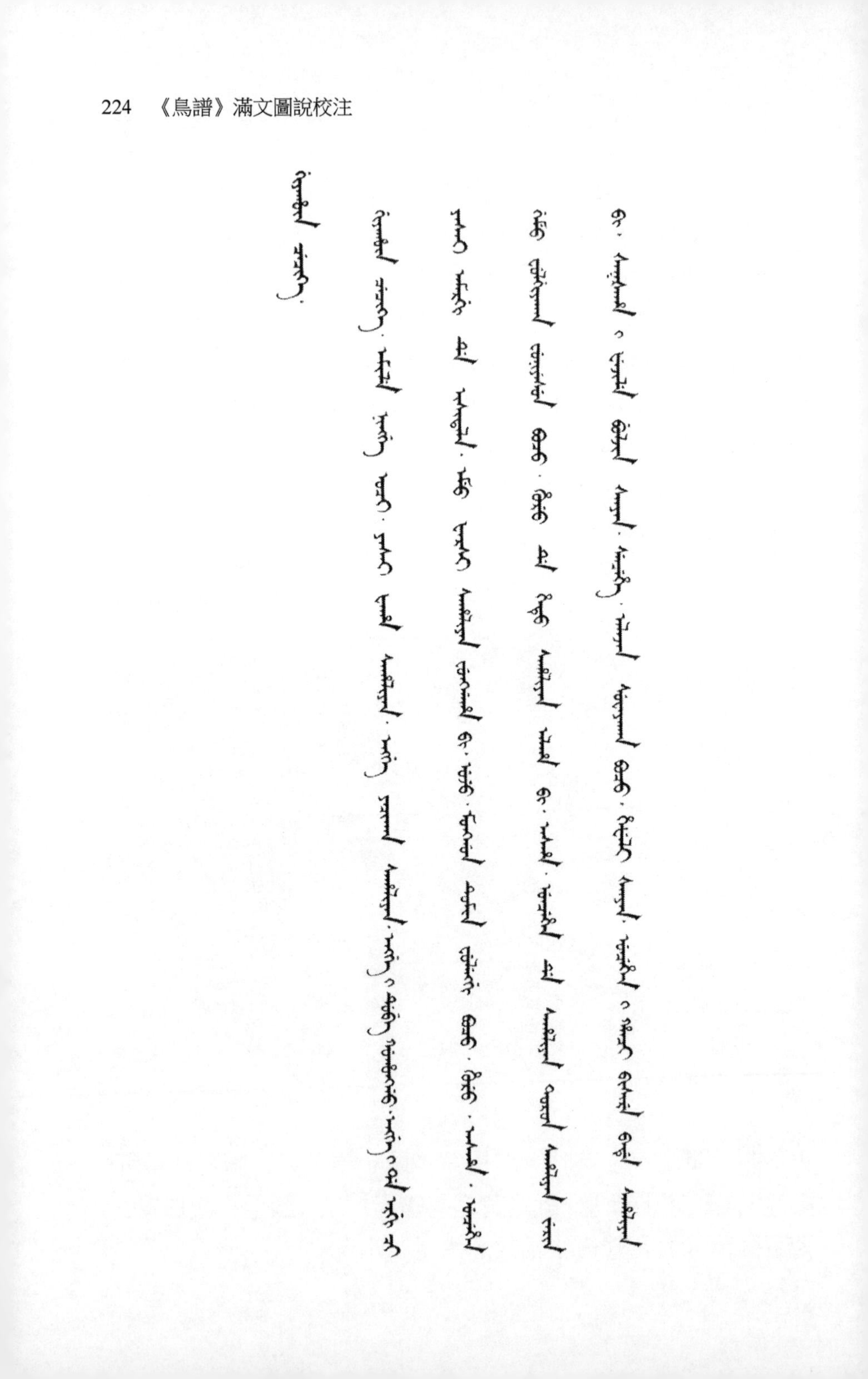

[illegible]

[illegible]

[illegible]

[illegible]

[illegible]

giyahūn cecike.

giyahūn cecike, emile ningge oci, yasai faha sahaliyan, engge yacikan sahaliyan, engge i dube gohonggo, engge i da ergi ci yasai amargi de isitala, emu farsi sahaliyan funggaha bi, uju, monggon tumin fulenggi boco, huru, asha, uncehen gemu fulgiyakan funiyesun boco, huru de hetu sahaliyan alha bi, asha, uncehen de sahaliyan toron sahaliyan jerin bi, šakšaha i fejile buljin šanyan, sencehe, alajan suwayakan boco, hefeli šanyan, uncehen i hanci bisire bade sahaliyan

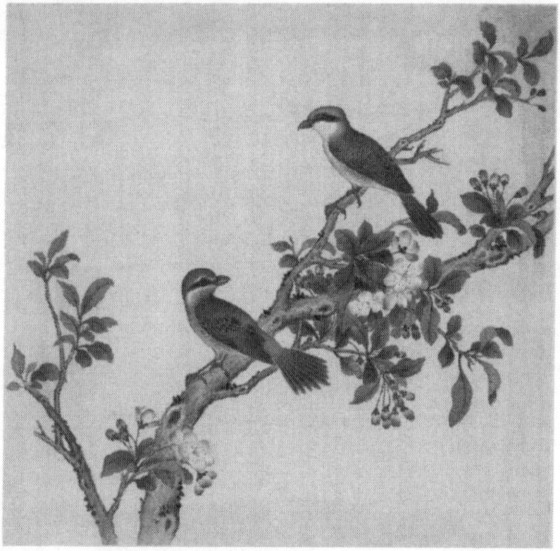

鷹不刺

鷹不刺，雄者黑睛[103]，青黑觜，勾喙，觜根至眼後黑毛一片，瓦灰頭、項，背、翅、尾俱赤褐色，背有黑橫紋，翅、尾黑暈黑邊，頰下純白，頷、臆微黃，白腹，近尾處

103 雄者，滿文讀作“emile ningge”，滿漢文義不合。

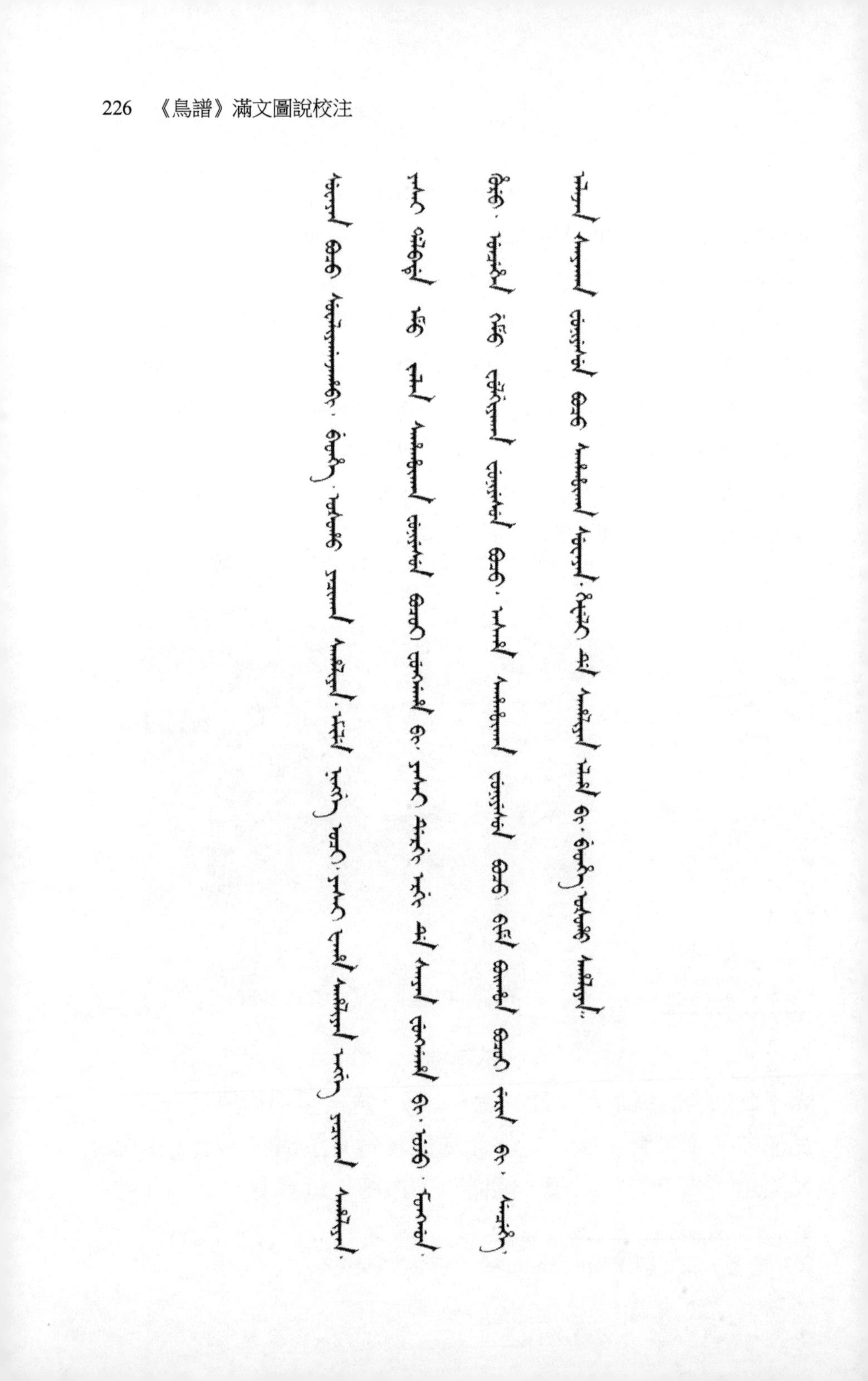

[illegible]

[illegible]

[illegible]

[illegible]

suwayan boco suwaliyaganjahabi, bethe, ošoho yacikan sahaliyan, emile ningge oci, yasai faha sahaliyan, engge yacikan sahaliyan, yasai dalbade emu jalan sahahūkan funiyesun bocoi funggaha bi, yasai dergi ergi de šanyan funggaha bi, uju, monggon, huru, uncehen gemu fulgiyakan funiyesun boco, asha sahahūkan funiyesun boco bime boihon bocoi jerin bi, sencehe, alajan šanyakan funiyesun boco sahahūkan suwayan, hefeli de sahaliyan alha bi, bethe ošoho sahaliyan.

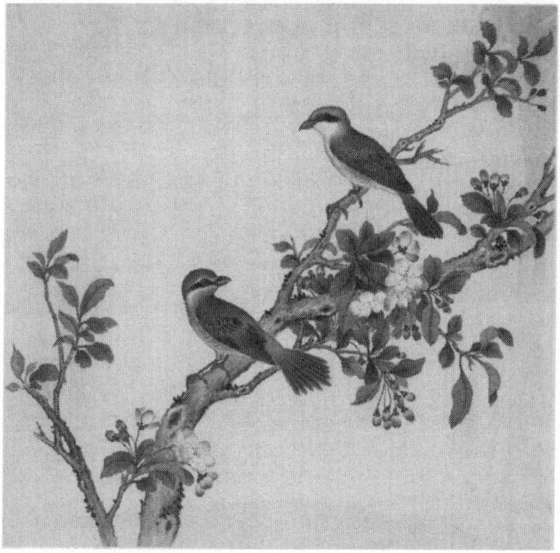

黑黃雜色，青黑足、爪。雌者黑睛，青黑觜，目旁蒼褐毛一道，目上有白毛，頭、項、背、尾純赤褐色[104]，蒼褐翅土黃邊，褐白頷、臆，蒼黃腹有黑紋，黑足、爪。

104 純赤褐色，滿文讀作"gemu fulgiyakan funiyesun boco"，意即「俱赤褐色」，滿漢文義稍有出入。

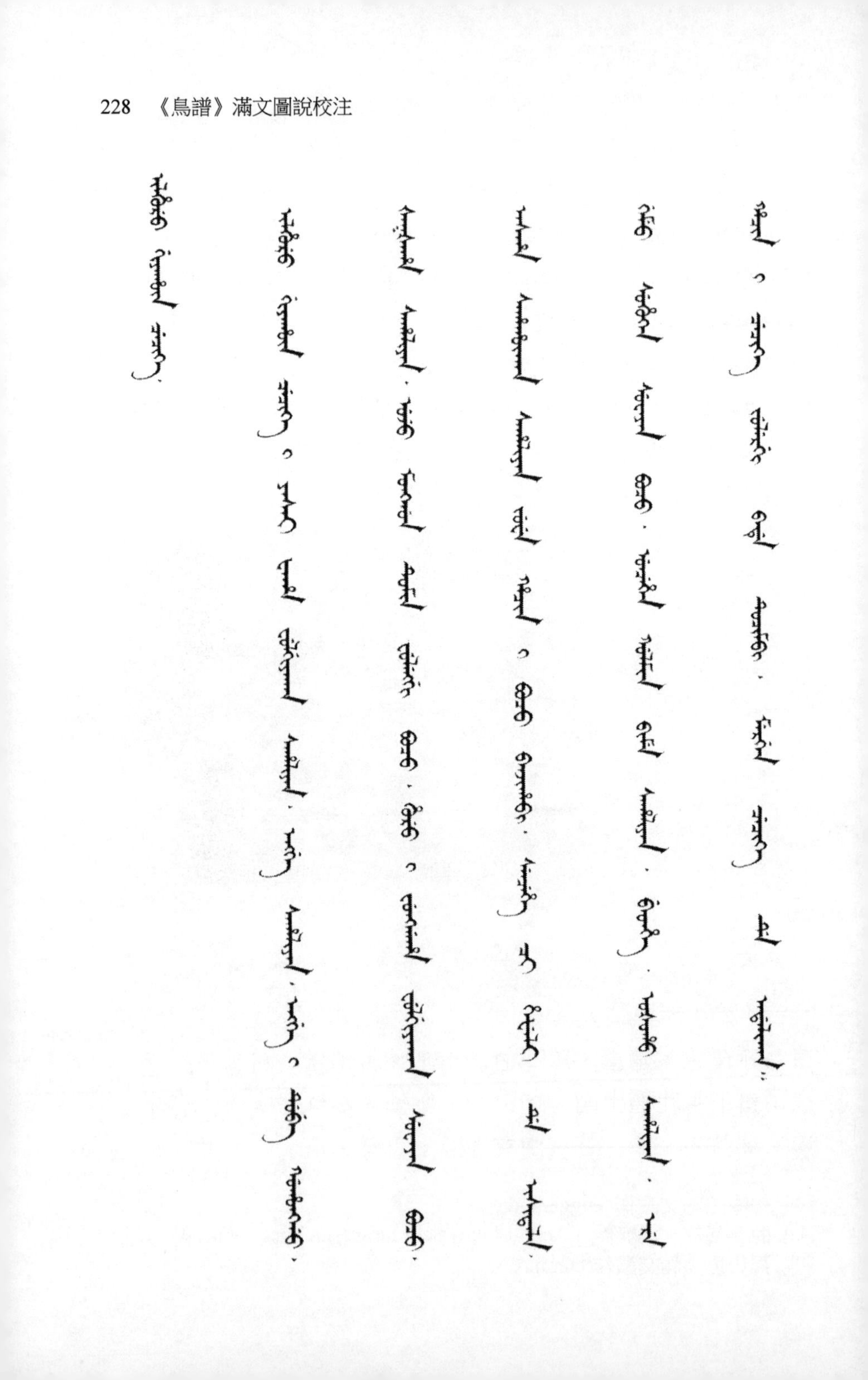

[illegible]

[illegible]

[illegible]

[illegible]

[illegible]

[illegible]

ilhuru giyahūn cecike.

ilhuru giyahūn cecike i yasai faha fulgiyakan sahaliyan, engge sahaliyan, engge i dube gohonggo, šakšaha sahaliyan, uju, monggon tumin fulenggi boco, huru i funggaha fulgiyakan suwayan boco, asha sahahūkan sahaliyan juwe hacin i boco banjihabi, sencehe ci hefeli de isitala, gemu suhuken suwayan boco, uncehen golmin bime sahaliyan, bethe, ošoho sahaliyan, ere hacin i cecike julergi bade tucimbi, mergen cecike de adalikan.

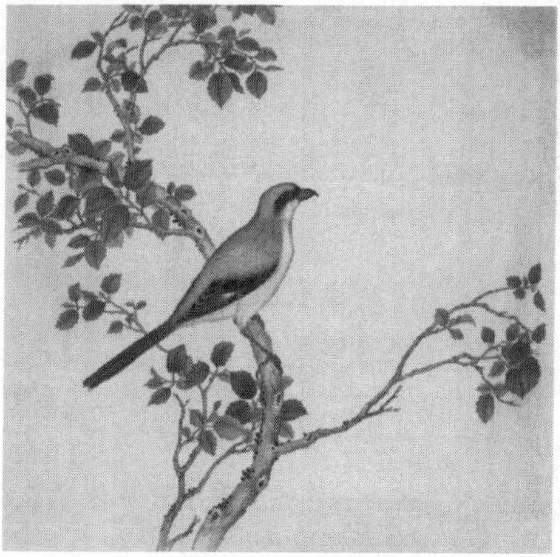

錦背不刺[105]

錦背不刺，赤黑睛，黑觜，勾喙[106]，黑顋，頭、項瓦灰色[107]，背毛赤黃色，翅蒼、黑二色，頷至腹，俱米黃色，長黑尾，黑足、爪，此種出南方，與寒露相似。

105 錦背不刺，滿文讀作“ilhuru giyahūn cecike”，意即「錦背鷹不刺」。
106 勾喙，滿文讀作“engge i dube gohonggo”，意即「觜的尖端帶鈎彎曲」，或作「鈎吻」。
107 瓦灰色，滿文讀作“tumin fulenggi boco”，意即「深灰色」。

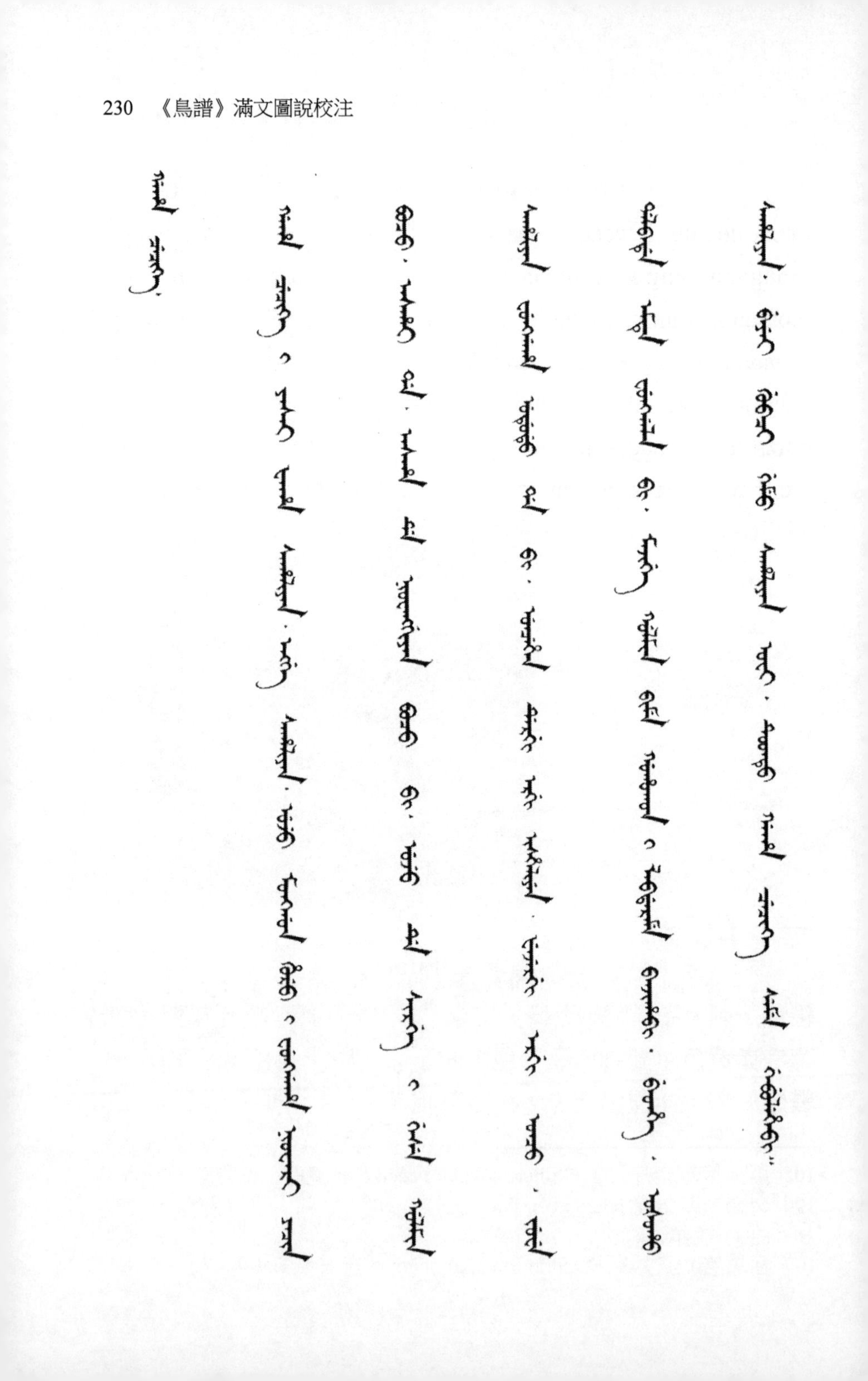

gaha cecike.

gaha cecike i yasai faha sahaliyan, engge sahaliyan, uju, monggon, huru i funggaha niowari yacin boco, ashai da, asha de niowanggiyan boco bi, uju de sirge i gese golmin sahaliyan funggaha ududu da bi, uncehen dergi ergi isheliyen, fejergi ergi onco, juwe dalbade emte funggala bi, majige golmin bime gohokon i labdarame banjihabi, bethe, ošoho sahaliyan, beyei gubci gemu sahaliyan ofi, tuttu gaha cecike seme gebulehebi.

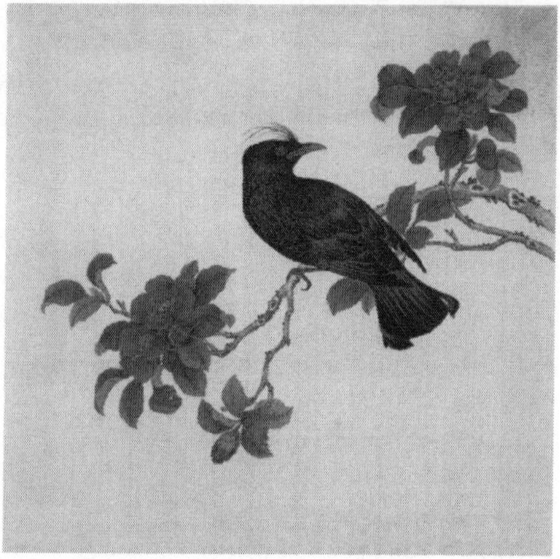

鷺雞

鷺雞，黑睛，黑觜，頭、項、背毛翠黑色，膊、翅帶綠，頂有長黑毛數莖，細如絲，尾上狹下張[108]，兩旁各有一翎，稍長屈而向內，黑足、爪，通身皆黑，故得鷺稱[109]。

108 尾上狹下張，滿文讀作“uncehen dergi ergi isheliyen, fejergi ergi onco”，意即「尾上狹下寬」。

109 故得鷺稱，滿文讀作“tuttu gaha cecike seme gebulehebi”，意即「故稱鷺雞」。

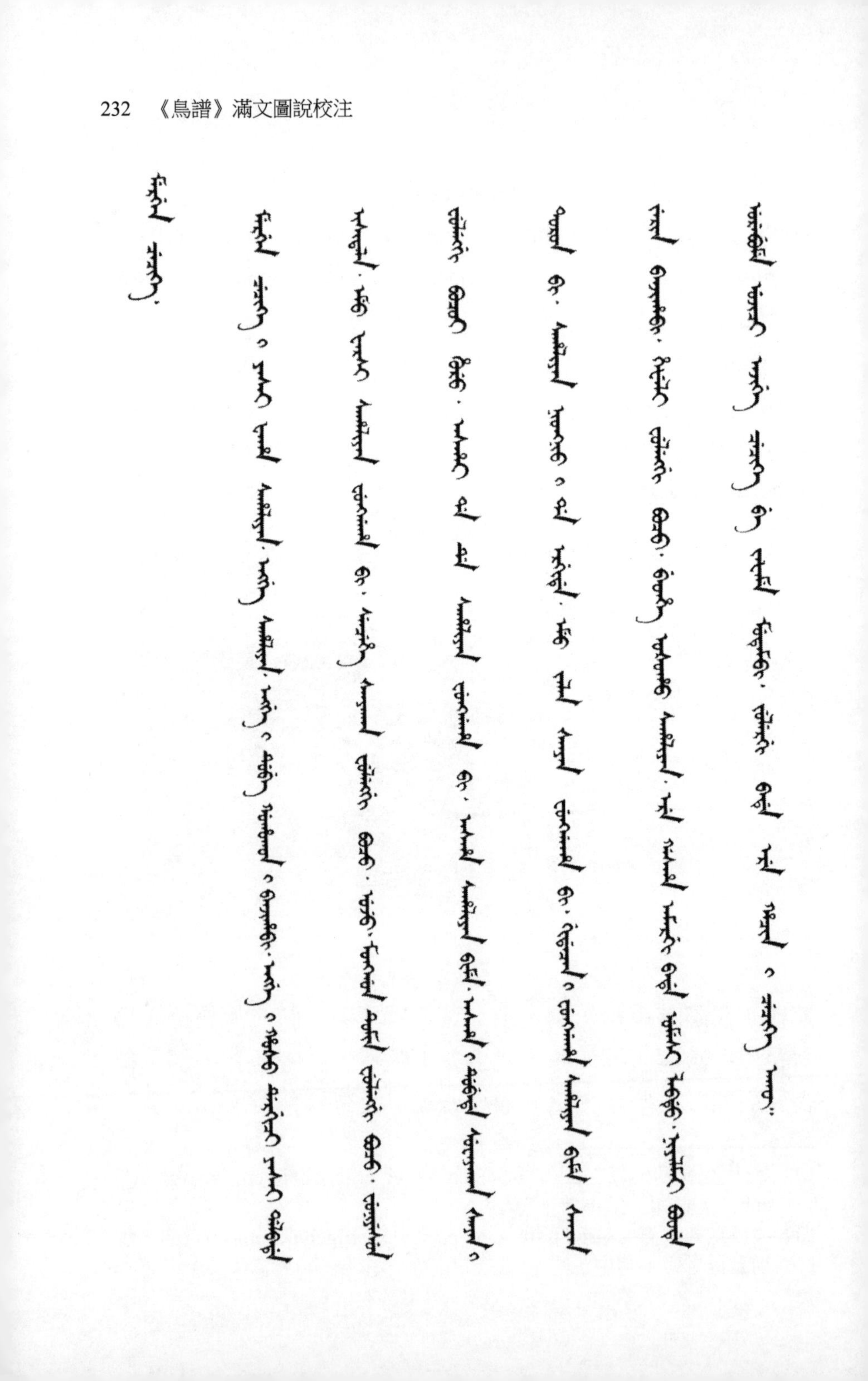

[illegible]

mergen cecike.

mergen cecike i yasai faha sahaliyan, engge sahaliyan, engge i dube gohokon i banjihabi, engge i hošo dergici yasai dalbade isitala, emu farsi sahaliyan funggaha bi, sencehe šanyakan fulenggi boco, uju, monggon tumin fulenggi boco, funiyesun fulenggi bocoi huru, ashai da de sahaliyan funggaha bi, asha sahaliyan bime, asha i dubede suwayakan šanyan i toron bi, sahaliyan niongnio i da ergide, emu jalan šanyan funggaha bi, gidacan i funggaha sahaliyan bime šanyan jerin banjihabi, hefeli fulenggi boco, bethe ošoho sahaliyan, ere gasha amargi bade umesi labdu, niyalmai boode urebume ujici ajige cecike be jafame mutembi, julergi bade ere hacin i cecike akū.

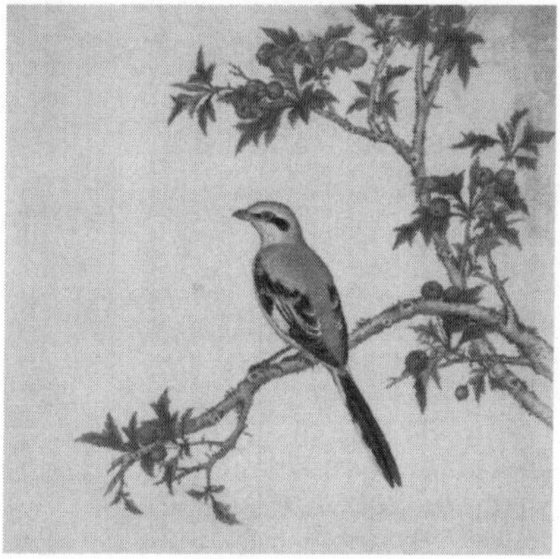

寒露

寒露，黑睛，黑觜，喙微勾，吻上至目旁有黑毛一片[110]，灰白頷，瓦灰頂、項，褐灰背、膊有黑毛，黑翅，翅尖黃白暈，黑翮根有白毛一節，黑毛蓋尾，邊露白毛，灰腹，黑足、爪。此鳥北方甚多，人家畜擾之，可擒小雀，南方所無也。

110 吻上至目旁，句中「吻」，滿文讀作“engge i hošo”，意即「觜角」。

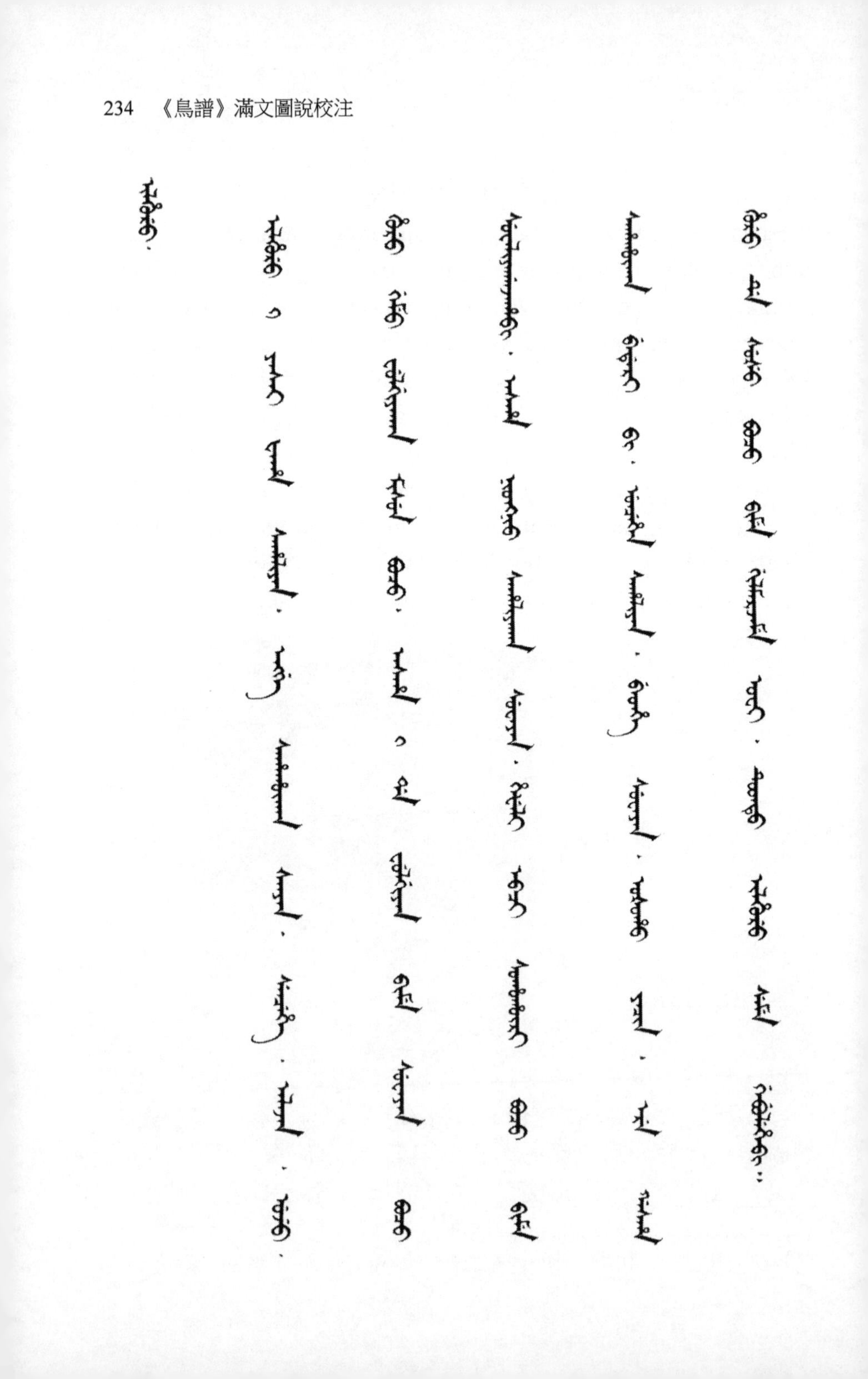

[illegible]

ilhuru.

ilhuru i yasai faha sahaliyan, engge sahahūkan šanyan, sencehe, alajan, uju, huru gemu fulgiyakan misun boco, asha i da fulgiyan bime suwayan boco suwaliyaganjahabi, asha, niongnio sahaliyakan suwayan, hefeli, ebci sohohūri boco bime sahahūkan bederi bi, uncehen sahaliyan, bethe suwayan, ošoho yacin, ere gasha huru de šušu boco bime gilmarjame ofi, tuttu ilhuru seme gebulehebi.

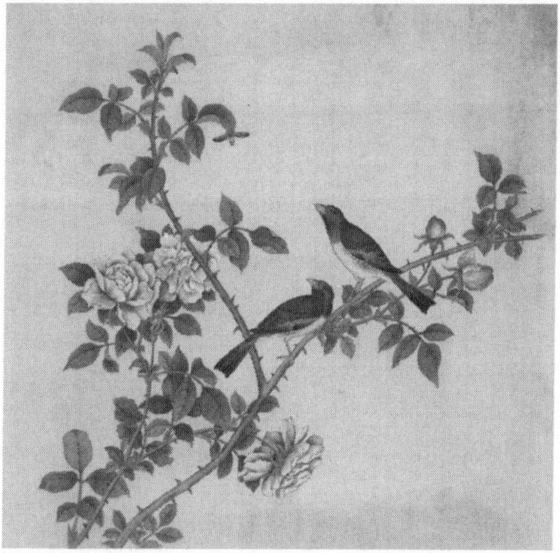

錦背

錦背，黑睛，蒼白觜，頷、臆、頂、背俱赤醬色，膊毛赤色間黃，黑黃翅、翮，嬌黃腹、脅，有蒼斑黑尾，黃足，青爪，此鳥背色紫澤而光，故得斯稱[111]。

111 故得斯稱，滿文讀作“tuttu ilhuru seme gebulehebi”，意即「故稱錦背」。

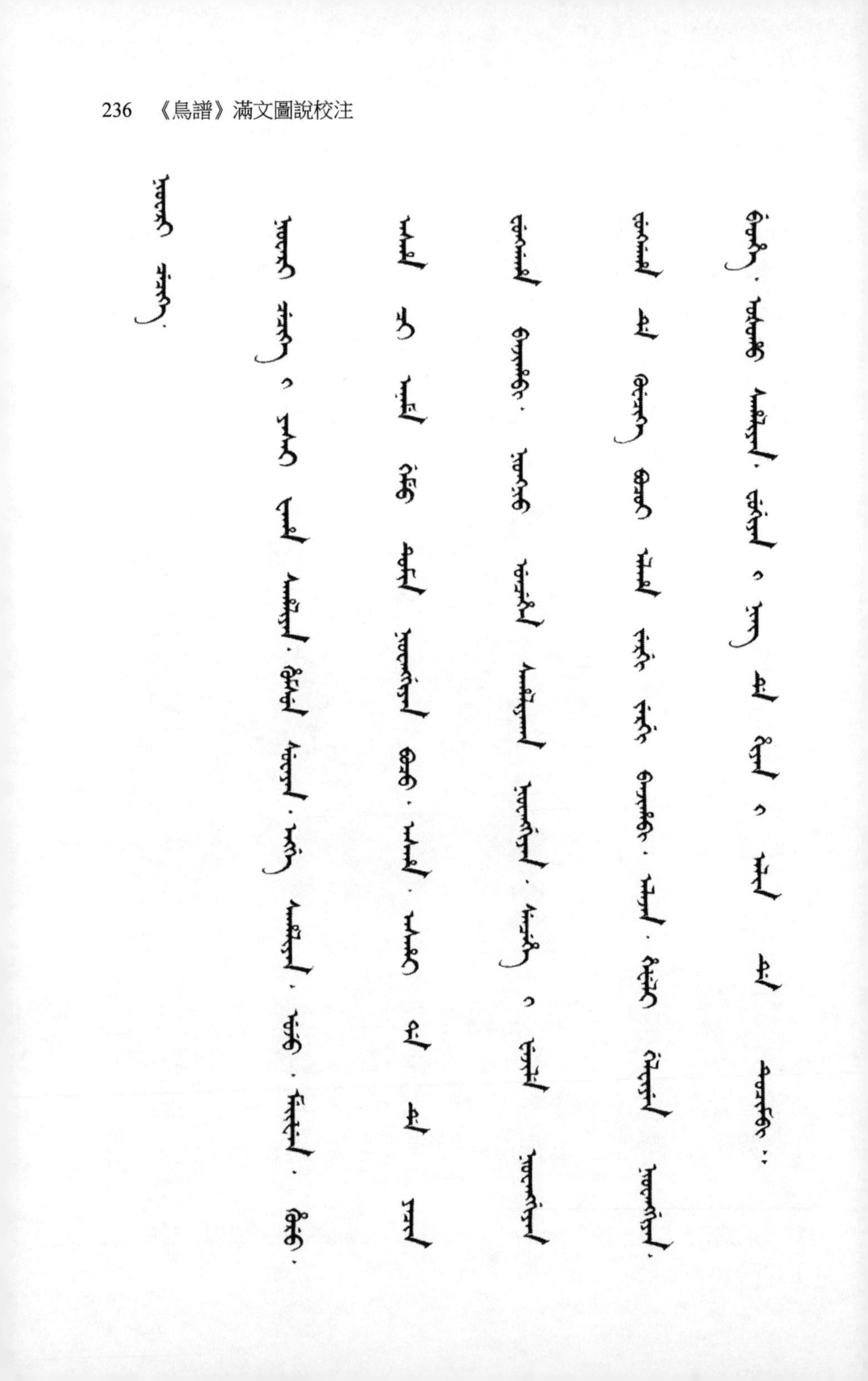

niowari cecike.

niowari cecike i yasai faha sahaliyan, humsun suwayan, engge sahaliyan, uju, meifen, huru, asha ci aname gemu tumin niowanggiyan boco, asha, ashai da de yacin funggaha banjihabi, niongnio, uncehen sahaliyan niowanggiyan, sencehe i fejile niowanggiyan funggaha de kuwecike bocoi alha jergi jergi banjihabi, alajan, hefeli gelfiyen niowanggiyan, bethe, ošoho sahaliyan, fugiyan i ning de hiyan i alin de tucimbi.

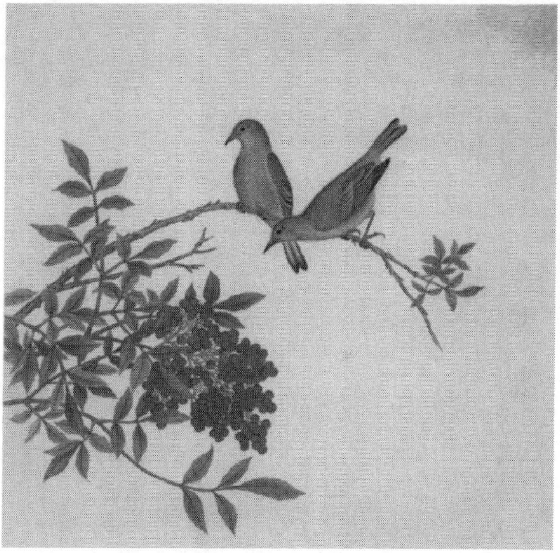

綠鳥

綠鳥，黑睛，黃瞼，黑觜，頭、項、背、翅俱深綠色，肩、膊上有青毛[112]，黑綠翮、尾，頷下綠質縹青紋相次，淺綠臆、腹，黑足、爪，出福建寧德縣山中。

112 肩、膊上有青毛，滿文讀作“asha, ashai da de yacin funggaha banjihabi”，意即「翅、膊上長了青毛」。漢文「肩」，滿文讀作“meiren”。

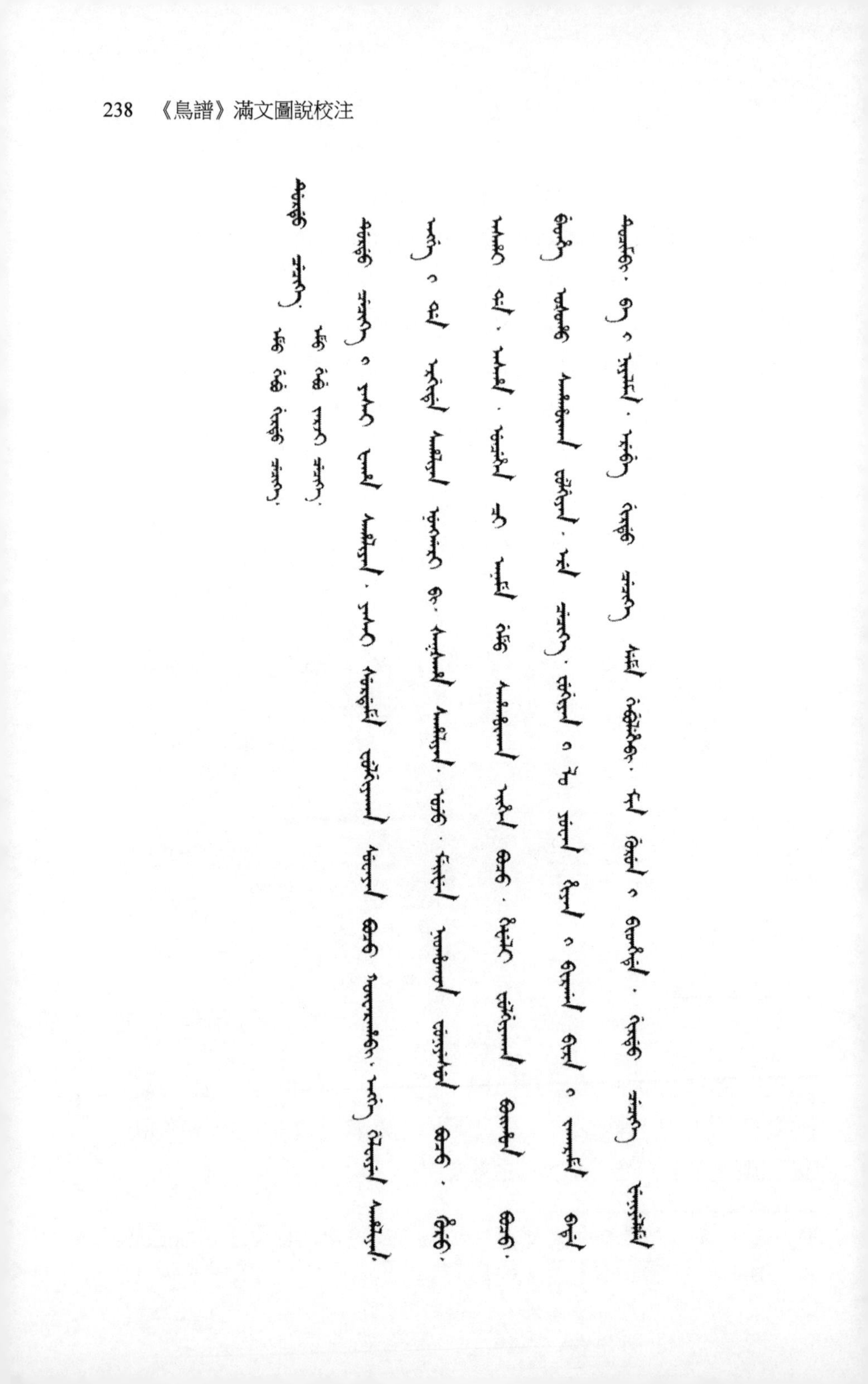

[illegible]

[illegible]

[illegible]

[illegible]

[illegible]

[illegible]

durdu cecike, emu gebu girdu cecike, emu gebu jarji cecike.

durdu cecike i yasai faha sahaliyan, yasai šurdeme fulgiyakan suwayan boco kūwarahabi, engge gelfiyen sahaliyan, engge i da ergide sahaliyan nunggari bi, šakšaha sahaliyan, uju, meifen niohokon funiyesun boco, huru, ashai da, asha, uncehen ci aname gemu sahahūkan eihen boco, hefeli fulgiyakan boihon boco, bethe, ošoho sahahūkan fulgiyan, ere cecike, fugiyan i lo yuwan hiyan i birgan bira i jakarame bade tucimbi. ba i niyalma, erebe girdu cecike seme gebulehebi, min gurun i bithede, girdu cecike feniyeleme

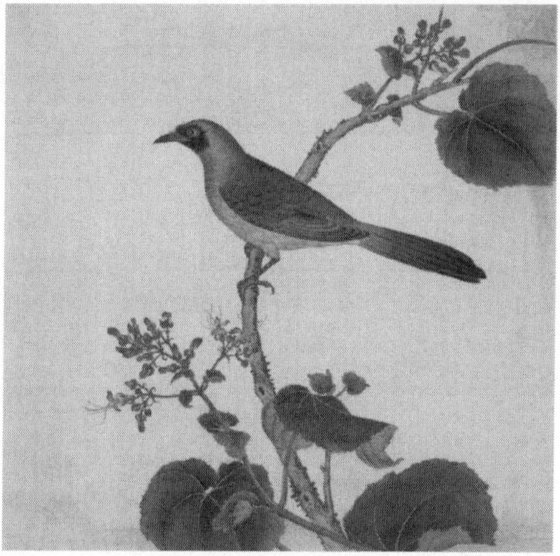

兆兆雀，一名吉吊，一名噪林鳥

兆兆雀，黑睛，紅黃暈，淺黑觜，觜根有黑茸毛，黑頰，頭、頸茶褐色，背、膊、翅、尾俱蒼赭色，赭土腹，蒼赤足、爪。出福建羅源縣溪河邊[113]，土人名吉吊。《閩書》云：吉吊

113 出福建羅源縣溪河邊，滿文讀作“ere cecike, fugiyan i lo yuwan hiyan i birgan bira i jakarame bade tucimbi”，意即「此鳥出福建羅源縣溪河沿邊」，此脫「此鳥」字樣。

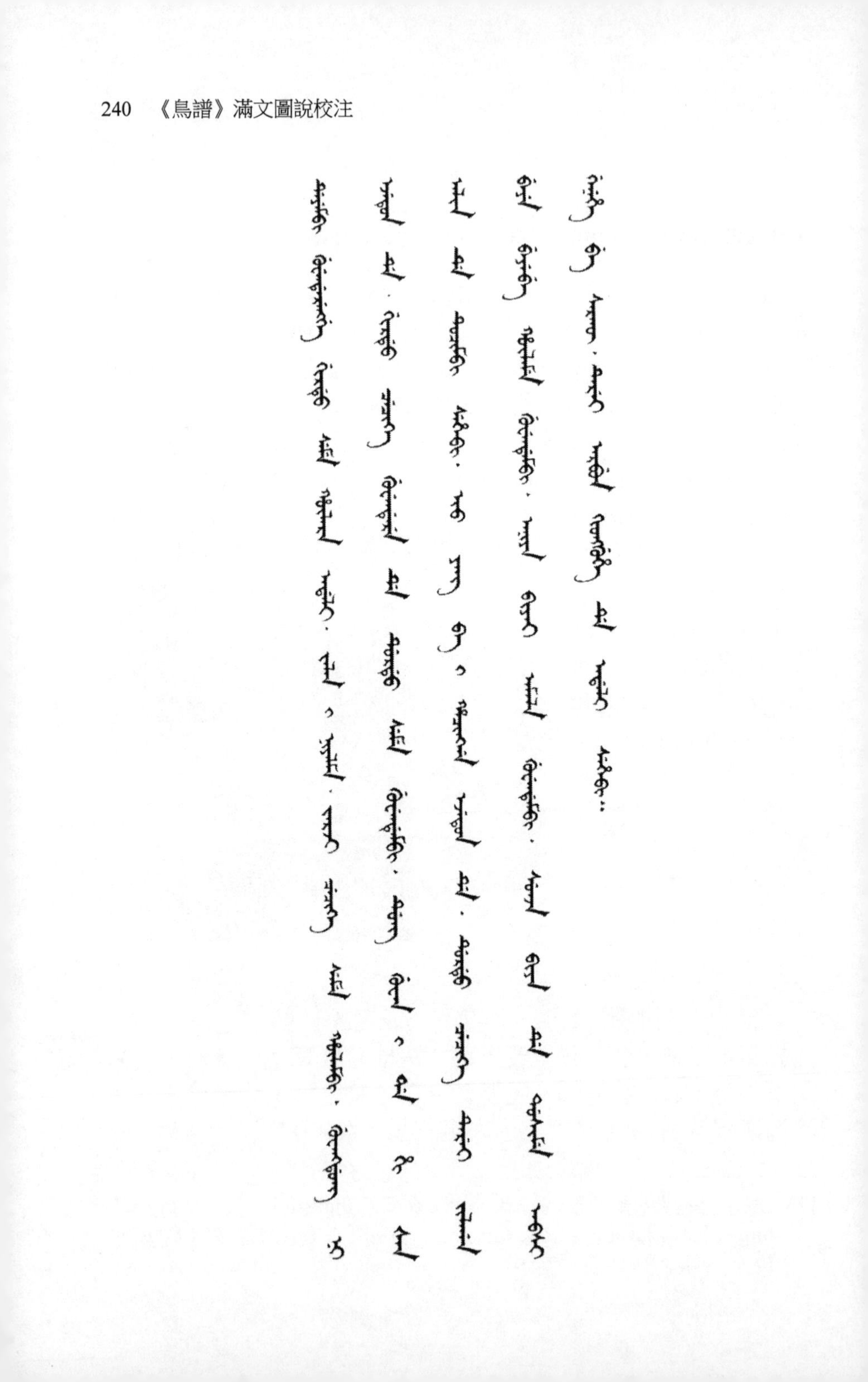

deyembi guwenderengge girdu seme hūlara adali, jalan i niyalma, jarji cecike seme hūlambi. guwangdung ni ejetun de, girdu cecike guwendere de durdu seme guwendembi. dung guwan i da hi šan alin de tucimbi sehebi. io yang ba i hacingga ejetun de, durdu cecike terei jilgan beye beyebe hūlame guwendembi, aniya biyai amala guwendembi, sunja biya de dosime absi genehe be sarkū, terei arbun kiongguhe de adali sehebi.

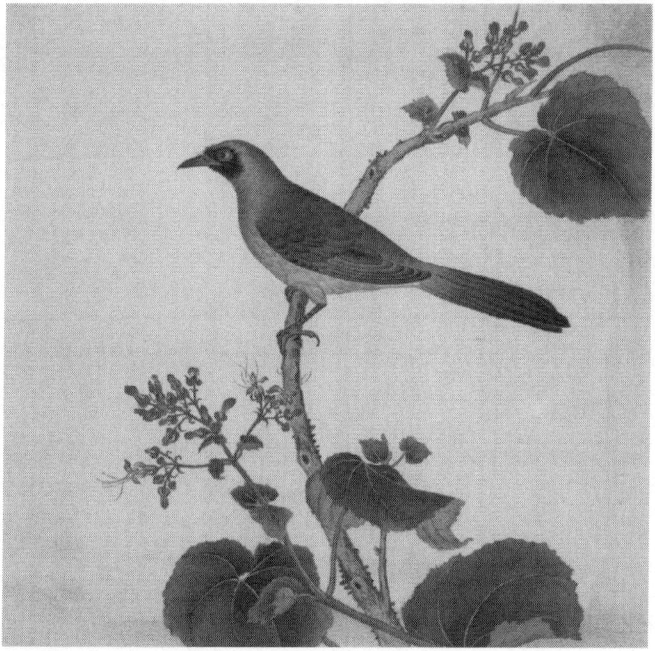

群飛鳴聒，如云吉吊，俗呼噪林鳥。《粵志》云：吉吊雀其鳴自呼曰兆兆雀，產東莞大奚山中。《酉陽雜俎》云：兆兆鳥其聲自號，正月以後作聲，至五月節不知所在，其形如鸜鴿。

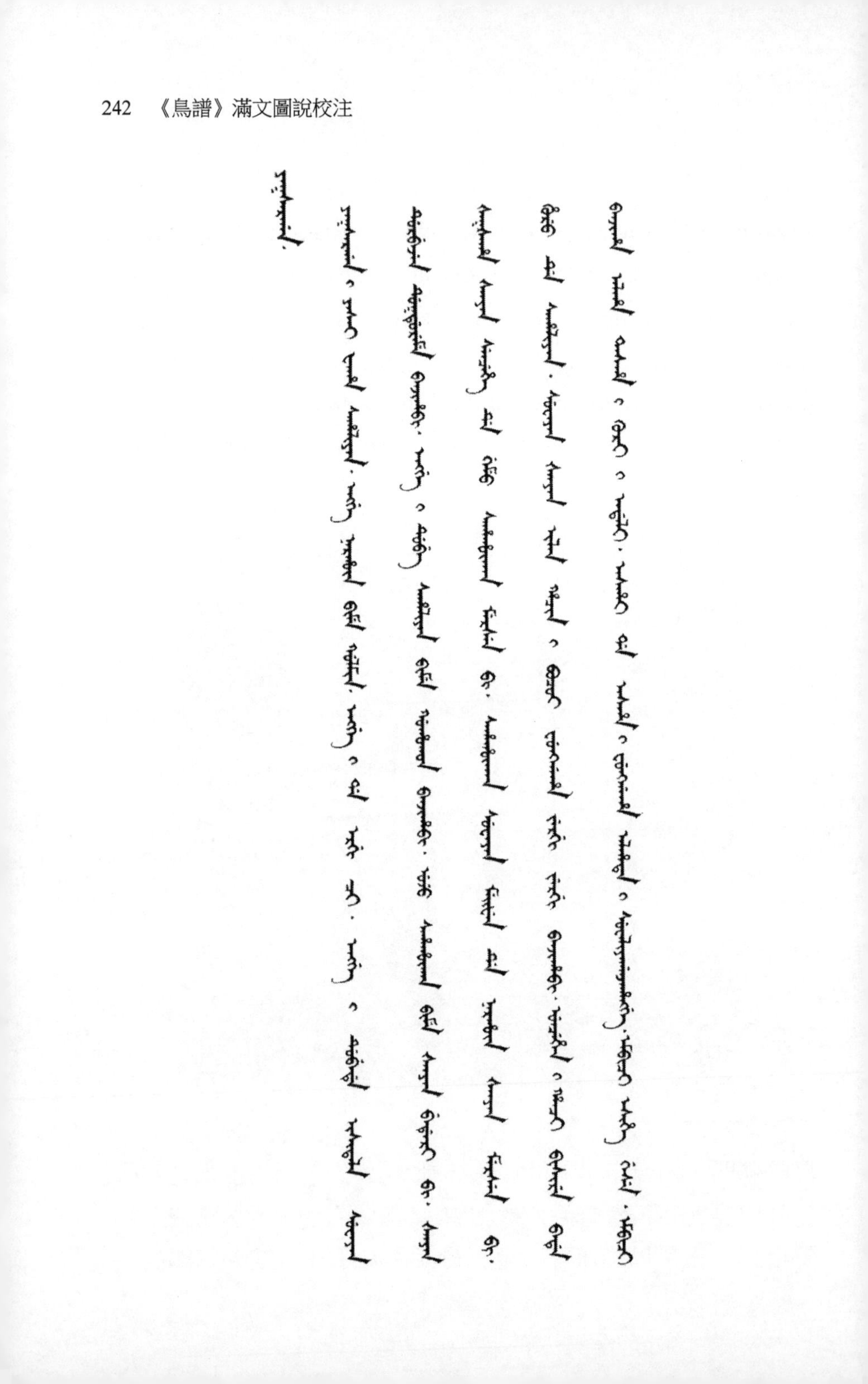

[illegible]

[illegible]

[illegible]

[illegible]

[illegible]

[illegible]

yaksargan.

yaksargan i yasai faha sahaliyan, engge narhūn bime golmin, engge i da ergi ci, engge i dubede isitala suwayan durbejen dukdureme banjihabi, engge i dube sahaliyan bime gohokon banjihabi, uju sahahūkan bime šanyan bederi bi, šanyan šakšaha šanyan sencehe de gemu sahahūkan mersen bi, sahahūkan suwayan meifen de narhūn šanyan mersen bi, huru de sahaliyan, suwayan, šanyan ilan hacin i bocoi funggaha jergi jergi banjihabi, uncehen i hanci bisire bade banjiha alha tasha i kuri i adali, ashai da, asha i funggaha alhata i suwaliyaganjahangge, embici esihe gese, embici

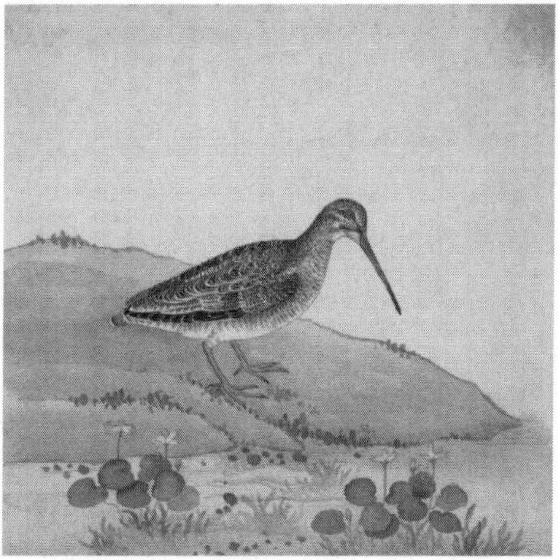

大水札子

大水札子，黑睛，細長觜，觜根有黃稜高起，將至喙而止，黑喙微勾，蒼頂，白斑，白頰，白頷，俱有蒼點，蒼黃頸、項細白點，背毛黑、黃、白三色相次，近尾處紋如虎斑，膊、翅花雜，或如鱗比，

ᡝᡵᡝ ᡝᡵᡝ ᡳ ᠪᠣᠴᠣᠩᡤᠣ᠈ ᠰᡝᠩᡤᡳᠶᡝᠨ ᡧᠠᠨᠶᠠᠨ ᡶᡠᠯᡤᡳᠶᠠᠨ ᠪᠣᠴᠣ ᡧᠠᠨᠶᠠᡴᠠᠨ᠈ ᡧᠠᠨᠶᠠᠨ ᡩᡝ ᡧᠠᠨᠶᠠᠨ ᠰᠠᡥᠠᠯᡳᠶᠠᠨ ᠪᠣᠴᠣ ᡧᠠᠨᠶᠠᠨ᠈ ᡧᠠᠨᠶᠠᠨ ᠰᠠᡥᠠᠯᡳᠶᠠᠨ ᡥᠠᡩᠠᡥᠠᠨ

ᠠᠰᡥᠠ ᠪᡳᠮᡝ ᠠᠯᠠᠰᡳᠨ ᡠᠵᡠ ᠪᠣᠴᠣᠩᡤᡳᠶᠠᠨ᠈ ᠰᡳᠯᡤᡳᠶᠠᠨ ᡳ ᡧᡳᠯᡤᡳᠶᠠᠨ ᠠᠯᡳᠨ᠈ ᠰᡠᠸᠠᡳᠶᠠᠨ ᡝᡵᡝ ᠰᡳᡥᡝᠯᡝᠪᡠ ᠠᠯᡳᠨ ᡝᠩᡤᡝᠨ ᡧᠠᠨᠶᠠᠨ ᡝᠯᡝᠩᡤᡝ

ᠪᡝᡨᡥᡝ ᠰᡳᡥᡝᠯᡝᠪᡠ ᠠᠯᡳᠩᡤᡳᠶᠠ᠈ ᠮᡳᠨ ᠰᡳᠨᡳᠨᡝ ᡝᠴᡳᠨᡝ ᠰᡳᠨᡳᠨᡝ ᠪᡝᠵᡳᠨ ᡥᡝᡶᡝᠯᡳ ᡝᡵᡝ ᠰᡳᠨᡳᠨᡝᠯᡝ ᡶᡠᠯᡤᠠᠰᠠ᠈ ᠮᡳᠨᡤᡠ ᠰᡳᡥᡳᠩᡤᠠ ᡥᡝᡶᡝᠯᡳ

ᠵᡠᠸᡝᡵᡝ ᡝᡵᡝ ᠪᡳᠰᡳᡥᡝ ᠠᠯᡳᠩᡤᡝ ᡥᡝᡶᡝᠯᡳ ᠪᡝ ᡤᡳᠰᡠᡵᡝᠨᡝ ᠵᡠᠸᡝᡵᡝ᠈ ᠠᠯᠠᠰᡳᠨ ᡠᠵᡠᠩᡤᡝ ᠪᡳᠯᡝ ᡝᠮᡝᡥᡝ ᡳᠨᡝᠩᡤᡳᠴᡳ᠈ ᠰᡳᠨᡳᡥᡝᠨ ᠰᡳᠨᡳᡥᡝᠨ ᠰᡳᠨᡳᡥᡝᠯᡝ

ᠪᡝᡨᡥᡝ ᡤᡝᠮᡠ ᠰᡠᠸᠠᠶᠠᠨ ᠰᠠᡥᠠᠯᡳᠶᠠᠨ ᠰᡳᡥᡝᠯᡝ ᡝᡵᡝ ᠰᡳᠨᡳᡥᡝᠨ ᡧᠠᠨᠶᠠᡥᡠᠨ᠉

jalan jalan i banjihabi, uncehen umesi ajige bime šulihun, dergi ergi suwayan, dubei ergi šanyan, hefeli sahahūkan šanyan bime sahaliyan alha banjihangge, weren i gese sira yacin, julergi ilan ošoho yacin, amargi ferge eihen boco ošoho sahaliyan, ere gasha niyo gasha bime muke de furime muterakū, damu yonggan noho jubki de doofi nimaha, sampa be congkime jembi, jakūn uyun biya oho manggi, funggaha umesi gincihiyan bime yali inu tarhūn, jetere de umesi amtangga.

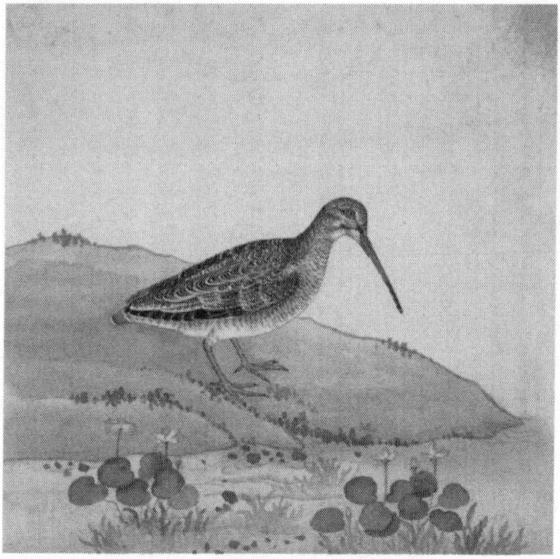

或如節段，尾甚小而尖，上黃，末白，腹色蒼白黑紋，如湧浪青脛，前三趾青[114]，後趾帶赭色黑爪。水鳥也[115]，而不能入水，但立於沙灘間啄小魚蝦食之[116]，八、九月時，毛羽鮮澤，肉亦肥腯，其味甚美。

114　前三趾青，滿文讀作"julergi ilan ošoho yacin"，意即「前三爪趾青」。

115　水鳥也，滿文讀作"ere gasha niyo gasha"，意即「此鳥水鳥也」。

116　啄小魚蝦食之，滿文讀作"nimaha sampa be congkime jembi"，意即「啄魚蝦食之」，滿漢文義略異。

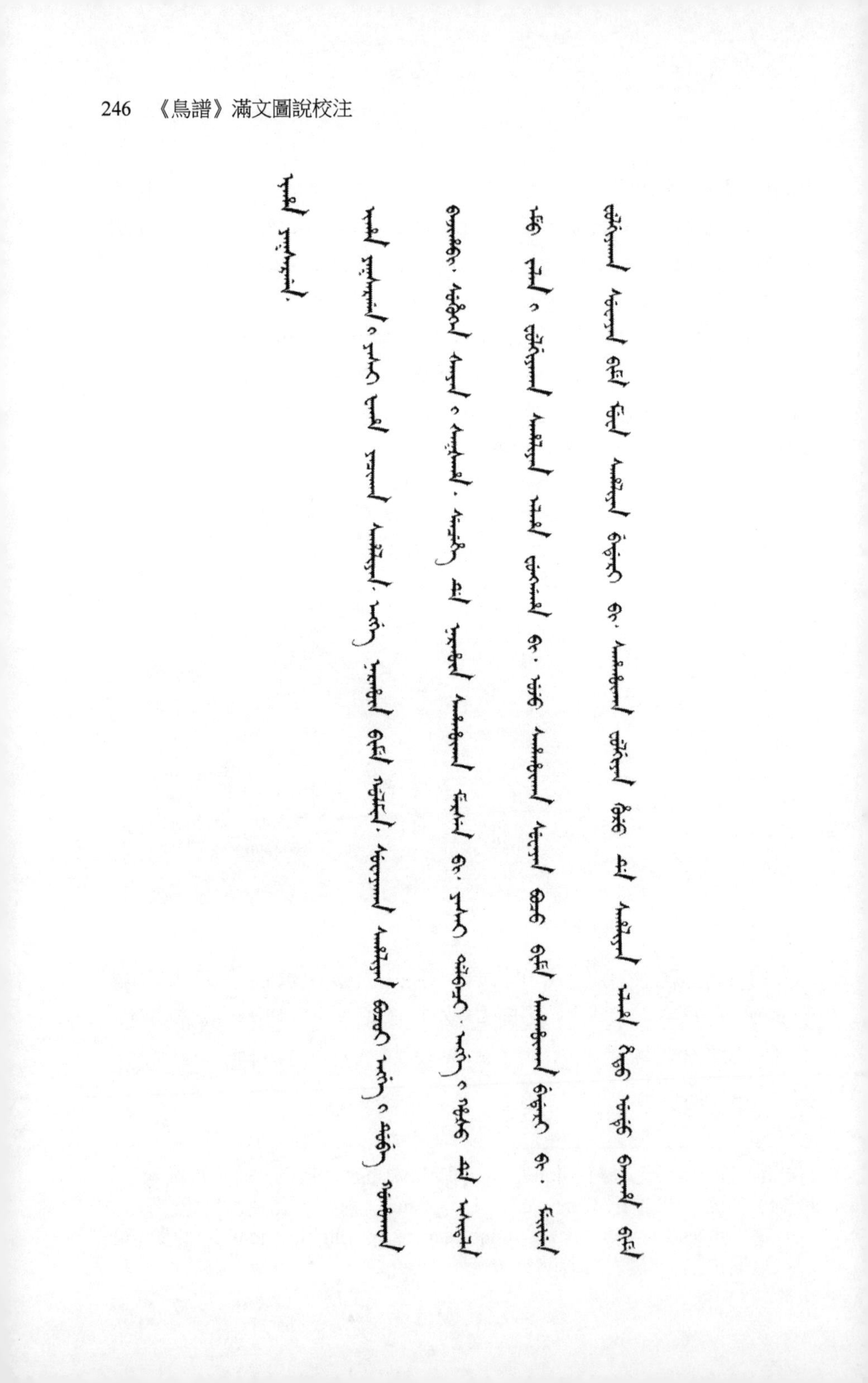

ihan yaksargan.

ihan yaksargan i yasai faha yacikan sahaliyan, engge narhūn bime golmin, suwayakan sahaliyan bocoi engge i dube gohokon banjihabi, suhuken šanyan i šakšaha, sencehe de narhūn sahahūkan mersen bi, yasai dalbaci, engge i hošo de isitala emu jalan i fulgiyakan sahaliyan alha funggaha bi, uju sahahūkan suwayan boco bime sahahūkan bederi bi, meifen fulgiyakan suwayan bime muwa sahaliyan bederi bi, sahahūkan fulgiyan huru de sahaliyan alha hetu undu banjiha bime

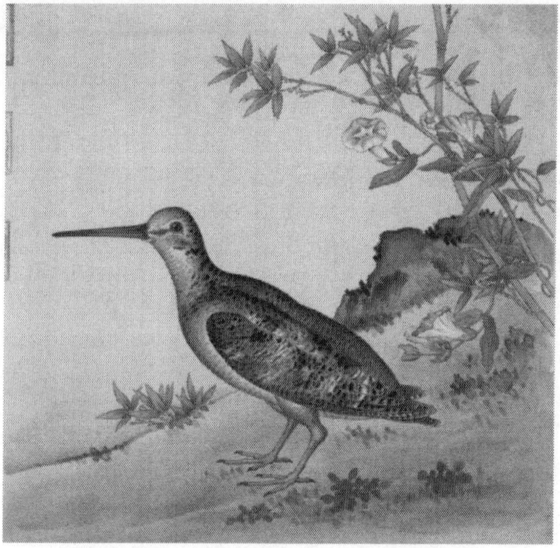

樹札子

樹札子，青黑睛，細長觜，黃黑色喙微勾，頰、頷米白質帶細蒼點，眼旁至吻有赤黑花毛一道，蒼黃頂，蒼斑，赤黃項粗黑斑[117]，蒼赤背黑紋縱橫

117 粗黑斑，滿文讀作"muwa sahaliyan bederi"，意即「粗黑斑紋」。

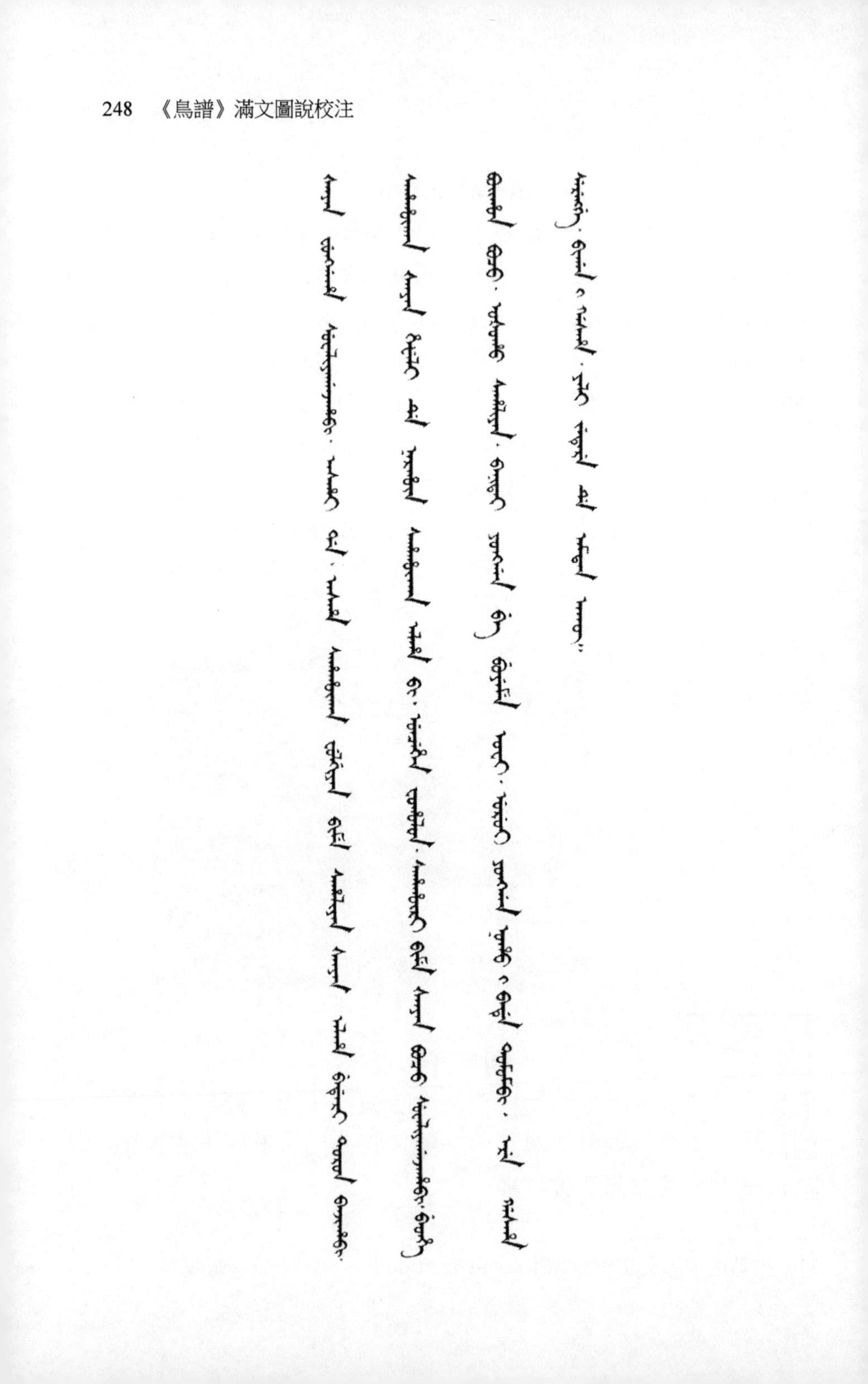

šanyan funggaha suwaliyaganjahabi, ashai da, asha sahahūkan fulgiyan bime sahaliyan šanyan alha bederi toron banjihabi, sahahūkan šanyan hefeli de narhūn sahahūkan alha bi, uncehen foholon, sahahūri bime šanyan boco suwaliyaganjahabi, bethe boihon boco, ošoho sahaliyan, banitai yonggan be buyeme ofi, urui yonggan noho i bade tomombi, ere gasha serengge, bigan i gasha, yali jetere de amtan akū.

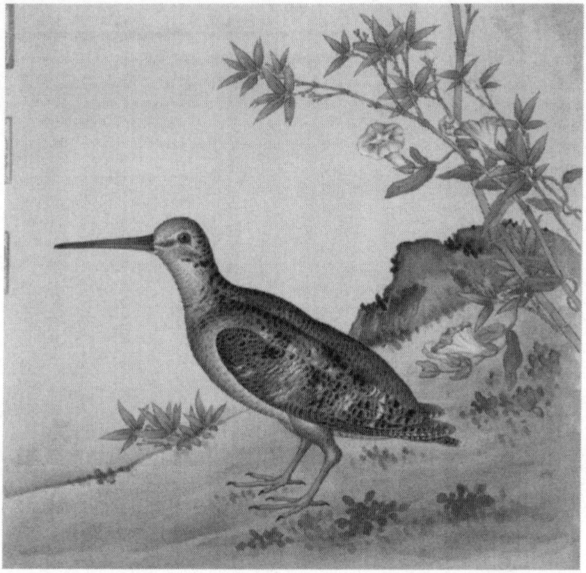

間有白毛，膊、翅蒼赤色黑白花斑成暈，蒼白腹帶細蒼紋，短尾，蒼黑間白，土黃足，黑爪，性喜沙，常止宿沙軟地，原鳥也[118]，肉不中食[119]。

118 原鳥也，滿文讀作“ere gasha serengge, bigan i gasha”，意即「此鳥，野鳥也」。

119 肉不中食，滿文讀作“yali jetere de amtan akū”，意即「肉食無味」。